古代汉语词汇学

赵克勤 著

商务印书馆
创于1897 The Commercial Press

图书在版编目(CIP)数据

古代汉语词汇学/赵克勤著. —北京:商务印书馆,
1994.6(2023.11 重印)
ISBN 978-7-100-01622-3

Ⅰ.①古… Ⅱ.①赵… Ⅲ.①古汉语—词汇学
Ⅳ.①H131

中国版本图书馆 CIP 数据核字(2017)第 051778 号

GǓDÀI HÀNYǓ CÍHUÌXUÉ

古代汉语词汇学

赵克勤 著

商 务 印 书 馆 出 版
(北京王府井大街 36 号 邮政编码 100710)
商 务 印 书 馆 发 行
北京捷迅佳彩印刷有限公司印刷
ISBN 978-7-100-01622-3

1994 年 6 月第 1 版　　开本 850×1168 1/32
2023 年 11 月北京第 5 次印刷　　印张 $10\frac{3}{8}$

定价:65.00 元

目　录

1. 绪论

1.1 为什么要建立古代汉语词汇学

1.1.1 古代汉语词汇是不是一门学科，要不要建立古代汉语词汇学，学术界一直有不同的看法。

有人认为训诂学是研究古代汉语词义的，因而也就是古代汉语词汇学。训诂学与古代汉语词汇学是不是可以划等号呢？当然不能。诚然，训诂学是以考释古书词义为主要对象的学科，其内容归纳起来不外乎三方面：一是为读通古书的需要，对古书逐字逐句进行诠释的古代注疏；二是把古书里需要解释的字词抽出来并用一定方式加以编排，然后进行通释的古代字书和词书；三是对古籍或古代注疏进行考释、补充、订正的专著。其主要内容，也可以说是古代语义学、古代词汇学。但是，训诂学的内容是相当庞杂的。就以古代注疏来说，除了解释词义、串讲文意、考证古音古义等与词汇有直接关系的内容外，还有分析句读、阐述语法、说明修辞手法、诠释典故、考证史实、记述山川、介绍典章制度等内容。显然，很多内容远远超出了词汇学的范围。即便是讨论词义的部分，由于缺少理论指导，也还没形成科学的理论体系。因此，我们认为训诂学不是古代汉语词汇学，也不能代替古代汉语词汇学。

1.1.2 汉语历史词汇学是研究古代汉语词汇的重要学科。

它研究的对象主要是古代汉语词汇，那么，汉语历史词汇学是否就是古代汉语词汇学呢？回答是否定的。汉语历史词汇学是在汉语词汇发展演变的过程中来观察、分析词汇，总结其发展规律，特别着重就一个一个词专门探讨其历史来源，考察其意义的源流演变过程。因此，它是对汉语词汇进行纵向研究，亦即历时的研究，这就和古代汉语词汇学迥然不同。

另外，从时间上讲，汉语历史词汇学在研究汉语词汇时包含的历史时期很长，从上古、中古、近古、近代以至于现代，跨越了从古至今整个历史时期，而古代汉语词汇学只以古代汉语词汇为研究对象，很少涉及近代和现代词语。在研究对象方面，汉语历史词汇学与古代汉语词汇学有重合的部分，在研究方法方面，两者也有相似之处，但古代汉语词汇学的内容要广泛得多，研究方法也多样得多，因此，两者是无法互相取代的。

1.1.3 古代汉语词汇学是汉语词汇研究的一个极其重要的部分。它不仅不排斥训诂学，而且还要对训诂学中适于自己的内容，用新的方法加以整理和提高，使之成为自己的一个有机组成部分；古代汉语词汇学不仅不排斥汉语历史词汇学，而且还要广泛吸取其研究成果，借鉴其研究方法，使之成为自己的丰富营养。

古今汉语词汇有共同的基本规律，也有各自不同的特点。共同的东西体现了古今词汇的继承，不同的东西体现了古今词汇的发展。例如，汉语词汇的构成，古今汉语基本相同，只不过现代汉语的基本词汇更为丰富罢了。正因为如此，古今汉语词汇才能成为不可分割的整体。然而，只看到相同的一面是不够的，还要看到相异的一面。如果只有“同”，没有“异”，那么古代汉语就不会成为很多人的阅读障碍了。例如，古代汉语以单音词为主，现代汉语以复音词为主，这就是很大的不同。单音词具有多义、灵活的特点，“多义”则难以选择，“灵活”则难以识别。单音词为主，使得古代汉语的同音词、同形词、同义词大大多于现代汉语，再加上古人广泛使用的通假字、古今字、异体字掺杂其中，更增加了字词关系、形义关系、音义关系的复杂性。所有这些，都是“异”，都是古今词汇的差别，也是古汉语词汇的重要特点。

另外，古汉语词汇差不多处在不断的变化之中。随着社会的发展，社会生活的改变，以及整个历史的演进，古汉语词汇也相应地发生变化。新词的不断产生和旧词的不断死亡，这是变化的一个方面；新义的不断产生和旧义的不断消亡，这是变化的另一个方面。当然，这两个方面绝不是变化的全部内容。古代汉语词汇学的任务就是要探索变化发展的规律，搞清汉语词汇古今的主要差别。这是就“纵”的一方面来说。还有“横”的一方面，如字与字的关系，字与词的关系，词与词的关系，词汇与文字、语法、语音、修辞的关系等，古代汉语词汇学就要研究它们互相制约、互相影响、互相促进、互相转化的情况和规律。只有以古代汉语词汇的特殊性为出发点，从“纵”“横”即历时与共时两个方面，对我国丰富的古代书面语进行综合研究，才能搞清楚古代汉语词汇的总体面貌，总结出适合于古代汉语特点的规则、条例、规律和理论，进而为汉语词汇的科研、教学服务。古代汉语词汇学应该是一门完整的学科，应该有特定的研究方向、研究任务和研究方法，应该建立起它自己的一整套独特的学科体系。

1.2 古代汉语词汇学研究的对象和任务

1.2.1 古代汉语词汇学首先必须研究古汉语词汇的构词类型及其演变和发展。古汉语以单音词为主，单音词在整个古汉语词汇体系中有重要的历史地位，并且在表达意义方面具有自己的特点。随着历史的演进，单音词逐渐向复音词转化，单音词与复音词之间构成了交错的、复杂的关系。单变复的过程存在着许多规律，这些规律，对于复音词的构造方式、表义特点的变化发展都有深刻的影响。复音词的形成与发展，牵涉到与古汉语领域里不少学科的关系。上述问题，虽然传统训诂学和当代学者的著作中都有所涉及，但零星的议论多，系统的论述少；现象列举得多，规律揭示得少。因此，古代汉语词汇学首先必须对这些重要课题进行深入探讨。

1.2.2 古汉语的词义系统是复杂的。有本义与引申义，有原始义与派生义，有古义与今义。这每一个术语的内涵，都可以是一个科研题目，值得深入探讨。另外，每组词义各自形成了依存、互补或转换的关系，而三组之间又有千丝万缕的联系，形成了错综复杂的关系。应该说，在这方面，很多深层次的问题有待解决。

作为词源学和语义学研究课题的词义演变和发展，也是我们需要研究的重要内容。因为词源学和语义学是历史词汇学的重要组成部分，因而也必然是古代汉语词汇学的重要组成部分。当然，我们研究的是汉语词义的演变发展，而且是以古汉语词语为主。一个词由本义开始引申，这是所有语言共同的，但如何引申，本义与引申义有何种关系，引申以何种方式进行等等，各种语言都有自己的特点。引申这种现象的产生，有语言内部的原因，也有社会的原因，两者互为表里，相辅相成，这也是所有语言共同的，但社会原因和语言内部原因具体表现在哪些方面，内容是什么，各种语言都有所不同。引申促使词义发生变化，但并不是促使词义发生变化的唯一因素，还存在着其他因素，这是所有语言共同的，但其他因素的多少和具体所指，各种语言也有所不同。因此，古代汉语词汇学在研究古汉语词义变化时，不能只停留在现象的描述上，还要进入深层结构，突出其特点，总结其规律，给读者提供系统的而不是零星的、特殊的而不是一般的古汉语词义演变发展知识。

1.2.3 文字与词汇的关系也是古代汉语词汇学要研究的一个重要问题。汉语里有字，有词，有些字等于词，有些字不等于词，同一个字，有时候是词，有时候又不是词。字与词怎样区分，区分到什么程度，对单音词、复音词、联绵字、同义词、反义词、多义词、同音词、通假字、古今字等的研究至关重要。上述带“词”的术语，虽曰“词”，但与“字”不无关系。“字”与“词”的界限分明，问题就豁然而解；界限不清，就会做出错误的结论。上述带“字”的术语，虽曰“字”，实际上就是“词”，从文字学的角度讲是“字”，而运用到语言中就是“词”了，通假字、古今字、同源字，文字学要讲，古代汉语词汇学也要讲，道理就在于此。

1.2.4 古代汉语词汇学还要研究词与词的关系。在古汉语中，词与词的关系是极其复杂的。意义相同的词，构成了同义词关系，虽曰“同义”，但“同”中又有“异”。同义词不是一成不变的，而是有变化、有分合。同义词的“稳定”与“变化”相比，我们要着重研究“变化”，同义词的“同”与“异”相比，我们要着重研究“异”。意义相反与相对的词，构成了反义词关系。古汉语反义词多由单音词构成，因此，它有着与现代汉语反义词的不同特点，这主要表现为反义关系的多样、复杂以及不断变化。

意义无关而读音相同的词构成了同音词的关系。人们常常容易把同形同音词与多义词相混，这主要是对引申义与假借义分辨不清造成的。只有字才能有假借义，词只能有引申义而不能有假借义，这是一个理论问题，也是必须把握的根本原则。同音词是两个或多个词，是由字义的假借造成的；多义词是一个词，是由词义的引申造成的，两者截然不同。意义无关、读音不同而字形相同的词构成了同形词的关系。同形词常常与同形同音词、区别字交织在一起，弄得不好，容易混淆。同形词又容易与多音词相混。同形词与多音词的区别正如同音词与多义词的区别，前者是两个或多个词，后者是指一个词有几个读音。当然，词与词的关系还应该包括前面提到的单音词与复音词的关系。总之，各种不同类型的词的排列组合，构成了古汉语的词汇系统。对古汉语词与词的关系的研究，也就是对古汉语词汇系统的研究。

1.2.5 古代汉语词汇学不是一门孤立的学科，它与语言文字学范畴内的许多学科都有联系。文字学、音韵学、训诂学自不待言，修辞学、语法学对于古汉语词汇的研究也是十分重要的。就语法方面来说，字与语素的区分，语素与词的区分，复音词与词组的区分，词的结构方式，词性的确定，词缀的作用和性质等等，都具有双重性，语法学要讨论它们，词汇学也要讨论它们，只不过讨论的角度不同罢了。例如语素问题，语法学是把它们作为语法系统的基本符号来讨论的，研究它们的结合能力以及结合后的位置；词汇学是把它们作为词的构成要素来讨论的，研究它们的构成形式以及语素义与词汇义的关系。但不管角度怎么不同,把语素看成语言的一个最基本要素是共同的。有些词由于语法功能的临时改变而获得了新义。《左传·哀公四年》:"以两矢门之,众莫敢进。""门之"的"门"原为名词,这里用为动词,有"守门"的意思。《国语·吴语》:"君王之于越也,繄起死人而肉白骨也。""肉"原为名词,活用为动词,有"使……长肉"的意思。这两例从语法方面说是名词用如动词,从词汇方面说是"门""肉"意义的发展。《韩非子·五蠹》:"斩敌者受赏,而高慈惠之行。"《史记·管晏列传》:"管仲,世所称贤臣,然孔子小之。""高""小"原是形容词,这里用为动词,有"认为……高尚""认为……渺小"的意思,是一种意动用法,但从词汇方面来说,则有"推崇"、"看轻"的意思。类似这种问题,说它们属于词汇范畴也未尝不可。

再从修辞方面说。修辞虽为一种表现方法,但实际上也是词汇在运用上的变化。更重要的是,某些修辞手法的运用,常常导致词义的变化。例如"玉"的本义是玉石,人们常常用它来形容某些美好或珍贵的东西,最初无非是一种比喻,后来,"美好"、"珍贵"实际上成了"玉"这个词的新义:"玉音"指美好的言词,"玉食"指珍贵的食品,"玉容"指美丽的容貌。如果仍然坚持用比喻来解释,一律说成"像玉一样的",反而不容易被人们接受。"虎"可以指勇猛,如"虎劲""虎将";"牛"可以指固执,如"牛劲儿""牛脾气",这些新义的产生,都是运用比喻的结果。又如"元宵",本来是节日名称,指夏历正月十五日的夜晚,古人习惯在元宵节吃汤圆,于是便用"元宵"作为汤圆的代称。现在北方人单说"元宵",就是指汤圆,没有人会误解,如果指节日,则须加一"节"字,说成"元宵节",否则听的人便会产生误解。“大夫”在古代是官名，因为宋代医官设有官阶，分为大夫、郎、医效、祗候等，于是“大夫”便成了医生的代称。作为官名的“大夫”已经死亡，而作为医生的“大夫”，却具有很强的生命力，在现代汉语中保存了下来，只不过读音变了，不念 dàfū，而念 dài·fu。另外，古汉语修辞对复音词、同义词的形成与发展也起过作用，这个问题在“复音词”、“同义词”各章中将有专门论述，这里就不谈了。

1.2.6　古代汉语词汇学必须充分利用传统训诂学的研究成果。历代训诂学家在古汉语词义的研究方面做了大量工作，积累了丰富的资料，留下了大量有价值的著述，在词义训释、本义与引申义的求证、词义辨析、音义关系的探索等方面取得了很大的成绩。但是，应该看到，传统训诂学关于词义的研究也存在很多不足和谬误。因此，在吸收训诂学研究成果时，必须加以选择、分析和鉴别，去粗取精，去伪存真。由于缺少理论指导，古代训诂学家对词义的研究，还没有形成科学的理论体系。当代学者，有不少人力图用科学的方法对传统训诂学进行整理和提高，成绩巨大，硕果累累，为古代汉语词汇学吸收传统训诂学的有益营养提供了方便，创造了条件。没有训诂学，就不会有古代汉语词汇学；不广泛吸收训诂学的研究成果，不借鉴训诂学的研究方法，就建立不起古代汉语词汇学。那种否定传统训诂学，把古汉语词汇研究与传统训诂学分离开来或者对立起来的做法是完全错误的。

1.3　古代汉语词汇学的研究方法

1.3.1　古代汉语词汇学必须要有正确的研究方法。正确的研究方法从哪里来？可以有三个来源：一是从现代词汇学中借用现代的研究方法；二是起用训诂学的传统研究方法；三是创造新的研究方法。借用现代的研究方法要照顾到古汉语的特点，不能生搬硬套；起用传统的研究方法要注意科学性，不能走老路；创造新的研究方法要根据古汉语实际，不能标新立异。总之，古代汉语词汇学的研究方法应该是传统与现代的结合，借用与创新的结合。研究方法可以有很多，在这一节里，我们只能就几个主要方法加以讨论。

1.3.2 历时与共时相结合。古代汉语词汇学不同于历史词汇学，不能仅仅对汉语词汇在历史上的演变发展进行历时的或演化的研究；它又不同于描写词汇学，不能仅仅对汉语在历史发展的某一阶段的词汇系统的状况进行共时的或静态的研究。它应该是历时的和共时的两种方法结合而成的一种综合的、"立体的"研究方法。在古汉语词汇中，有些问题需要着重从历时的、纵的方面进行研究，如复音词的形成与发展、古今词义的异同、词义的演变与发展等；有些问题需要从共时的、横的方面进行研究，如同义词辨析、反义词分类、古今字与通假字、异体字、同源字的关系等；有些问题需要从历时和共时两个方面来进行研究，例如同义词，不能停留在表象的描述或词义的辨析上，还必须探求它的形成与变化。不知变化，就无法研究古汉语同义词。

1.3.3 综合考察与典型分析相结合。"综合考察"指通过普遍调查与抽样调查的方法，广泛占有材料。普遍调查指对某个问题作总体的、全面的、穷尽式的考察，不遗漏一个；抽样调查是指根据需要对某个时期有代表性的书面语言材料作局部的考察。这两种研究方法是当代学者常用的方法。“典型分析”指对典型材料进行分析。研究古汉语词汇需要用大量的材料来说明问题，我们选用的材料一般应具有代表性与典型意义。典型材料往往体现了某种规律或本质，对典型材料进行分析，是探寻正确结论和驳正谬误的重要方法。

不进行“综合考察”，就不可能从宏观上加以把握与观察，对词义的研究尤其离不开“综合考察”。以前学术界有句名言，叫作“说‘有’容易说‘无’难”，意思是说某词在某个时代有某个意义，只要找几个例句就行了，如果说某词在某个时代没有某个意义，这个结论就不能轻易下，必须首先就这个词对某个时代的古籍进行综合考察。例如“青”，古代多指蓝色或绿色。《荀子·劝学》：“青，取之于蓝而青于蓝。”刘禹锡《陋室铭》：“草色入帘青。”现代汉语却可以指黑色，如“青布”即黑布，“青衣”即黑衣。问题是黑色这意思是否古代就有，如果有，大约产生于什么时代。王力主编《古代汉语》（初版）“常用词”部分“青”只列“蓝色”一义，并断言：“古代青字不当黑讲。”[①]实际情况是，“青”当黑色讲早在《尚书》时代就有了。《尚书·禹贡》：“厥土青黎。”疏引王肃曰：“青，黑色。”《晋书·阮籍传》记载，阮籍善为青白眼，“青眼”指黑眼珠。李白《将进酒》：“君不见，高堂明镜悲白发，朝如青丝暮成雪。”“青丝”即黑发。《古代汉语》（初版）由于对“青”在古代的用法没有进行综合考察，得出了错误结论；后来，1981年出版的《古代汉语》（修订本）改正了错误说法，则是对“青”在古代的用法进行了综合考察的结果。

① 见《古代汉语》下册第二分册1273页。中华书局1964年版。

“综合考察”只能对结论正确与否作出判断，有时候，这样做是不够的，还必须进行典型分析。例如，“行李”一词，在先秦已经有了，意思是使者，《左传·僖公三十年》：“行李之往来，共其乏困。”又《襄公八年》：“亦不使一介行李告于寡君。”根据考察，“行李”由出行在外的人引申为指出行在外的人所带的行装是由唐以后开始的。元稹《叙诗寄乐天书》：“有诗八百余首，色类相从，共成十体，凡二十卷，自笑冗乱，亦不复置之于行李。”白居易《李卢二中丞各创山居……偶题十五韵，聊戏二君》：“闻君每来去，矻矻事行李。”在综合考察的基础上进行典型分析，就可以进一步摸清“行李”词义的引申脉络和演变规律：原来，“行李”又可作“行理”，《左传·昭公十三年》：“行理之命，无月不致。”《国语·周语中》：“行理以节逆之。”韦昭注：“理，吏也。”“李”通“理”，“理”义为吏，“行李”照字面讲就是出行在外办事的官吏。这样看来，“李”的本字应该是“理”，由指人演变为指物的实际上是“行理”，由于词汇发展的特殊规律起作用，表现这个新义的资格反而被“行李”取得了。

1.3.4 对比。“对比”是语言学家常用的研究方法，对古汉语词汇进行研究，更离不开“对比”。古代汉语词汇学运用的“对比”方式主要有“古今对比”、“正反对比”、“互文对比”等。

“古今对比”不一定是用古代与现代相比，在古代也有“古”“今”问题。说明古汉语词汇的历史状况及演变发展，必须由古义下及今义，或由今义上推古义。为了说明古义，必须用今义加以对比。例如“脸”，《现代汉语词典》的解释是：“头的前部，从额到下巴。”这是今义。《集韵》：“脸，颊也。”《正字通》：“脸，面脸，目下颊上也。”杜牧《冬至日寄小侄阿宜》：“头圆筋骨紧，两脸明且光。”现代人只说“一张脸”，古人却可说“两脸”，并不是古人多了一张脸，而是古代的“脸”不是指整个面部，而是指两颊。有了这个对比，“脸”这个词的词义演变发展情况就清楚了。

“正反对比”就是用反面材料来说明问题。例如，《国语·周语上》：“司寇行戮，君为之不举。”韦昭注：“不举乐也。”《左传·庄公二十年》：“夫司寇行戮，君为之不举。”杜预注：“去盛馔。”对于同样一件事，韦昭和杜预做出了完全不同的解释，到底哪一种解释对呢？王引之在《经义述闻》卷二十里根据杜注认为韦昭的解释是错误的。《左传·襄公二十六年》：“将刑，为之不举，不举则彻乐。”（彻乐：去掉音乐。）既说“不举”，又说“彻乐”，似乎“不举”指的是“去盛馔”，那么，杜预的解释是对的。但是，《韩非子·五蠹》也有一段与《国语》相同的记载：“司寇行刑，君为之不举乐。”《国语》作“不举”，《韩非子》作“不举乐”，似乎又说明韦昭的解释是对的，王引之的批驳不能成立。为了说清这个问题，我们可以举一条反面材料。《周礼·天官·膳夫》：“王日一举，鼎有十二，物皆有俎，以乐侑食。……大丧则不举，大荒则不举，大札则不举，天地有灾则不举，邦有大故则不举。”既然“以乐侑食”，则“王日一举”包括“盛馔”与“乐”两件事。这可以从反面说明“不举”不但指“去盛馔”，而且也兼指“彻乐”。可以这样认为：“不举”在一般情况下指“去盛馔”和“彻乐”两件事，但在具体场合，有时侧重指“去盛馔”，有时侧重指“彻乐”，不能认为“不举”指“不举乐”是错误的。因为古人是把吃饭和听音乐两件事搅在一起的。

“互文对比”是运用处于相同位置的两个同义词的对比来推求词义。例如，庾信《春赋》：“眉将柳而争绿，面共桃而竞红。”“将”比较难讲，它与“共”为互文，“共”有“与”义，说明“将”也有“与”义。“共”为什么有“与”义呢？这可以从另一对互文得到证明：王勃《滕王阁序》：“落霞与孤鹜齐飞，秋水共长天一色。”

1.3.5 汇证。“汇证”是指用不同的材料来考核、证实与说明，也就是训诂学常用的考据法。“汇证”的方式有“异文汇证”、“异词汇证”、“本文汇证”等。

“异文汇证”是用同一文章或古籍的不同版本的异文，或者古人引用时写的异文来证明结论的正确性。例如，《荀子·非相》：“传者久则论略，近则论详。”“论”字在这句话中很费解。俞樾认为，“论”当为“愈”字之误。“愈”第一步写成通假字“俞”，“俞”又错成“侖”，校者又误改为“論”。俞樾为什么会下如此断语呢？因为《韩诗外传》正作“久则愈略，近则愈详”。[①] 又如，《史记·秦始皇本纪》：“朕为始皇帝，后世以计数，二世三世至千万世。”王念孙认为“至千万世”当为“至于万世”，“千”为“于”之误。《史记》的另一种版本（如“宋本”）作“至于万世”，是其证。另外，《文选·过秦论》注、《太平御览·皇王部》十一、《资治通鉴·秦纪二》都作“至于万世”。[②]

“异词汇证”就是用意义相同的另一个词来求证词义。例如，《仪礼·士相见礼》：“请吾子之就家也，某将走见。”郑玄注：“走，犹往也。”又：“某也固辞不得命，将走见。”郑玄注：“走，犹出也。”郑玄先以“往”释“走”，后又以“出”释“走”，缘文生训，难以信从。贾公

① 见《古书疑义举例》卷五。
② 见《读书杂志》第二册。

彦疏:“云走犹往也者,以言走直取急往相见之意,非走骤之义。”又曰:“云走犹出也者,亦如上之走往。彼据向宾家,故走为往,此据出门,故云走出也。”贾说“走见”有“急往相见”之意,但又说“非走骤之义”,自相矛盾。后面又为郑注进行解释,贾认为前句是“向宾家”,故注“走”为“往”,后句是“出门”,故注“走”为“出”。其实“出门”也就是“向宾家”,没有理由将同一意义的“走”强生分解。我们认为,“走见”就是“趋见”,《战国策·齐策四》:“斗趋见王为好势,王趋见斗为好士,于王何如?”“趋见”是一种对别人表示尊敬的礼节,《仪礼》用“走见”,实际上是“趋见”的异词,意义是一样的。《说文》:“趋,走也。”又:“走,趋也。”“趋”与“走”互训,说明“趋见”有时又说成“走见”是并不奇怪的。

“本文汇证”是用本书中的文字来求证词义。例如,《诗经·周南·葛覃》:“言告师氏,言告言归。”毛传释“归”为:“妇人谓嫁曰归。”郑玄笺:“我告师氏者,我见教告于女师也,教告我以适人之道。”两家之说基本相同,都把“归”释为女子出嫁。朱熹曰:“此章遂告其师氏,使告于君子以归宁之意。”认为“归”为“归宁”之意。所谓“归宁”就是回家探望父母。朱熹的解释显然是正确的,为什么呢?因为这首诗后面还有“害澣害否,归宁父母”,这两句诗可以证明就在同一章“言告言归”的“归”即“归宁”。

2. 单音词

2.1 字和词

2.1.1 汉字是属于表意体系的文字，每一个字都是形、音、义的结合体，每个汉字都有一定的形体，有一定的读音，表达一定的意义，因此，从理论上说，字的作用可以等于词的作用。东汉许慎撰《说文解字》，对九千多个汉字作了研究，并且根据字形来说明字义，学术界公认《说文》是我国最早的一部字典。《说文》一字只收一义(《说文》有时用了“一曰”这个术语，但这不是分列义项，而是介绍不同说法)，而这个“义”就是本义，根据这一点，也未尝不可以说《说文》也是我国较早的一部词典。因为这些字是为某些词造的，因而形与义结合，字与词就一致了。当然，《说文》揭示的本义，有些是错误的，有些虽然正确，但在古书中找不到用例，那就另当别论了。由于语言中概念多而文字少，有些概念文字学家没有专门为它们造字，而是假借别的字来表示。例如，“易”，《说文》说它是“蜥易”，象形字，用来记录难易的“易”；“笨”，《说文》说它是“竹里”(竹白)，从竹本声，用来记录笨拙之“笨”；最典型的是古代第二人称代词，开始借用男女之“女”，后来又借用汝水之“汝”，始终没有自己的本字。这样一来，字增加了兼职，形与义脱节，字与词就不一致了。另外，由于汉字的演变发展、词汇的演变发展，促使了通假字、古今字、同源字、联绵字的产生,也就使得字与词的关系更加复杂化了。

2.1.2 古代训诂学家对于字的认识多受《说文》的影响,没有意识到字和词会有不同,他们说“字”的时候,就是指的“词”。古代训诂学家也有用“词”或“辞”的时候,但他们所说的“词”或“辞”并不是今天我们所说的词,而是专指虚词。例如,《诗经·周南·芣苢》:“薄言采之。”毛传:“薄,辞也。”又《郑风·大叔于田》:“叔善射忌,又良御忌。”毛传:“忌,辞也。”《说文·八部》:“曾,词之舒也。”又《矢部》:“矣,语已词也。”清代王引之编了一部解说经传里的虚词的书,命名为《经传释词》,集中反映了传统语言学对“词”的看法。由此看来,传统语言学并不是没有划分字与词的界限,只不过这种界限与现代截然不同罢了。

用现代语言学的观点来看,字是书写符号,是组成词的要素,而词则是最小的能够独立活动的有意义成分,两者之间不能划等号。在古汉语中,有些字本身就是词,如“上”“下”“左”“右”“冷”“热”“忧”“乐”“天”“地”“人”“民”等,因为它们都具有作为一个词的条件:是最小的成分,都有意义,都能独立活动。有些字本身不能成为词,必须与别的字结合在一起才能构成词,如“葡萄”“蟋蟀”“玻璃”“苜蓿”等联绵字,都只能看成一个词,而“葡”“萄”“蟋”“蟀”“玻”“璃”“苜”“蓿”等字(《说文》均未收,另有“𧒗”字,释为“悉𧒗也”),都不是词。有些字在有的情况下是词,在有的情况下又不是词,仅仅是字。例如“犹”和“豫”都是词。“犹”犹“像……一样”的意思(《说文》收了“犹”字,说本义是玃一类的动物,又说“陇西谓犬子之猷”,《说文》所说的本义古籍中找不到用法。故《说文》所说的是字本义，而古籍所用的是由字的假借义所表示的词义，词义与字形不一致），“豫”有事先的意思，它们都能独立运用，具备词的条件；但在“犹豫”里则是字，因为它们各自不能独立活动，不表示任何意义，只代表“犹豫”这个联绵字的一个音节。有些合成词里的字，虽然其本身有意义，但只能看成这个复音词的一个语素，而不是词。如“寡人”“先生”，“寡”“人”“先”“生”四个字都有意义，但它们只是作为这两个复音词的组成部分，不能独立出来，一独立出来，就与它们所组成的复音词的意义不同了。有些同义复词虽由两个同义单音词组成，但这些单音词仍然具有独立性。例如“封疆”指边疆，“封”和“疆”也可单独使用，也指边疆；“师旅”指军队，“师”和“旅”也可单独使用，也指军队。“封”“疆”“师”“旅”既是语素又是词，可看成自由语素。

吕叔湘先生指出，字的地位大致可与语素相当。[①] 我们认为，这种说法是正确的。当然，说“大致”就表示字与语素也不能完全等同，例如联绵字里的单字就应该排斥在外，因为语素虽然不是词，但它有意义，联绵字里的单字则没有任何意义。由此看来，在古汉语词汇中，实际上有三种成分：字、语素、词。它们的关系可由下表表示：

字
- **＝表音符号（联绵字的组成部分）**
- **＝语素**
  - **黏着语素**
  - **自由语素**（与“＝词”合为：**单音词**）
- **＝词**

① 见《汉语语法分析问题》第 14 页。商务印书馆 1979 年版。

2.2 单音词概说

2.2.1 绝大多数研究古代汉语的学者都认为，古汉语词汇以单音词为主，但大都只提出了结论，未作深入探讨。这里至少有两个问题需要回答：第一，古汉语词汇里的单音词到底占多大比重？第二，从上古到中古以至近古，单音词所占比重是否有变化？怎样变化？搞清了第一个问题，可以了解古汉语词汇系统的基本面貌；搞清了第二个问题，可以了解古汉语词汇演变的基本规律。要回答这两个问题，就得对古籍使用单音词和复音词的情况作一番抽样调查。我们对《孟子》一书作了考察，结果是这样的：全书共用单音词 1565 个，每个单音词的使用频率不等，其中使用频率在二十次以上的共 231 个，一百次以上的 51 个，四百次以上的 10 个，一千次以上的 3 个。全书共用复音词 713 个，其中人名 197 个，如果再扣除地名、书名等专有名词，普通词语只有 500 个左右。从使用频率来看，复音词绝大多数在十次以下，只有 24 个超过了十次。少数常用的复音词使用的频率较高，如“天下”一百七十二次，“君子”八十二次，“可以”七十四次，“诸侯”五十九次。可以看出，复音词使用的频率远没有单音词高。就一本书来说，一个词出现的频率越高，所占的篇幅就越大；出现的频率越低，所占的篇幅就越小。上述统计表明，《孟子》一书中的复音词占三分之一，可能还多一点，从数量上说似乎不算太少，但从数量和使用频率两方面来看，单音词就占绝对优势了。向熹在《〈诗经〉里的复音词》一文中指出，《诗经》共有单字 2938 个，词 4000 多个，其中复音词 1329 个，占整个《诗经》词汇的百分之三十弱。[①] 这个统计数字所表明的情

① 见《语言学论丛》第 6 辑第 28 页。商务印书馆 1980 年版。

况与我们的统计结果基本上吻合。有人认为，在古汉语词汇中是单素词占优势，单素词占优势不等于说单音词占优势，因为单素词里有相当大的数量是多音节的，主要是双音节的，这就是古汉语中的联绵字。单素词当然不能与单音词划等号，但实际情况是，古汉语中的单素词绝大部分就是单音词。古汉语中的联绵字虽然数量不少，但在整个单素词中所占的比重仍然是微不足道的。向熹在《〈诗经〉里的复音词》一文中，对《诗经》里的联绵字作了统计，结果是：双声词 26 个，叠韵词 41 个，双声兼叠韵词 7 个，非双声叠韵词 24 个，总计不过 98 个，而《诗经》里的复音词共 1329 个。可以看出，联绵字在复音词中所占的比重非常小，还不到十分之一。

为了回答第二个问题，我们对《左传》文章与唐代韩愈、柳宗元文章使用复音词的情况作了考察，结果是：在篇幅基本相同的情况下，韩柳文章中的复音词数量是《左传》的两倍半（详见本书第三章第六节"复音词的形成与发展"）。还有人对汉代到南北朝后期的复音词使用情况作了考察：东汉王充《论衡》一书共 21 万字，其中有双音词 2300 个（包括专有名词），而元魏慧觉等译的《贤愚经》总字数只有《论衡》的三分之二，即 14.4 万字，却有双音词近 4200 个（而且不包括专有名词），南朝宋刘义庆的《世说新语》共 6.1 万字，为《论衡》总字数的七分之二强，却有 1541 个双音词（也不包括专有名词）。[①] 由此可以说明：从上古到中古，复音词的运用越来越多，比重越来越大，这是古汉语词汇演变的基本规律。

---

① 见梁晓红《汉魏六朝译经对汉语词汇双音化的影响》，载《南京师大学报》第 2 期。

2.2.2 古汉语词汇主要由单音词构成(即使到了唐代也没有改变这种状况),并不是偶然的,而是有其深刻的历史原因的。

首先,汉语词汇是以单音节的方块汉字作为表达意义的符号,而汉字又是表意体系的文字,每一个汉字都是形、音、义的结合体,具有极大的独立性,这为单音词的产生提供了极为便利的条件。可以说,古汉语单音词占主导地位,是古汉语词汇与作为表意符号的汉字的单音节、表意性、独立性等特点相适应的必然结果。

其次,古汉语单音词占主导地位是由社会条件决定的。我们知道,上古时代的书写条件是相当困难的。相传东汉蔡伦发明纸张,那么在纸张发明以前,古人是怎样书写呢?最初是把字刻在龟甲或兽骨上,这些刻有文字的甲骨,就是那个时代的"书籍"。稍后,古人发明了简札,把字刻在竹简或木札上(至发明笔墨后,才改用笔墨书写),再串联起来成为"书"。这样的书写条件,当然就要求文字越简单越好。因此,古人在写文章时,总是力求用最少的字来表达自己的思想,单音词正好适应了这种需要。

第三,古汉语单音词占主导地位跟书面语与口语的分离有关。对古代书面语与口语的关系,学术界的传统看法是:在上古时代,书面语与口语大体是一致的,也就是说,上古书面语在当时口语的基础上产生,又反映了当时的口语。中古以后,由于仿古作品的产生,才导致了书面语与口语的分离。上古书面语与口语一致的结论是否符合上古汉语的实际情况呢?我们认为未必如此。如果上古书面语与口语一致,那么就可以说《尚书》反映了夏商西周时代的口语,《春秋》《左传》反映了东周春秋时代的口语。《尚书》里的"周诰"(即《大诰》《康诰》《酒诰》《召诰》《洛诰》)产生于周成王时代，约在公元前十世纪左右；《春秋》大约产生在公元前七世纪左右，后经孔子删定。两书相差约三百年左右，相去并不太远，为什么"周诰"那样"佶屈聱牙"，不啻天书，《春秋》则那样平易可读？难道三百年间口语的变化如此之大？《左传》成书约在公元前四世纪，《史记》成书约在公元前一世纪，相差也是三百年左右，为什么两书的语言差别远远不如"周诰"与《春秋》呢？是不是这三百年间的口语大大放慢了变化速度呢？显然，"周诰"之所以难读，不是由当时口语造成的，而是另有原因。"周诰"是西周初年大事纪一类的"王室档案"，是当时的史官用极其简略的文字记录下来的，令后人"佶屈聱牙"是不奇怪的。至于中古以后的仿古作品，是针对当时的骈骊之风的。魏晋南北朝时代虽然骈文盛行，但仍然存在着与骈文并行的书面语，如《洛阳伽蓝记》《水经注》《世说新语》等著名作品都不是用骈文写的。这种书面语虽然在不同程度上吸收了当时的口语，但并不能改变其根本性质。盛行于当世的骈文，不仅排斥口语，而且也远离书面语，成为一种逆流，以至影响了有唐一代的语言，所以才有韩愈等人的古文运动的产生。因此，中古以后书面语与口语的分离不是由于仿古作品的出现造成的，而是实际存在的，仿古作品的出现及影响，只不过在某种程度上加剧了这种分离罢了。综上所述，比较合乎情理的结论应该是：古代书面语与口语是分离的。古汉语书面语虽然以口语为基础，但却有许多与口语不同的特点，这些特点在其发展过程中逐渐固定下来，并且随着时间的推移而越来越突出。口语则成为另外一种语言形式，它的发展与社会生活的发展紧密相关。当然，口语的发展也不断地影响着书面语的发展，但始终未能像现代汉语一样与书面语逐渐合流。书面语作为古代汉语的正宗，一代一代流传下来，而口语反而长期被人们忽略。虽然偶尔有一两部作品记录了口语，但与书面语比较起来，那就微不足道了。我们所讲的古代汉语，实际上只是古代汉语书面语，并不包括口语。古汉语书面语与口语有许多差别，如语言风格、表达方式等，但主要差别在于词型，书面语以单音词为主，口语以复音词为主。因此，书面语与口语的分离是造成古汉语词汇以单音词为主的重要原因。

2.3 单音词的特点

2.3.1 古汉语单音词的第一个重要特点是多义性。所谓多义，就是一个词包含几个意义。复音词虽然也有一词多义的问题，但与单音词比较起来，就“相形见绌”了。

词的多义性是指词通过引申或别的方式而产生了既有区别又有联系的几个意义。如果某一个词在语言的历史发展中产生了新义以后，同时排除了旧义，我们不能说这个词因先后有旧义和新义而具有多义性。王力先生说：“词义的演变不一定就是新旧的交替。也就是说，原始的意义不一定因为有了引申的意义而被消灭掉。有时候，新旧两种意义曾经同时存在过（如“诛”字），或至今仍然同时存在着（如“赏”字）。因此，我们可以说，词义的转移共有两种情形：一种是蚕化蛾，一种是牛生犊。”[①]我们所说的一词多义就是属于这种情况。有人认为汉语中不应当存在一词多义，主张即使语音和书写形式完全相同，只要意义明显不同，就应当看作各是

① 见《王力文集》第11卷第629页。山东教育出版社1990年版。

一词，而不是一词多义。我们认为，多义性是语言里大多数词所具有的属性，越是历史悠久的语言，多义词也就越是丰富。因为，一个词的意义是对客观对象的概括反映，客观对象本身是复杂的，具有多种多样的特征，同时，一个概念所包含的特征里往往有若干特征跟其他概念的某些特征有着错综复杂的联系，这种联系就是一词多义的基础。汉语以具有表意特征的汉字作为表现概念的符号，有它的特殊性，但一旦汉字在语言交际中以“词”的形式出现时，也跟大多数语言里的词一样，具有多义的属性。特别是古汉语单音词，它具有更大的概括性，更悠久的历史，因而其多义的特点尤为突出。取消一词多义，必然无限制地扩大同音词的范围，给汉语词汇研究带来混乱。另外，词的多义性是词义丰富多彩的体现。一个词各个意义之间的复杂关系，体现了词义演变的一般规律和特殊规律，是研究古汉语的词义系统的重要依据，如果取消一词多义，在客观上必然使古汉语词汇变成由各自孤立的、互不联系的词加在一起的松散组合，那就毫无规律、体系可言了。

单音词的多义性是通过具体的语言环境体现的，离开了词义赖以存在的句子，就没有什么单音词的词义（不是字义）了。这就是单音词词义与复音词（主要是合成词）词义的根本不同之点。例如“族”，在《左传·僖公五年》“宫之奇以其族行”里当家族讲，在《史记·项羽本纪》“毋妄言，族矣”里当灭族讲，在《淮南子·俶真》“万物百族”里当种族讲。又如“辞”，在《战国策·齐策一》“因请相之，靖郭君辞”里当辞谢讲，在《左传·僖公三十年》“辞曰：‘臣之壮也，犹不如人，……’”里当推辞讲，在《史记·项羽本纪》“今者出，未辞也”里当辞别讲。“家族”“灭族”“种族”和“辞谢”“推辞”“辞别”这些复音词，即使不举例证，不加解释，也不容易产生误解，因为它们本身不会产生歧义，而单音词只用“族”和“辞”表示。由此看来，正因为单音词的词义不能离开句子而独立存在，往往随文而异，这就只有分析它们在句子中的作用和地位才能加以确定。

现代汉语单音词也存在一词多义的现象，但问题要简单得多。这是因为古代汉语单音词几乎每个意义都以“词”的形式出现，而现代汉语单音词的多数意义只保存在语素里，只有那些不容易混淆的意义才以“词”的形式出现。以“兵”为例，“兵”的意义有：①兵器，②军人或军队，③军队中的最基层成员，④有关军事或战争的。其中①义不能独立使用，只保存在“短兵相接”、“秣马厉兵”一类成语里；④义也不能独立使用，只保存在“兵法”、“纸上谈兵”这一类复音词或成语里。这就是说，“兵”的四个意义中只有两个是“词”的意义，另外两个仅仅是语素义。语素义不能单独出现在现代汉语普通话中，只能出现在词典中，因为语素是词汇的单位，语素义也是词汇意义，词典不能不管。因此，严格地说，作为单音词的“兵”，只包含②③两义，这就比作为古汉语单音词“兵”的多义现象简单多了。

准确地区分单音词的不同意义往往是一件困难的事。对于初学者来说，除了在阅读古书时细心分析、比较、熟记单音词的常见用法、积累丰富的感性知识外，还要掌握区分一词多义的正确方法。首先，要理顺单音词各个意义之间的关系。一词多义现象看起来复杂纷繁，实际上是有规律可循的。因为，单音词的几个意义之间都是有联系的，只要抓住本义或原始义，然后顺藤摸瓜，找出引申义或派生义，就能把关系理顺，理顺了各个意义之间的关系，就便于记忆，便于掌握。例如“治”在古代汉语中主要有四个意义：①整理、治理。《诗经·邶风·绿衣》：“绿兮丝兮，女所治兮。”《史记·夏本纪》：“尧求能治水者。”②管理。《孟子·滕文公上》：“恶能治国家？”③处理和进行某项工作。《孟子·梁惠王上》：“奚暇治礼义哉？”《庄子·马蹄》：“伯乐善治马。”④安定或太平。《论语·泰伯》：“舜有臣五人而天下治。”在这四个意义中，“整理、治理”是原始义，由“整理，治理”引申出管理国家的意思；国家治理好了，社会就安定了，因此，又引申出安定或太平的意思。“整理、治理”又可引申出处理或进行某项工作，这个意义非常广泛，如“治学”“治病”“治罪”等，这些“治”的具体含义可随文而异：“治学”的“治”可以讲成研究，“治病”的“治”可以讲成医治，“治罪”的“治”可以讲成惩处。理顺了“治”的词义关系，就好比掌握了区分词义的钥匙。其次，要注意词在句子中的地位及与其他词语的关系。一个词往往有多种语法功能，语法功能不同，词义也有可能不同。例如“日”是名词，作主语或宾语时表示白天或一昼夜。《国语·吴语》：“日夜相继。”《尚书·洪范》：“一曰岁，二曰月，三曰日。”作状语时表示每天或一天天。《孟子·滕文公下》：“今有人日攘其邻之鸡者。”《史记·田单传》：“田单兵日益多，争胜，燕日败亡。”作句首状语时表示往日。《左传·昭公七年》：“日君以夫公孙段为能任其事，而赐之州田。”第三，要注意词在句子中的词性。一个词在表示不同意义时，往往可以属于不同的词类。例如“贼”，表示残害、杀害时是动词。《墨子·非儒》：“是贼天下之人者也。”《左传·宣公二年》：“使鉏麑贼之。”表示坏人、强盗时是名词。《周礼·秋官·士师》：“二曰邦贼。”《墨子·非乐上》：“寇乱盗贼并兴。”表示残忍、狠毒时是形容词。《史记・酷吏列传》:“始条侯以为禹贼深。”又《游侠列传》:“(郭解)少时阴贼。”掌握了这个方法,就可以从分析词性入手来确定词义。

2.3.2 单音词的第二个重要特点是灵活性。词是表达概念的,而概念是根据词在各种不同的句子中的具体含义概括而成的。当一个词处在句子中时,它的具体含义与概念之间所形成的关系一般为三种:①可能与概念等同或基本等同,②可能超出概念的界限,③可能小于概念的内涵。以“守”为例,“防守”“守卫”是它的一个概念,现将与这个概念有关的例证列举如下:

①《左传・僖公二十八年》:“不有居者谁守社稷?”

《公羊传・僖公二十一年》:“子归守国矣!”

《左传・文公十三年》:“晋侯使詹处瑕,以守桃林之塞。”

《汉书・卢绾传》:“(陈)豨少时,常称慕魏公子,及将守边,招致宾客。”

《左传・成公二年》:“信以守器。”

《左传・襄公二十九年》:“吴人伐越获俘焉,使守舟。”

《史记・淮南衡山列传》:“守冢三十户。”

《汉书・刑法志》:“墨者使守门。”

②王粲《公宴诗》:“见眷良不翅,守分岂能违。”

陶渊明《归园田居》:“开荒南野际,守拙归园田。”

《汉书・蒯通传》:“妇人有夫死三日而嫁者,有幽居守寡不出门者。”

③《韩诗外传》:“守夜不失时者信也。”

杜甫《杜位宅守岁》:“守岁阿戎家,椒盘已颂花。”

①组的“守社稷”“守国”“守桃林之塞”“守边”之“守”，其具体含义与概念是等同的，都是防守、守卫的意思。“守器”“守冢”“守门”之“守”，都有看守、守护的意思，但不一定是大规模的军事行动。②组的“守”都有守护的意思，但又超出了守护的范围，含有安心于某种状况而守护着不使改变的意思，“守分”就是安于本分，“守拙”就是安于愚拙，“守寡”就是安于寡居的生活而不再嫁。③组的“守”，虽也有守护的意思，但无守护的具体对象（“夜”和“岁”不是守护的对象），也不一定是凭借武力，具体含义小于概念的内涵。②③两种情况都可能使古汉语单音词的词义产生灵活性，但结果是不一样的。第②种情况可能使单音词在句子中的具体含义产生灵活性，第③种情况可能使单音词的某一概念产生灵活性。下面分别加以论述。

有些单音词由于处在特殊的语言环境中，因而产生了超出概念界限的特殊含义，从而表现出很大的灵活性。例如，《孟子·梁惠王上》：“涂有饿莩而不知发。”赵岐注：“道路之旁有饿死者，不知发仓廪以用赈救之。”可见这里的“发”含有打开仓库用粮食来救灾的意思。这是“发”在句子中的具体含义。《辞源》（修订本）“发”字条义项⑩为“开发，打开”，这是“发”的一个概念，这个概念只表示一个动作，没有具体对象。而“发”的具体含义却大大超越了概念的界限，不仅包含了动作的对象——仓廪，而且包含了动作的目的——救灾。又如《左传·僖公五年》：“在此行也，晋不更举也。”这里的“举”是什么意思呢？不太好懂。《辞源》（修订本）“举”字条下列了十个义项：①擎，向上托。②起来，飞起。③推荐，选用。

④称引，提出。⑤行动，举动。⑥立，兴办。⑦养育，抚养。⑧攻克，拔取。⑨没收。⑩皆，全。似乎哪一个义项与这句的“举”都对不上号。实际它与义项⑥的意义最接近。义项⑥“立、兴办”的用法较宽，对象可以很多，如点火可以说“举火”，处理一件事情或发动起义可以说“举事”，派遣军队可以说“举兵”，等等。根据文义分析，“晋不更举”的“举”当与军事行动有关。杜预注：“不更举兵。”明确指出“举”就是举兵，“举”在句子中的具体含义超出了概念的界限，包含了动作的对象。

词在个别特殊场合的含义，词汇学上叫作用法意义。用法意义最容易超越概念的界限，令人难以把握，古汉语单音词尤其如此。例如，《左传·隐公元年》：“可矣，厚将得众。”“众”本为民众，这里指民心。又《僖公五年》：“虢，虞之表也。”“表”本为外面，这里指外面的屏障。《论语·学而》：“传不习乎？”“传”本指传授，这里指老师传授的知识。又《泰伯》：“士不可以不弘毅。”“弘”本为弘大，这里指心胸宽广。又《子路》：“其身正，不令而行。”“行”本为推行，这里指教化得以推行。又《季氏》：“盖均无贫，和无寡，安无倾。”“寡”本为少，这里指人口少。《礼记·檀弓上》：“丧欲速贫，死欲速朽。”“丧”本为失去，这里指失去官职。这些单音词在句子中的具体含义具有极大的特殊性和灵活性，如果死抠概念是无法找到正确答案的。必须以概念为依据，再辅之以文义分析，必要时还得参考古书的注疏，才能求得正确的解释。

下面再谈谈单音词概念的灵活性。由于概念是根据词在各种不同的句子中的具体含义概括而成的，因而概念的内涵常常大于词的具体含义，从而造成概念与词的具体含义对不上号，或者说不能准确地对上号。在古汉语单音词中,那些表示抽象意义的概念最容易产生灵活性。例如,《诗经·大雅·抑》:“人亦有言,靡哲不愚。”《韩非子·显学》:“无参验而必之者,愚也;弗能必而据之者,诬也。”这两个“愚”同属一个概念,都是不聪明的意思。而“不聪明”的内涵却包含有两种意思:一是由于头脑迟钝而造成的不聪明,一是由于缺乏知识而造成的不聪明。那么,《诗经》里的“愚”与《韩非子》里的“愚”是不是一样呢?显然不一样。郑玄笺:“今王政暴虐,贤者皆佯愚,……”孔颖达疏:“言当时贤哲皆故毁威仪而佯为愚人。”“佯愚”就是装傻。根据郑笺孔疏可以判明,《诗经》里的“愚”是指头脑迟钝。《韩非子》这段话是谴责那些不经过检验就对古代的制度加以肯定的人(必,肯定),认为他们没有知识,不明事理。因而,这里的“愚”指的是无知。可见“愚”的这个概念,实际上包含了“愚笨”和“愚昧”两个复音词的意思。“愚笨”就是头脑迟钝,“愚昧”就是没有知识。《诗经》和《韩非子》中的“愚”,各自具有其中的一种意思,具体含义小于概念的内涵,这就在客观上造成了概念的灵活与含混。

有时概念具有多层意思,那就更加复杂了。例如“严”,它的一个概念是认真、一丝不苟。如果是一般的程度,就是“严格”;严格而达到了厉害的程度就是“严厉”;严厉而达到了残酷的程度就是“严酷”。这三层意思无法从“严”的这一概念上看出来。《史记·太史公自序》:“法家严而少恩。”这个“严”的准确含义无法根据“严”的概念来确定,必须加以具体考察。法家主张“信赏必罚”,即有功者一定奖励,决不失信;有罪者一定惩罚,决不宽恕。这说明法家的“严”绝不是一般的“严格”。同时还要对具体文义进行分析，“严而少恩”这句话，由于“而”是反接连词，表明了司马迁对法家既有肯定又有否定的看法。在他看来，“严”正是法家的优点，“少恩”才是其缺点。那么，“严”如果是“严酷”，则带着谴责的意味，未免有失太史公的本旨。三者当中，恐怕只有“严厉”较为合适。又如“偏”的一个概念是单独注重一方面或对人对事不公正。如果对人对事有偏向，可以说“不公正”；不仅有偏向，而且加以爱护，也可以说“不公正”；不仅有偏向，而且照顾私情，也可以说“不公正”；不仅有偏向，而且加以袒护，也可以说“不公正”。这四层意思有程度上的差别，无法从“偏”的这个概念上看出来。也就是说，“偏”的这个概念实际上包含了“偏向”“偏爱”“偏私”“偏袒”四个复音词的意思。我们再来看一个例子。《尚书·洪范》：“无偏无陂，遵王之义；无有作好，遵王之道；无有作恶，遵王之路；无偏无党，王道荡荡；无党无偏，王道平平。”这里三次出现的“偏”是什么意思呢？解为“不公正”，当然不能算错，然而不够准确。这就需要根据上下文进行深入分析。“偏”两次与“党”连用，“党”含有以私心支持一些人干坏事的意思，程度较重，因而这里的“偏”就不可能是一般的偏向、偏爱。孔颖达疏：“为人君者当无偏私无陂曲，……无偏私无阿党，……”释“偏”为偏私，我们认为这种训释是较为准确的，是可以接受的。

古汉语单音词的灵活性给阅读古书和分析词义带来了不少困难，不能不加以重视。灵活性不是古汉语单音词独有的，一切词语都有这个问题，只不过古汉语单音词更为突出罢了。单音词的灵活性是一种复杂的现象，它与整个古汉语词义系统有着千丝万缕的联系，将它研究透了，对于辨析同义词、了解词义的演变以及摸清复音词形成与发展的某些规律都是极有用的。同时,只有将这个问题跟古汉语词义系统中的其他问题联系起来进行综合研究,才能更加深入。

2.3.3 古汉语单音词的第三个特点是词义关系的复杂性。

有纵与横的关系。单音词以一词多义为常见,一个词的几个意义在演变发展的过程中往往形成了复杂的关系。例如“徒”,本义是步行(《周易·贲》“舍车而徒”),又有步兵(《左传·昭公二年》“帅徒以往”)、空(《论语·阳货》“夫召我者,而岂徒哉”)等意义,是“步行”的引申义,与“步行”形成纵的关系,而“步兵”与“空”之间却形成了横的关系。“步兵”又引申出徒众(《韩非子·五蠹》“具徒属”)、门徒(《论语·微子》“是鲁孔丘之徒与”)、服劳役的人(《史记·陈涉世家》“秦令少府章邯免郦山徒”)等意义,与“步行”“步兵”形成纵的关系,而它们之间又形成了横的关系。这种意义上的纵横交错关系,很难掌握。

有普通与特殊的关系。单音词的意义,有时是普通义,有时是特殊义,普通义好理解,特殊义则较难把握。例如,《史记·淮阴侯列传》:“秦失其鹿,天下共逐之。”《集解》:“张晏曰:以鹿喻帝位也。”“鹿”用的比喻义,指帝位。《韩非子·定法》:“君无术则弊于上,臣无法则乱于下。”这里的“术”不是指一般的方法、手段,韩非子给予了特殊含义,指君主控制和使用群臣的策略、权术,不了解这一点,这句话就不好理解。《梁书·刘杳传》:“自居母忧,便长断腥羶,持斋蔬食。”这里的“忧”不是指一般的忧愁,而是指父母的丧事。杜甫《早发》诗:“早行篙师怠,席挂风不正。”这里的“席”不是指一般的席子,而是指船帆,因为古人最初也用席子做船帆。

有泛指与特指的关系。有些本来是泛指，后来又用为特指。例如，“辰”本是星的总称。《荀子·礼论》：“星辰以行，江河以流。”特指二十八宿之一的心宿。《左传·昭公元年》：“迁伯阏于商丘，主辰。”《盐铁论·相刺》：“犹辰参之错。”“蜂”本为蜂类昆虫的总称。《国语·晋语九》：“蜹蚁蜂虿，皆能害人，况君相乎？”特指蜜蜂。《论衡·言毒》：“蜜为蜂液。”“机”本为机械的总称。《战国策·宋卫策》：“公输般为楚设机，将以攻宋。”特指织布机。《史记·甘茂列传》：“其母投杼下机，踰墙而走。”有些词本来是特指，后来又用为泛指。“匠”本为木工。《庄子·马蹄》：“陶匠善治埴木。”泛指一切工匠。《韩非子·定法》：“夫匠者手巧也，而医者齐药。”“棘”本为酸枣树。《诗经·邶风·凯风》：“吹彼棘薪。”又《魏风·园有桃》：“园有棘，其实之食。”泛指带刺的灌木。屈原《九章·橘颂》：“曾枝剡棘圆果抟兮。”“粟”本为小米。晁错《论贵粟疏》：“粟米布帛生于地，长于时，非可一时成也。”《旧唐书·食货志下》：“其粟麦粳稻之属各依土地，贮之州县，以备凶年。”泛指粮食。韩愈《赴江陵途中寄赠王李李三学士》：“持男易斗粟，掉臂莫肯酬。”“项”本为颈的后部。《史记·魏其武安侯列传》：“籍福起为谢，案灌夫项令谢。”泛指脖子。张衡《西京赋》：“修额短项。”

3. 复音词

3.1 复音词的分类

3.1.1 先谈谈复音词的分类原则。为了论述的方便，我们先介绍一下现代汉语复音词的分类情况：现代汉语把复音词分为单纯词与合成词两大类。单纯词由联绵词构成，如“玻璃”“枇杷”“徘徊”“哆嗦”“恍惚”等。合成词又分为两类：一类由同样重要的基本成分组成，其中包括六种构成方式：1.联合式（土地、教学、动静），2.偏正式（汽车、白话、重视），3.述宾式（动员、带头、满意），4.述补式（提高、消灭、减少），5.主谓式（眼红、心疼、肉麻），6.重叠式（渐渐、慢慢、刚刚）。另一类由基本成分加词缀组成，加前缀的如“第一”“初一”“老师”“老虎”等；加后缀的如“桌子”“花儿”“石头”等。

3.1.2 古代汉语复音词，特别是上古汉语复音词有与现代汉语复音词的不同特点。例如，古汉语复音词中联合式合成词所占比重相当大，几乎成了复音词的主体，而述宾式、述补式先秦极为少见，汉代以后才多了起来；主谓式先秦几乎没有，汉代也极为少见；加前缀的合成词汉代刚刚萌芽，加后缀的合成词先秦两汉虽有一些（如“童子”“男子”“女子”等），但为数不多。[①] 由于这些原因，

---

① 参阅祝敏彻《从〈史记〉〈汉书〉〈论衡〉看汉代复音词的构词法》，载《语言学论丛》第8辑第155—156页。商务印书馆1981年版。

古汉语复音词应该有不同的分类原则。

第一步，我们先按语素将复音词分为单纯词和合成词。单纯词就是单素词，包括联绵字和叠字。合成词就是多素词（主要是双素词），包括除联绵字、叠字以外的其他复音词。第二步，按语素结合方式将合成词分为两大部分：语素以平等方式结合而成的，称为并列复音词和叠词；语素以不平等方式结合而成的，称为主从复音词。叠字与叠词古人一般不加区别，称为“重言词”。现将古汉语复音词分类情况用下表来表示：

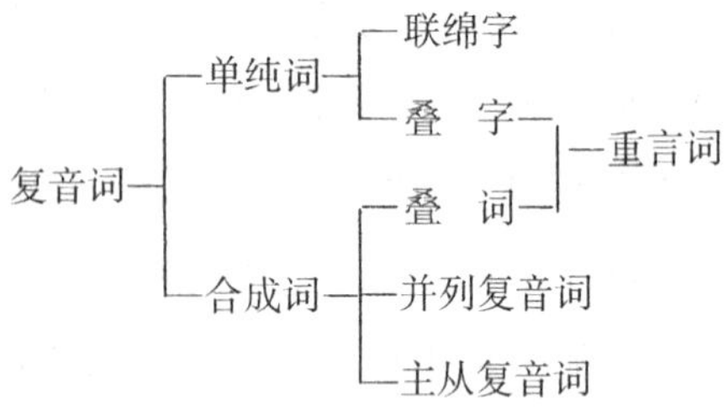

3.2　并列复音词

3.2.1　并列复音词根据语素的意义、性质可分为四大类：

（一）同义复音词，由意义相同的语素组成。如：疆埸、正直、负担、罪戾、财贿、怠慢、灾祸、斧斤、骐骥、邪僻、衣服、容貌、才能、坟墓、共给、周旋、艰难、盗贼、恭敬、暴虐、辟陋、慈惠、恐惧、挠乱、边垂、携贰、道路、昏姻、亲戚、朋友、斟酌、美丽、山陵、邦域、呻吟等。

（二）近义复音词，由意义相近的语素组成。如：国家、咫尺、寻常、伯仲、禽兽、设备、仓廪、牺牲、忠贞、公卿、冠冕、人丁、门庭、贫乏、券契、纤介、望见、缟素、布帛等。

（三）反义复音词，由意义相反的语素组成。如：进退、天地、出入、左右、休祲、本末、首尾、消息、动静、朝夕、乾坤、往来、上下等。

（四）同性复音词，由意义相关、词性相同的语素组成。如：社稷、聪明、股肱、面目、甲兵、爪牙、干戈、山川、兄弟、子孙、手足、春秋等。

3.2.2 并列复音词，最初一般是两个单音节词的临时组合，还没有形成一个整体，一个词。王力主编《古代汉语》（修订本）里提到了这种现象，并说可以从两个方面来证明：第一，最初某些单音词的组合没有固定的形式，几个单音词可以自由搭配，甚至可以颠倒。第二，古人对这一类同义词组合常常要加以区别。[①] 我们认为这种说法是非常有道理的。如果按严格的标准来衡量，先秦古籍中被人们承认的某些复音词，可能是不合格的。仅就第一点来说，情况就很复杂。单音词之间的搭配非常灵活。例如，“疆”可以与“封”组成“封疆”（《左传·成公八年》），又可以与“边”组成“边疆”（《左传·成公十三年》），与“埸”组成“疆埸”（《左传·成公十三年》），而“埸”还可以与“竟（境）”搭配成“竟埸”（《穀梁传·隐元年》）。“封疆”“边疆”“疆埸”“竟埸”的意义是相同的。“财”可以与“贿”组成“财贿”（《左传·文公七年》），又可以与“货”组成“财货”（《荀子·富国》），而“货”可以与“赂”组成“货赂”（《荀子·富国》），又可以与“贿”组成“货贿”（《左传·文公十八年》）。“财贿”“财货”“货赂”“货贿”的意义是相同的。“穷”可以与“困”组成“穷困”（《左传·襄公八年》），又可以和“匮”组成“穷匮”（《左传·文公十八

① 见该书第一册第86页。

年》),又可以和“乏”组成“穷乏”(《孟子·告子上》)。“穷困”“穷匮”“穷乏”的意义是相同的。两个单音词的组合可以颠倒。如“财货”(《荀子·富国》)可以颠倒成“货财”(《公羊传·隐公元年》),“介绍”(《礼记·聘义》)可以颠倒成“绍介”(《战国策·赵策三》),“朋友”(《论语·学而》)可以颠倒成“友朋”(《左传·庄公二十二年》),“摇荡”(《庄子·天地》)可以颠倒成“荡摇”(《左传·成公十三年》),“心腹”(《左传·哀公十一年》)可以颠倒成“腹心”(《左传·成公十二年》),“人民”(《诗经·大雅·抑》)可以颠倒成“民人”(《诗经·大雅·桑柔》),“恭敬”(《诗经·小雅·小弁》)可以颠倒成“敬恭”(《诗经·大雅·云汉》)。这些情况说明,先秦古籍中的某些复音词还处在形成的最初阶段,它们的形式还很不稳定,复音词的形成与发展的过程,就是由不稳定逐步走向稳定的过程。

3.2.3 在同义并列结构中,词与非词的界限最难划定。其原因是整个结构的意义与组成的部件——单音词(或语素)的意义一致。如“师旅”与“师”“旅”都指军队;“封疆”与“封”“疆”都指边界;“财贿”与“财”“贿”都指财物。有些单音词在《说文》中可以互训,如“恐”“惧”(《说文》:“恐,惧也。”又:“惧,恐也”),“呻”“吟”(《说文》:“呻,吟也。”又:“吟,呻也”),它们与同义结构的意义完全一样。正因为如此,要确定它们是同义单音词连用还是同义复音词是比较困难的。我们认为,对于先秦古籍中的同义复音词的处理要采取从宽的原则,只要它们在古籍中经常出现,而形式比较固定,就应该承认它们是复音词,而不是单音词的临时组合。

另外,同义复音词绝大多数是单义的,而组成它们的单音词绝大多数是多义的,而单音词只是以其相同的意义组合成同义复音词,或本义与本义,或本义与引申义,或引申义与引申义,等等。当意义复杂的单音词以某个相同的意义组合在一起后,意义变得单一而明确了。例如"暴"的本义是晒,引申为暴露,又有猛烈、凶残、欺凌等义;"虐"有凶残、虐待、灾害等义;都是多义词。它们以"凶残"义组合成"暴虐",意思是凶狠残忍,不人道。实际上,这种组合起到了对单音词多种意义的选择作用,使含混变为确切。从这一点看,也应该承认这些同义组合是复音词。

3.2.4　近义复音词与同义复音词的界限是不大好划分的,因为同义复音词的语素意义也不是完全相同的。有的学者认为,确定同义词的方法之一是看它们能否在通常情况下互相代替,或在古代字书中互训,那么,反过来说,近义复音词的语素虽然意义相近,却不能互相替代,在古代字书中也不能互训。根据这样的原则可以把同义复音词与近义复音词大致区别开来。当然,最主要的,还要根据语言运用的实际情况来区分。关于这个问题,我们将在第六章第一节"同义词的确定"里详述,这里就不提了。

近义复音词跟语素的关系大致存在两种情况:一种是两个语素中的一个与复音词的意义相同。例如,"国家"与"国"同义,不与"家"同义(有人认为"国家"是偏义复词,值得商榷),"人丁"意为成年人,与"丁"同义,不与"人"同义。另一种是复音词的意义不同于任何一个语素的意义,这种情况是比较多见的。例如:

寻常——原为长度单位,八尺为寻,十六尺为常。《国语·周语下》:"其察色也,不过墨丈寻常之间。"后泛指一般的长度。《韩非子·五蠹》:"布帛寻常,庸人不释。"《淮南子·说林》:"甚雾之朝,可以细书,而不可以望寻常之外。"又引申为普通、平常,这才是

“寻常”作为一个复音词的意义。刘禹锡《乌衣巷》：“旧时王谢堂前燕，飞入寻常百姓家。”

冠冕——“冠”是帽子的总称，属上位义，“冕”是大夫以上贵族所戴的礼帽，是帽子的一种，属下位义，因此，它们不是同义词而是近义词。《左传·昭公九年》：“我在伯公，犹衣服之有冠冕也。”后为仕宦的代称。《三国志·魏书·王昶传》：“今汝先人，世有冠冕。”

伯仲——“伯”“仲”原表示兄弟的顺序，“伯”是老大，“仲”是老二。《礼记·檀弓上》：“幼名冠字，五十以伯仲。”后指人或事物之间差别很小。曹丕《典论·论文》：“傅毅之于班固，伯仲之间耳。”

布帛——“布”为麻、棉织物的总称，“帛”为丝织品的总称。《礼记·礼运》：“治其麻丝，又为布帛。”这里的布帛仍为分指。后来，作为复音词的“布帛”则为丝麻棉织物的总称。《韩非子·五蠹》：“布帛寻常，庸人不释。”

3.2.5 同性复音词的词义，不同于组成它的任何一个语素的意义。例如：

干戈——“干”是盾牌，“戈”是戟，都是武器名。《诗经·大雅·公刘》：“弓矢斯张，干戈戚扬。”（戚：一种像大斧的兵器。扬：大斧）形成复音词后泛指武器。《礼记·檀弓下》：“能执干戈以卫社稷。”有时指战争。《史记·平津侯主父列传》：“乃使刘敬往结和亲之约，然后忘天下干戈之事。”

春秋——原指春和秋两个季节。《庄子·至乐》：“今又变而之死，是相与为春秋冬夏四时行也。”潘岳《在怀县作》诗二首之二：“春秋代迁逝，四运纷可喜。”后泛指四季。《诗经·鲁颂·閟宫》：

“春秋匪解。”这里的“春秋”指四季祭祀之事。凝固成复音词后，就含有时间的意思，再引申为年龄。《战国策·秦策五》：“王之春秋高，一日山陵崩，太子用事，君危于累卵。”潘岳《夏侯常侍诔》：“春秋四十有九。”

刀笔——古代用笔在竹简上写字，有错误则用刀削去重写，故“刀”“笔”常连用。《后汉书·刘盆子传》：“其中一人出刀笔。”形成复音词后，指写成的文章。《淮南子·泰族》：“察于刀笔之迹。”任昉《齐竟陵文宣王行状》：“刀笔不足宣功，风体所以弘益。”有时也指文书之类的官吏。《战国策·秦策五》：“臣少为秦刀笔。”

聪明——“聪”指听得清楚，“明”指看得清楚。《国语·周语下》：“听和则聪，视正则明。”《荀子·劝学》：“目不能两视而明，耳不能两听而聪。”“聪”也指听力好，“明”也指视力好。《吕氏春秋·本生》：“目明矣，耳聪矣，鼻臭矣，口敏矣。”《庄子·知北游》：“耳目聪明，其用心不劳。”“耳目聪明”，虽然“聪明”连用，但实际上是“耳聪目明”的意思。形成复音词后，指明智，能洞察一切。《国语·郑语》：“又甚聪明和协。”《礼记·中庸》：“唯天下至圣，为能聪明睿智。”后又引申为智力强、天资高，与今义相同。韩愈《与孟尚书书》：“潮州时，有一老僧，号大颠，颇聪明，识道理。”寒山子《寒山诗之三十八》：“余曾昔睹聪明士，博达英灵无比伦。”叶绍翁《四朝闻见录·宁皇二屏》：“左右至以语激上，则应以‘毋作聪明乱旧章’。”

社稷——“社”本指土地神，“稷”本指榖神，古人专为此二神立庙而加以祭祀。《礼记·王制》：“天子祭天地，诸侯祭社稷。”又：“天子社稷皆太牢，诸侯社稷皆少牢。”（太牢：牛羊豕各一。少牢：羊豕各一）都是分指“社”和“稷”。后来由于这种祭祀活动越来越受到重视，因而“社稷”便成了国家的象征，并且含有国家的意思，这就由词组变成了复音词。《左传·定公四年》：“寡君失守社稷。”又《哀公十一年》：“能执干戈以卫社稷。”

3.2.6 反义复音词的意义也不同于任何一个语素义，意义变化的过程就是复音词形成的过程。例如：

动静——本指行动与止息。《周易·系辞上》：“动静有常，刚柔断矣。”《淮南子·兵略》：“静而法天地，动而顺日月。”形成复音词后，有情况、消息的意思。《汉书·西域传》：“都护督察乌孙康居诸外国，动静有变。”

本末——“本”本义为树根或树干，引申为指农业、百姓等；“末”本义为树梢，引申为指工商、国君等。《商君书·壹言》：“能事本而禁末者，富。”《战国策·齐策四》：“故有问，舍本而问末者耶?”又指开始、终结。《荀子·富国》：“本末相顺，始终相应。”作为复音词，则指事情的原委。司马迁《报任安书》：“且事本末未易明也。”

男女——本指男人和女人。《吕氏春秋·先识览》：“男女切倚，固无休息。”作为复音词则指两性生活。《礼记·礼运》：“饮食男女，人之大欲存焉。”

进止——本指前进和后退。作为复音词则指举止、动作。《古诗为焦仲卿妻作》：“奉事循公姥，进止敢自专。”

首尾——本为头和尾。《孙子·九地》：“击其首则尾至，击其尾则首至，击其中则首尾俱至。”《淮南子·脩务》：“镂以为兽，首尾成形。”作为复音词，则有接应的意思。《后汉书·皇甫规传》：“愿假臣两营三郡，屯列坐食之兵五千，出其不意，与护羌校尉赵冲共相首尾。”后又有勾结的意思。《水浒传》第五十一回：“你们都和他有首尾，却放他自在。”

出入——“出”本为出去，“入”本为回来。《左传·僖公三十二年》：“吾见师之出而不见其入也。”《楚辞·国殇》：“出不入兮往不返。”“出”“入”连用，有时指“行”“藏”（行动与潜居）。《周易·系辞下》：“其出入以度外内使知惧。”有时指“往”“来”。《左传·成公十三年》：“余虽与晋出入，余唯利是视。”作为复音词，有灵活的意思。《论语·子张》：“大德不逾闲，小德出入可也。”（闲：界限）又指不一致、不相符。柳宗元《段太尉逸事状》：“今之称太尉大节者出入。”

消息——“消”，减少，消失。“息”，增加，产生。《周易·噬嗑》：“君子尚消息盈虚天行也。”《列子·天瑞》：“自知自力，自消自息。”转化为复音词后，有音讯的意思。蔡琰《悲愤诗》：“有客从外来，闻之常欢喜。迎问其消息，辄复非乡里。”杜甫《哀江头》：“清渭东流剑阁深，去住彼此无消息。”

左右——本指左方和右方。《诗经·大雅·常武》：“左右陈行，戒我师旅。”也指左右办事的人。《战国策·齐策四》：“左右以君贱之也，食以草具。”形成复音词后，有帮助、支配等意思。《史记·萧相国世家》：“高祖为亭长，常左右之。”《国语·越语上》：“寡君帅越国之众，以从君之师徒，唯君左右之。”或尊称对方，表示不敢直称，而以其左右侍奉者称之，略等于现代汉语里面的“您”。《国语·晋语二》：“黄金四十镒，白玉之珩六双，不敢当公子，请纳之左右。”注：“言左右，谦也。”司马迁《报任安书》：“是仆终已不得舒愤懑以晓左右。”

3.2.7 有一些并列复音词以一个语素的原来意义作为复音词的意义，另一个语素只作为陪衬，这种复音词叫作偏义复词。早在三国时期，王肃就发现了这种现象。《左传·昭公十三年》："郑，伯男也。"王肃注云："郑，伯爵，而连男言之，足句辞也。"即"男"只是足句之辞，没有实际意义。唐孔颖达又有"连言"之说。《礼记·杂记》："为妻，父母在，不杖不稽颡。"孔颖达疏："按《丧服》云：'大夫为适妇，为丧主。'父为己妇之主，故父在不敢为妇杖，若父没母在，不为适妇之主。所以母在不杖者，以父母尊同，因父而连言母。"即"父母在"只有"父在"的意思，"母"只是被连带言及，没有实际意义。[①] 清代俞樾将这种现象总结为"因此及彼"，他说："古人之文省者极省，繁者极繁。省则有举此见彼者矣，繁则有因此及彼者矣。《日知录》曰：'……得失，失也。'"《史记·刺客传》："多人不能无生得失。"利害，害也。《史记·吴王濞传》："擅兵而别，多佗利害。"缓急，急也。《史记·仓公传》："缓急无可使者。"《游侠传》："缓急人所时有也。"成败，败也。《后汉书·何进传》："先帝尝与太后不快，几至成败。"同异，异也。《吴志·孙皓传》注："荡异同如反掌。"《晋书·王彬传》："江州当人强盛时，能立异同。"羸（嬴）缩，缩也。《吴志·诸葛恪传》："一朝羸（嬴）缩，人情万端。"祸福，祸也。晋欧阳建临终诗："成此祸福端。"'按：此皆因此及彼之辞，古书往往有之。《礼记·文王世子篇》'养老幼于东序'，因老而及幼，非谓养老兼养幼也。《玉藻篇》'大夫不得造车马'，因车而及马，非谓造车兼造马也。"[②]后来，"因此以及彼"被有的语言学家简称为"连及"，作为古汉语的一种修辞手法。可见，偏义复词是受修辞影响

① 以上两例均见俞樾《古书疑义举例》卷二《因此以及彼例》。

② 见俞樾《古书疑义举例》卷二《因此以及彼例》。

而产生的一种语言现象。

下面再举一些例子：

①园圃——《墨子·非攻上》："今有一人，入人园圃，窃其桃李。"种树的地方叫园，种菜的地方叫圃。这里只"园"有意义，"圃"为陪衬。

②云霓——《孟子·梁惠王下》："民望之，若大旱之望云霓也。"民盼的是"云"，因为云能下雨，"霓"是陪衬。

③饥穰——贾谊《论积贮疏》："世之有饥穰，天之行也，禹汤被之。""饥"，荒年，"穰"，丰年。"禹汤被之"是说禹汤也曾遭遇荒年，因此，"穰"只是陪衬。

④饥寒——晁错《论贵粟疏》："数石之重，中人弗胜，不为奸邪所利；一日弗得而饥寒至，是故明君贵五谷而贱金玉。""弗得"的东西是五谷，故只"饥"有意义，"寒"为陪衬。

⑤寒暑——《列子·杨朱》："无羽毛以御寒暑。"羽毛只能御寒，"暑"为陪衬。

⑥作息——《古诗为焦仲卿妻作》："昼夜勤作息，伶俜萦苦辛。"只"作"有意义，"息"为陪衬。

⑦休祲 《战国策·魏策四》："怀怒未发，休祲降于天。""休"，吉兆，"祲"，妖气。这里只"祲"有意义，"休"为陪衬。

⑧狗马——《战国策·齐策四》："狗马实外厩，美人充下陈。""狗"为陪衬，只"马"有意义。

⑨风雨——《周易·系辞上》："鼓之以雷霆，润之以风雨。""风"为陪衬，只"雨"有意义。

⑩公姥——《古诗为焦仲卿妻作》："勤心善公姥，好自相扶将。""公"指公公，"姥"指婆婆。这里只"姥"有意义，"公"为

陪衬。

⑪褒贬——《红楼梦》第十四回："凤姐虽如此之忙，只因素性好胜，惟恐落人褒贬，故费尽精神，筹划的十分整齐。"只"贬"有意义，"褒"为陪衬。

以上诸例，可分为两类：①—⑥为表义成分在前的偏义复词，⑦—⑪为表义成分在后的偏义复词。从构成成分看，由反义词构成的有"饥穰""饥寒""寒暑""作息""休祲""公姥""褒贬"；由近义词构成的有"园圃""云霓"，由同性词构成的有"狗马""风雨"，可以看出，由反义词构成的偏义复词占多数。可能有人认为，偏义复词中有不少只不过是词组，根本不能算词。我们认为，像"寒暑""狗马""风雨""公姥"等，在具体的语言环境中已不是两个单音词意义的简单相加，随着其中一个词失去意义而发生了根本变化，因而取得了"词"的资格。

3.3 主从复音词

3.3.1 主从复音词的情况比较复杂，如果从词的结构方式加以分析，大致可分为这样几类：

（一）偏正式，形名、形动、名名、副形、副动、动名等。如：黄泉、大夫、中原、先生、先进、夫子、布衣、后土、不穀、不佞、不辜、不朽、不虞、行人等。

（二）述宾式，动词加宾语。如：将军、用事、伏尸、稽首、亡命、执事、尽心、司寇、用命、食言等。

（三）述补式，动词加补语。先秦极少见，汉以后逐渐增多。

如：扑灭、刺伤、招至、击败、推堕、扬著、矫正等。

（四）附加式，名词、动词、形容词加前缀或后缀。先秦极少见，汉代也只处于萌芽状态。如：畴昔、有方、有政、阿母、第一、喟然、油然、率尔、童子、男子等。

其他如主谓式，先秦未见，两汉也极为罕见，这里就不列举了。

3.3.2　主从复音词在发展过程中，有一些现象是值得注意的，下面分别加以讨论。

（一）有些复音词在发展过程中改变了词性，由动词性词组变为指人或物的名词。这种情况以述宾式结构居多。如：

启事——本指陈述事情。《三国志·魏书·董卓传》："召呼三台尚书以下，自诣卓府启事。"后来，陈述事情的文书也叫"启事"。庾肩吾《谢武陵王赉绢启》："有谢笔端，无辞陈报，不任下情，谨奉启事谢闻。"

讲义——本为讲解经义。《南史·梁武帝纪下》："自是晨夕讲义，多由此门。"后来讲解经义的书也称"讲义"。邢昺《孝经注疏序》："今特翦截元疏，旁引诸书，分义错经，会合归趣，一依讲说，次第解释，号之为讲义也。"

将军——本指率领军队。《左传·桓公五年》："虢公林父将右军。"又《僖公二十八年》："原轸将中军。"又《文公七年》："先蔑将下军。""将"与"军"虽未直接联系起来，但从这三例可看到"将军"最初的意思。在稍晚的古籍中，"将军"常以词组的形式出现。《史记·秦始皇本纪》："八年，王弟长安君成蟜，将军击赵，反死屯留。"这里的"将军"是统帅军队的意思。战国以至秦汉，"将军"成为率领军队的武官的名称，如"大将军"、"上将军"、"车骑将军"等等，只是“将”由去声 jiàng 改读平声 jiāng 了。

执事——本为执掌事务。《论语·子路》:“居处恭,执事敬。”后来,执掌具体事务的人也叫“执事”。《国语·吴语》:“王总其百执事,以奉其社稷之祭。”“百执事”,指各类办具体事务的官吏。先秦常用为尊称别国国君的客套语,表示不敢直称其君,只敢称其手下的办事人员。《左传·成公三年》:“虽遇执事,其弗敢违。”这里的“执事”,是晋国的臣子知罃称楚共王。汉以后,则多用为一般的尊称。杨修《答临淄侯笺》:“又尝亲见执事握牍持笔,有所造作。”《明史·徐一夔传》:“仆素谓执事知我,今自审终不能副执事之望。”

当路——最初的意思是拦路,用来比喻身当仕路,当权执政。《孟子·公孙丑上》:“夫子当路于齐,管仲晏子之功可复许乎?”后又用来指掌权的人,由动词结构变成了名词。陈亮《庶弟昭甫墓志铭》:“畴昔之年,当路欲置我于死地。”类似的还有“当道”。张溥《五人墓碑记》:“请于当道。”

持戟——本为手执武器。《孟子·公孙丑下》:“子之持戟之士,一日而三失伍,则去之否乎?”后来指战士。《史记·平原君列传》:“持戟百万。”

带甲——本为披甲。《新唐书·张巡传》:“士带甲食,裹疮斗。”后指将士。杜甫《送远》诗:“带甲满天地,胡为军远行。”

先河——语出《礼记·学记》,原文是:“三王之祭川也,皆先河而后海。”“先河”意为先祭河,后变为指创始人或倡导者。陈康祺《郎潜纪闻》卷一:“世皆以《四库》书成,归功纪、陆,不知学士(朱筠)其先河也。”也指本源。赵翼《寄题同年项任田青田居祠堂》诗:

"探源溯先河,访逸搜小西。"

(二)有些词组,在凝固成复音词的过程中产生了概念的外延缩小或扩大的变化。外延缩小就变为特指,外延扩大就变为泛指。变为特指的如:

中国——本指处于中心位置的国家。我国中原地区的诸侯国,古人认为地处"天下"之中,因此,"中国"泛指中原各国。《战国策·秦策二》:"中国无事于秦。"《孟子·梁惠王上》:"欲辟土地,朝秦楚,莅中国,而抚四夷也。"后来又变为特指我国整个地区。《庄子·知北游》:"中国有人焉,非阴非阳。"疏:"中国,九州也。"《汉书·陆贾传》:"皇帝起丰沛,讨暴秦,诛强楚,为天下兴利除害,继五帝三王之业,统理中国。中国之人以亿计,地方千里,居天下之膏腴,人众车舆,万物殷富,政由一家,自天地剖判未始有也。"

天下——本为天之下,因为地在天之下,故称大地为天下。后又特指中国。《尚书·大禹谟》:"奄有四海,为天下君。"《孟子·滕文公上》:"当尧之时,天下犹未平,……兽蹄鸟迹之道,交于中国。"前用"天下",后用"中国",可见"天下"与"中国"同义。《战国策·秦策一》:"战胜攻取,诏令天下。"《后汉书·朱穆传》:"昔秦政烦苛,百姓土崩,陈胜奋臂一呼,天下鼎沸。"

车驾——本为马驾的车。《汉书·景帝纪》:"夫吏者,民之师也,车驾衣服宜称。"因皇帝乘车而行,故又特指皇帝。《汉书·高帝纪下》:"车驾西都长安。"

太子——本指天子或诸侯的嫡长子。"太"与"大"本为一字,"太子"就是大子,亦即长子之义。后指继承君位之子。《战国策·秦策一》:"法及太子,黥劓其傅。"鲍彪注:"太子犯法,鞅曰:'法之不行，自上犯之。太子，君嗣也，不可刑，刑其傅公子虔，黥其师公孙贾。’”汉以后，特指被立为继承皇位的皇子。《史记·高祖本纪》：“己巳，立太子，至太上皇庙。”又《孝文本纪》：“子某最长，纯厚慈仁，请建以为太子。”皇帝的嫡长子如未被确立为继位人，只称皇子，不称太子。金元时，皇帝的儿子都可称太子，这是“太子”词义的另一种发展。

小说——本指浅薄琐细的言论。《庄子·外物》：“饰小说以干县令，其于大达亦远矣。”故凡是丛杂著作都称小说。《汉书·艺文志》：“小说家者流，盖出于稗官。”后特指故事性强的文体。段成式《酉阳杂俎续集·贬误》：“予太和末因弟生日观杂戏，有市人小说。”郎瑛《七修类稿·辩证上·小说》：“小说起宋仁宗。盖时太平盛久，国家闲暇，日欲进一奇怪之事以娱之。”

闺房——本为小室，内室。《后汉书·仲长统传》：“安神闺房，思老氏之玄虚。”后特指女子的居室。司马相如《琴歌》：“有艳淑女在闺房，室迩人遐毒我肠。”

走狗——本为善跑的狗，猎狗也善跑，因而特指猎狗。《晏子春秋·内篇谏下第二》：“景公走狗死，公令外共之棺，内给之祭。”《史记·越王勾践世家》：“蜚鸟尽，良弓藏，狡兔死，走狗烹。”

变为泛指的如：

三军——古代诸侯大国有三军，或称中军、上军、下军，或称中军、左军、右军。《左传·襄公十四年》：“周为六军，诸侯之大者，三军可也。”后来泛指军队。《汉书·灌夫传》：“身荷戟，驰不测之吴军，身被数十创，名冠三军。”

五色——本指青、黄、赤、白、黑五种颜色。《尚书·益稷》：“以五采彰施于五色。”后泛指色彩。《老子》:“五色令人目盲。”

六宫——古代天子有六宫。《周礼·天官·内宰》:“上春,召王后帅六宫之人。”泛指皇后妃嫔居住的地方。干宝《晋纪总论》:“故贾后肆虐于六宫,韩午助乱于外内,其所由来者渐矣。”白居易《长恨歌》:“回眸一笑百媚生,六宫粉黛无颜色。”

七庙——古代天子设七庙,供奉七代祖先。《礼记·王制》:“天子七庙,三昭三穆,与太祖之庙而七。”后泛指天子的宗庙。贾谊《过秦论》:“一夫作难而七庙隳。”

八珍——古代八种美味。陶宗仪《辍耕录·续演雅发挥》:“所谓八珍,则醍醐、麆沆、野驼蹄、鹿唇、驼乳糜、天鹅炙、紫玉浆、玄玉浆也。”泛指珍贵食品。《三国志·魏书·卫觊传》:“饮食之肴,必有八珍之味。”杜甫《丽人行》:“黄门飞鞚不动尘,御厨络绎送八珍。”

九门——古代天子所居有九门。《礼记·月令》:“毋出九门。”郑玄注:“天子九门者,路门也、应门也、雉门也、库门也、皋门也、城门也、近郊门也、远郊门也、关门也。”泛指宫门。韩愈《贺雨表》:“中使才出于九门,阴云已垂于四野。”

九派——江西九江市北的一段长江有九条支流,称九派。郭璞《江赋》:“源二分于崌崃,流九派乎浔阳。”泛指长江。鲍照《登黄矶》诗:“三崖隐丹磴,九派引沧流。”

(三)有些词组凝固成复音词,意义或转为抽象,或转为具体。转为抽象的如:

抗衡——抗,相对;衡,车辕上的横木。“抗衡”本指两衡相对,不相上下,后产生了抽象意对抗。《史记·郦生陆贾列传》:“欲以区区之越与天子抗衡为敌国，祸且及身矣。”《世说新语·文学》：“（诸葛）厷后看老庄，更与王（衍）语，便足相抗衡。”

下风——本指风向的下方。《庄子·天地》：“禹趋就下风，立而问焉。”后指下位或卑位。《左传·僖公十五年》：“君履后土而戴皇天，皇天后土，实闻君之言，群臣敢在下风。”《南齐书·安陆昭王缅传》：“窃承下风，数十年来未有此政。”

转为具体的如：

先进——语出《论语·先进》。原文为：“先进于礼乐，野人也。”“先进于礼乐”指先从事礼乐方面的学习而后作官。因此，“先进”又有了前辈的意思。《汉书·翟方进传》：“是时宿儒有清河胡常，与方进同经，常为先进，名誉出方进下，心害其能，论议不右方进。”

后进——语出《论语·先进》。原文是：“后进于礼乐，君子也。”“后进于礼乐”指先作官而后学习礼乐。因此，“后进”又有了晚辈的意思。任昉《为萧扬州荐士表》：“故以晖映先达，领袖后进。”应璩《与侍郎曹长思书》：“王肃以宿德显授，何曾以后进兄拔。”

后学——本为后学习。《汉书·董仲舒传》：“仲舒遭汉承秦灭学之后，六经离析，下帷发愤，潜心大业，令后学者有所统壹，为群儒首。”后指后进的学者。《后汉书·徐防传》：“宜为章句，以悟后学。”

（四）有些词组凝固成复音词，意义向相关的事物转化。例如：

三尺——本为三尺长，因剑约长三尺，故转而指剑。杜甫《奉送苏州李十五长史丈之任》诗：“一毛生凤穴，三尺献龙泉。”又因古代法律刻写在三尺长的竹简上，故又转指法律。韦庄《和郑拾遗秋日感事》诗：“俭德遵三尺，清朝俟一匡。”

七尺——本为七尺长，因人的身躯约长七尺，故又转指身躯。沈约《齐太尉王俭碑铭》："倾方寸以奉国，忘七尺以事君。"

方寸——本指一寸见方。《孟子·告子下》："方寸之木，可使高于岑楼。"因人心之大约有方寸，故转指人心。《三国志·蜀书·诸葛亮传》："今已失老母，方寸乱矣。"

代步——本指乘交通工具以代替步行，转而指交通工具。裴度《酬张秘书因寄马赠诗》："代步本惭非逸足，缘情何幸枉高文。"《聊斋志异·葛巾》："生惑之，不复思归，而囊橐既空，欲货马。女知之，曰：'君以妾故，泻囊质衣，情所不忍。又去代步，千余里将何以归？'"这两例的"代步"都指马。

扶老——本为扶持老人，手杖为老人扶持行走的工具，因转称手杖为扶老。陶渊明《归去来辞》："策扶老以流憩，时矫首而遐观。"

搔头——本为挠发。刘歆《西京杂记》二："武帝过李夫人，就取玉簪搔头。"后转指簪。白居易《长恨歌》："花钿委地无人收，翠翘金雀玉搔头。"

家法——本为治家之法。《宋书·王弘传》："凡动止施为，及书翰仪礼，后人皆依仿之，谓为王太保家法。"后转指家长对子女或奴婢施行体罚的用具。《醒世恒言》卷十九："教左右取家法来。"

以上各点，只是举例性质，可能有以偏赅全之嫌。而且各类情况也可能有交叉，例如第三类的"先进""后进"，第四类的"代步""扶老""搔头"，也可以说是由动词性词组变为名词的。第四类的"三尺""七尺""方寸"也可以说是由抽象转为具体，只不过各类的侧重点不同罢了。

3.3.3　主从复音词的词义与语素义有密切的关系，因此，对主从复音词的理解，有时还须借助于语素意义的分析。例如，周朝的王，秦汉以后的皇帝称“天子”，按字面讲是天的儿子。这反映了古代统治者君权神授的思想，认为王或皇帝秉承上天的旨意统治百姓，故称“天子”。天子分封国家的国君叫“诸侯”。“诸”是众多的意思，关于“侯”，孔颖达在《礼记·王制》的《疏》中解释说：“此公侯伯子男，独以侯名称诸侯者，举中而言。又《尔雅》，侯为君，故以侯言之。”孔疏所举两说，《尔雅》之说是可取的。那么，“诸侯”应是众多国君的意思。古代男子又称“丈夫”。《国语·越语上》：“丈夫二十不娶，其父母有罪。”《穀梁传·文公十二年》：“男子二十而冠，冠而列丈夫。”《吕氏春秋·顺说》：“天下丈夫女子莫不延颈举踵而愿安利之。”男子为什么可以称“丈夫”？古人以长大为美，认为男子标准身长应为一丈（实际上是八尺，周朝以八寸为一尺，十尺为一丈）。因此，“丈夫”是身长一丈之夫的意思（参见《说文》“夫”字释义）。《三国志·魏书·国渊传》：“破贼文书，旧以一为十，及渊上首级，如其实数。”“首级”就是人头。把人头称为“首级”，大约是从秦开始的。《战国策·赵策三》：“彼秦者，弃礼义而上首功之国也。”所谓“首功”，即斩杀敌人脑袋之功。秦法规定，作战时斩敌首一颗则赐爵一级，这就是“首级”之称的来由（参阅鲍彪注）。《孟子·告子下》：“先生将何之？”这里的“先生”指有学问的年长者。赵岐注：“学士年长者，故谓之先生。”这里突出了年长之意。焦循《孟子正义》引《战国策》的注说：“先生，长老先己以生者也。”指出“先生”的最初意思是先于自己出生。后来，学生称老师为先生，大概是出于同一语源。以上例子说明，主从复音词的意义大半都从语素意义上表现了出来。对语素意义进行必要的分析，有助于加深对主从复音词的理解。古代注释家常常用这种方法来解释复音词的词义，以帮助读者了解文义。例如：

①《论语·季氏》："吾党有直躬者。"注："孔曰：直躬，直身而行。"

②《论语·阳货》："乡原，德之贼也。"注："周曰：所至之乡，辄原其人情，而为己意以待之，是贼乱德也。一曰：乡，向也，古字同。谓人不能刚毅，而见人辄原其趣向容媚而合之，言此所以贼德也。"

③《孟子·梁惠王上》："无恒产而有恒心者，惟士为能。"注："恒，常也；产，生也。恒产则民常可以生之业也。恒心，人所常有善心也。"

④《孟子·公孙丑下》："前日于齐，王馈兼金一百而不受。"注："兼金，好金也，其价兼倍于常者，故谓之兼金。"

这种通过分析语素意义来进行推原的方法，能把词的含义讲得很透彻，使人不仅知其然，而且知其所以然。

3.4 联绵字

3.4.1 什么是联绵字？学术界历来存在着不同的看法。清人王念孙在《读书杂志·汉书十六·连语》里说："凡连语之字，皆上下同义，不可分训。"有人认为王念孙的"连语"即联绵字。但根据其"上下同义"的定义来看，所谓"连语"是由同义单音词构成的。他所举"连语"有"流貤""挢虔""奔踶""劳倈""陵夷""仪表""狙诈""囹圄""提封""无虑""辜榷""扬榷""寝寻""营惑""感概""魁梧"

“魁岸”“留落”“狼戾”“奥渫”“尉荐”“醖藉”“惊愕”共二十三例，都是同义复音词。因此，王念孙所说的“连语”与我们今天所说的联绵字相去甚远。近人王国维指出：“联绵字，合二字而成一语，其实犹一字也。”[①]意思是：将两个单音词合成一语，其意义等于一个单音词的意义。这样看来，王国维所谓的“联绵字”与王念孙的所谓“连语”有很大的不同。王念孙认为“连语”必须“上下同义”，王国维认为的联绵字连“上下同义”这个条件也取消了，因而范围也就更大了。从王国维所撰《联绵字谱》（见《王国维遗书》九）看，他所认为的联绵字有同义复音词，如“讽诵”“氾滥”“刚强”“零星”“经营”“因循”“艰难”“牵连”“寿考”“英华”“孕育”“险阻”“欢乐”“浩荡”“广大”“骄傲”“久长”“过失”“充满”“枯槁”“呻吟”“死亡”“奔走”“追逐”“离别”“美好”等；有近义复音词，如“腹心”“富强”“飘翔”“愚陋”“散乱”“发泄”“幽昧”“冤屈”“隐伏”“咏叹”“险难”“显荣”“威仪”“刚强”“感应”“孤陋”“骄佚”等；有反义复音词，如“寤寐”“陟降”“低昂”“张弛”“先后”“俛仰”等；也有今天所公认的联绵字，如“仓庚”“鞅掌”“螳螂”“彷徨”“殷勤”“逡巡”“崔嵬”“徘徊”“蜉蝣”“窈窕”“逍遥”“鹦鹉”“滂沱”“扶摇”“缤纷”等。后来，受王念孙、王国维等传统观点的影响，产生了两部专收联绵字的词典，一部是1934年出版的符定一所编的《联绵字典》，另一部是1943年出版的朱起凤所编的《辞通》。这两部词典除了收录今天公认的联绵字外，还收录了大量的、按今天的观点来衡量根本不是联绵字的

① 《致沈兼士·研究发题·三·古文学中联绵字之研究》，见《王国维全集·书信》第335页。中华书局1984年版。

复合词和词组。这说明符定一和朱起凤的联绵字观与王国维大体一致。这反映了前辈学者对联绵字的理解在内涵和外延方面都是很宽泛的，从某种意义上说，是缺乏严密的科学性的。因此，我们决不能以此作为判断联绵字的理论依据，如果这样做，必然会给研究工作带来混乱。

对联绵字的研究，必须以现代语言学的科学观点为依据。根据现代学者的有关论述，我们可以给联绵字下一个科学的定义：联绵字是由只代表音节的两个汉字组成的表示一个整体意义的双音词。这里有三个要点：第一，必须由两个汉字组成；第二，必须是单语素；第三，两个汉字都只起表音作用，没有意义。如果没有第一条，不能称为"联绵"；如果没有第二条，就可能与合成词相混淆；如果没有第三条，就可能与合成词中的某些类型（如偏义复词、附加类复音词）相混淆。

与并列、主从复音词一样，联绵字也有一个发展过程。有些联绵字在形成的最初阶段，结构比较松散，形式比较灵活，甚至存在单用、词序颠倒等现象，这是不足为怪的。有人认为，某些联绵字的形成与单音词、重言词的变化有着密切关系。例如，叠韵联绵字"猗傩"（《诗经·桧风·隰有苌楚》："猗傩其枝。""猗傩"有美盛的意思），最初很可能就是由单音词"猗"变来的。"猗"有美盛的意思（《诗经·周颂·潜》："猗与漆沮。"毛传："猗与，叹美之言也。"）"猗"重言之，就成了"猗猗"（《诗经·魏风·淇奥》："绿竹猗猗。"毛传："猗猗，美盛貌。"）"猗猗"的第二音节的声母是影母，变成了泥母，就成了"猗傩"。又如双声联绵字"觱发"（《诗经·豳风·七月》："一之日觱发。"毛传："觱发，风寒也。"）很可能是由"发"变来的。“发”有风寒的意思(《诗经·桧风·匪风》:“匪风发兮。”毛传:“发发,飘风,非有道之风。”)重言之则为“发发”(《诗经·小雅·蓼莪》:“飘风发发。”郑笺:“飘风发发然,寒且疾也。”)“发发”的前一音节的元音起了变化,就成了“觱发”。[①] 双声联绵字“栗烈”(《诗经·豳风·七月》:“二之日栗烈。”毛传:“栗烈,寒气也。”)可能是由重言词“烈烈”变来的。“烈烈”也表示寒冷(《诗经·小雅·四月》:“冬日烈烈。”郑笺:“烈烈,犹栗烈也。”)“栗”为质部来母字,“烈”为月部来母字,因而“烈烈”的第一字就起了变化,成了“栗烈”。[②] 当然,这只是从历时的角度对某些联绵字进行考察得出来的结论,这对于全面认识联绵字是极为有益的。另外,虽然某些联绵字与单音词、重言词甚至合成词有着某种渊源关系,但它们总的变化规律仍然是朝着“双音节、单语素”的方向发展,这也是不能否认的事实。因此,不能因为联绵字在其历史发展过程中出现过的某些局部的、暂时的现象而否定联绵字的根本特点,怀疑现代语言学家给联绵字下的科学定义。我们研究的是严格意义上的联绵字,某些“联绵字”可以分训,存在着两个语素,那么是不是联绵字就值得怀疑了。至少在当时它还不能算联绵字。

3.4.2 联绵字绝大多数是双声叠韵的。例如“参差”“栗烈”“觱发”“流离”“匍匐”“黾勉”“鸳鸯”“蛸蛴”“蟋蟀”“邂逅”“踟蹰”“容与”“仓猝”“踌躇”“憔悴”“犹豫”“缤纷”等联绵字两个音节的声母相同,属于双声。“崔嵬”“逍遥”“窈窕”“窈纠”“偃蹇”“芣苢”“勺

① 参阅向熹《诗经里的复音词》,载《语言学论丛》第6辑。

② 参阅李国正《联绵字刍议》,载《厦门大学学报》哲社版1990年第2期。

药”“菡萏”“果羸”“蜉蝣”“仓庚”“婆娑”“扶苏”“猗傩”“差池”“冯陵”“殷勤”等联绵字两个音节的韵相同，属于叠韵。“蔽芾”“燕婉”“緜蛮”“辗转”“缱绻”“庐旅”等联绵字声母和韵都相同，属于双声兼叠韵。双声叠韵是识别联绵字的重要标志之一。当然并非所有双声叠韵的复音词都是联绵字，例如“亲戚”“将军”是双声，“刚强”“人伦”是叠韵，但它们都是合成词。也有不少联绵字既非双声又非叠韵，例如“雎鸠”“鸤鸠”“鵋鶀”“鹦鹉”“梧桐”“滂沱”“噫嘻”“吁嗟”等。

古代有些双声或叠韵联绵字，现在读起来不是双声或叠韵。这是因为古代的语音系统跟现代不完全相同，造成了读音的差异。先以双声联绵字为例：“匍匐”（pǔfú），上古同属并母，“鸳鸯”（yuānyāng），上古同属影母，“邂逅”（xièhòu），上古同属匣母，“觱发”（bìfā），上古同属帮母，“缤纷”（bīnfēn），上古同属滂母，“蟋蟀”（xīshuài），上古同属心母，“憔悴”（qiáocuì），上古同属从母。再以叠韵联绵字为例：“芣苢”（fóuyǐ），上古同属之部，“仓庚”（cānggēng），上古同属阳部，“窈纠”（yǎojiū），上古同属幽部。因此，必须对上古的语音系统有所了解，才不至于把古代的双声叠韵与现代的双声叠韵混为一谈。

3.4.3 掌握古汉语中的联绵字，同义异形也是一个难点。如“郁邑”又作“郁悒”，“冯陵”又作“凴陵”，“匍匐”又作“蒲服”“匐伏”“蒲伏”“扶服”，“委蛇”又作“逶移”“逶迤”，“憔悴”又作“焦瘁”“顦顇”，“踟蹰”又作“踯躅”“踟躇”“峙躇”“次且”“次雎”“趑趄”“趦趄”“彳亍”，“仓猝”又作“仓踤”“仓卒”“苍卒”“怱卒”等等。一对联绵字写成几种形式不是随意的，是以声音相同或相近为条件的。人们在确定同义异形联绵字时，除了以语音作为依据外，还常常以古籍的材料作为佐证。例如“踟蹰”同“踯躅”，这不仅因为它们读音相近，而且还有别的材料可以证明。《诗经·邶风·静女》：“爱而不见，搔首踟蹰。”朱熹注：“踟蹰，犹踯躅也。”又《后汉书·隗嚣传》：“是以冯异西征，得以数千人踯躅三辅。”注：“踯躅，犹踟蹰也。”“踟蹰”与“踯躅”在古籍中互用互注，足以说明它们是一个词的不同书写形式。又如《诗经·大雅·生民》：“诞实匍匐。”《经典释文》说“匍”又作“扶”，“匐”又作“服”，说明“匍匐”又作“扶服”。上古无轻唇音，“扶”与“匍”一样，同属并母，声母读为重唇音，这是“匍匐”与“扶服”同义异形在语音上的根据。另外，这两种形式在古籍中确实是相通的。《诗经·邶风·谷风》：“凡民有丧，匍匐救之。”《礼记·檀弓下》、《汉书·谷永传》引用此诗时，“匍匐”写作“扶服”，就是证明。

3.4.4 古代有些注释家和文字学家由于拘泥于字形，有时对联绵字进行分训，似乎将词义讲清楚了，但却是错误的。《诗经·周南·关雎》：“窈窕淑女，君子好逑。”“窈窕”是联绵字，意思是美好的样子。扬雄在《方言》卷二里说：“美状为窕，美色为艳，美心为窈。”孔颖达在《毛诗正义》里已指出了扬雄的错误。又：“悠哉悠哉，辗转反侧。”“辗转”为联绵字，意为转动。郑玄却把“转”抛在一边，单释“辗”为“卧而不周”。朱熹在《诗集传》里进一步发挥说：“辗者转之半，转者辗之周。”《诗经·豳风·七月》：“九月肃霜。”“肃霜”即“肃爽”，指天高气爽。毛传：“肃，缩也。霜降而收缩万物。”《诗经·陈风·月出》里有“舒窈纠兮”“舒懮受兮”“舒夭绍兮”三句，“窈纠”“懮受”“夭绍”是一组同义异形联绵字，都形容女子柔美多姿、体态轻盈的样子。而朱熹解“窈纠”为“窈，幽远也；纠，愁结也”；解“懮受”为“忧思也”；解“夭绍”为“纠紧之意”。将三者强行分别，又以牵强附会之说加以阐发，全然不可信从。《诗经·大雅·皇矣》：“无然畔援。”毛传：“无是畔道，无是援取。”朱熹注：“畔，离畔也；援，攀援也。言舍此而取彼也。”毛亨、朱熹都解释错了。“畔援”是联绵字，有强横跋扈之意。郑笺：“畔援犹跋扈也。”《汉书·叙传·注》引作“畔换”，《玉篇·人部》引作“伴换”，都是“畔援”的不同书写形式。再如《汉书·高后纪》：“计犹豫未有所决。”颜师古注：“犹，兽名也。……此兽多疑虑，常居山中，忽闻有声，即恐有人且来害之，每豫（预先）上树，久之无人，然后敢下，须臾又上，如此非一，故不决者称犹豫焉。一曰陇西俗称犬子曰犹，犬随人行，每豫在前，待人不得，又来迎候，故云犹豫也。”其实“犹豫”是联绵字，有迟疑不决的意思，又可写成“犹与”“由豫”“由与”“优与”“容与”等多种形式。对此，清人王念孙有详尽论述。[①]《尔雅·释兽》和《说文》确实有“犹”这种野兽的记载，但非常简单，根本与“犹豫”沾不上边，颜师古把两者扯在一起，大加发挥，纯系主观臆测。

3.4.5　联绵字有不少是名词，如“流离”“鸳鸯”“仓庚”“雎鸠”“脊令”“鸱鸮”“鸤鸠”是鸟名，“蜉蝣”“蛸蛴”“蟏蛸”“蟋蟀”“蝃**蝀**”“威施”是虫名，“芣苢”“勺药”“菡萏”“梧桐”是植物名，等等。动词和形容词也不少。联绵字被古人用来状物、表情、摹声，产生了感人的艺术效果。联绵字的用法大致有三种：

---

① 见《广雅·释训》“踌躇，犹豫也”王念孙疏证。

(一)描绘形貌:

①《诗经·周南·关雎》:“参差荇菜,左右采之。”“参差”,音 cēncī,长短不齐。

②《孟子·梁惠王上》:“舍之,吾不忍其觳觫,若无罪而就死地。”“觳觫”,音 hùsù,恐惧的样子。

③《楚辞·渔父》:“颜色憔悴,形容枯槁。”“憔悴”,瘦弱而面色不好。

④《楚辞·哀郢》:“惨郁郁而不通兮,蹇侘傺而含感。”(蹇:音 jiǎn,困苦。)“侘傺”,音 chàchì,失意的样子。

⑤岑参《逢入京使者》:“故园东望路漫漫,双袖龙钟泪不干。”“龙钟”,淋漓的样子。

⑥杜甫《彭衙行》:“众雏烂漫睡,唤起沾盘飧。”(众雏:这里指孩子们。)“烂漫”,天真的样子。

⑦杜甫《北征》:“移时施朱粉,狼藉画眉阔。”“狼藉”,散乱的样子。

⑧刘方平《夜月》:“更深月色半人家,北斗阑干南斗斜。”“阑干”,纵横的样子。

⑨《聊斋志异·促织》:“视成所蓄,掩口胡卢而笑。”“胡卢”,笑的样子。

(二)描绘动作:

①《诗经·邶风·静女》:“爱而不见,搔首踟蹰。”“踟蹰”,走来走去。

②《楚辞·哀郢》:“众踥蹀而日进兮,美超远而愈迈。”“踥蹀”,音 qièdié,小步走的样子。

③《楚辞·哀郢》:“楫齐扬以容与兮,哀见君而不再得。”“容与”,徘徊不进的样子。

④《史记·吕太后本纪》:“欲为乱,殿门弗得入,徘徊往来。”“徘徊”,往返回旋的样子。

⑤班固《西都赋》:“既恁惧于登望,降周流以徬徨。”“徬徨”,徘徊不定的样子。

⑥《庄子·秋水》:“于是焉河伯始旋其面目,望洋向若而叹。”(若:海神的名字。)“望洋”,仰视的样子。

(三)摹拟声音:

①《史记·魏其武安侯列传》:“今日长者为寿,乃效女儿呫嗫耳语。”“呫嗫”,音 chènìè,耳语声。

②杜甫《自京赴奉先县咏怀五百字》:“河梁幸未坼,枝撑声窸窣。”“窸窣”,音 xīsū,形容桥柱动摇时发出的声音。

③杜牧《阿房宫赋》:“管弦呕哑,多于市人之言语。”“呕哑”,音乐声。

④许月卿《梦中作》:“金翘何婀娜,玉佩遽叮当。”“叮当”,玉石、金属等东西的撞击声。

⑤苏轼《次韵赵令铄惠酒》:“门前听剥啄,烹鱼得尺素。”“剥啄”,敲门声。

3.5 重言词

3.5.1 重言词只是一种笼统的叫法,实际上它由两类组成:一类的意义与单字的意义基本相同;一类的意义与单字的意义毫无关系。清代的邵晋涵注意到了这个问题,他在《尔雅正义》中说:

“古者重语，皆为形容之词，有单举其文，与重语同义者，如‘肃肃，敬也’，‘丕丕，大也’，只言‘肃’，只言‘丕’亦为敬也大也。有单举其文即与重语异义者，如‘坎坎，喜也’，‘居居，恶也’，只言‘坎’，只言‘居’，则非喜与恶矣。”这就是说，一种重言词是由两个形音义完全相同的单音词组成，重言词的意义基本上就是单音词的意义，这实际上是两个相同单音词的重叠形式，因此，这种重言词又可以称为“叠词”。例如，《诗经·王风·黍离》：“悠悠苍天”的“悠悠”，是悠远的意思，与“悠”同义，形容词重叠。又《郑风·风雨》“风雨凄凄”的“凄凄”，是寒凉的意思，与“凄”同义，形容词重叠。又《秦风·黄鸟》“临其穴，惴惴其慄”的“惴惴”，是害怕的意思，与“惴”同义，动词重叠。一种重言词虽然也由两个形音义完全相同的单字组成，但这两个字只不过代表两个音节，它们与重言词的意义毫无关系。这种重言词只是两个单字的重叠，因此，又可以称之为“叠字”。例如，《诗经·秦风·黄鸟》“交交黄鸟”的“交交”，表示鸟的叫声，与交往的“交”意义无关。又《卫风·氓》“淇水汤汤”的“汤汤”，形容水大的样子，与汤水之“汤”意义无关。又《周南·桃夭》“桃之夭夭”的“夭夭”，少壮的样子，与夭折的“夭”意义无关。如果从结构来分析，“叠词”是由词组转化成的合成词，而“叠字”则是与联绵字性质相同的单纯词。在这两类重言词中，我们以“叠字”作为重点。由于“叠词”在古籍中也用得不少，在讨论中也将涉及。故下面所谈的重言词，两类都有，不再一一加以区别。

从词性来看，重言词主要包括象声词和形容词两大类，前者可称为象声重言词，后者可称为形容重言词。也有一部分是动词，如：《诗经·大雅·公刘》：“于时言言，于时语语。”“言言”指很多人在一起说话，“语语”指很多人在一起谈论。又《大雅·公刘》：“京师之野，于时处处。”“处处”指许多人居住。又《周颂·有客》：“有客宿宿，有客信信。”“宿宿”指连住两夜，“信信”指连住四夜。至于名词重叠如“日日”“年年”“子子”“孙孙”等，古书中很常见，恐怕只能看成一种语法现象，不属重言词讨论的范围。象声重言词与形容重言词一般是不相混淆的，但有少数在训诂上有分歧。如《诗经·周南·螽斯》：“螽斯羽，薨薨兮。”对于“薨薨”，毛传释为“众多也”，朱熹释为“群飞声”。又《秦风·黄鸟》：“交交黄鸟，止于棘。”对于“交交”，毛传释为“小貌”，马瑞辰释为“交交通作咬咬，谓鸟声”。又《豳风·七月》：“二之日凿冰冲冲。”对于“冲冲”，毛传释为“凿冰之意”，孔疏释为“非貌非声，故云凿冰之意”，《经典释文》释为“声也”，后代注释家不从毛传孔疏，都采用《经典释文》的说法。造成这种分歧，一方面是由于注释家对重言词意义的不同理解，另一方面也是由于重言词在绘形摹声方面有一定的灵活性。

3.5.2 重言词也有一个形成与发展的过程。重言词多用于像《诗经》《楚辞》等一类诗歌中。古代诗歌由于节奏整齐与音韵和谐的要求，往往在单音节词的前后加上词缀。以《诗经》为例，加前缀的如：“击鼓其镗”（《邶风·击鼓》）、“北风其凉”（《邶风·北风》）、“静女其姝”“静女其娈”（《邶风·静女》）、“有**蕡**其实”（《周南·桃夭》。**蕡**：音 fén，果实肥大的样子）、“忧心有忡”（《邶风·击鼓》）、“有厌其杰”（《周颂·载芟》）、“庸鼓有**斁**”（《商颂·那》。**斁**：音 yì，通“绎”，盛大。）、“有芃者狐”（《小雅·何草不黄》。芃：音 péng，兽毛蓬松的样子。）有加后缀的如：“咥其笑矣”（《卫风·氓》。咥：音 xī，大笑的样子。）、“暵其干矣”“嘅其叹矣”（《王风·中谷有蓷》)、"凄其以风"(《邶风·绿衣》)、"其叶沃若"(《卫风·氓》)、"抑若扬兮"(《小雅·皇皇者华》)、"惠然肯来"(《邶风·终风》)、"烝然罩罩"(《小雅·南有嘉鱼》)。通过对《诗经》的考察,有不少单音节形容词与由这些单音节形容词组成的重言词同时存在,如"萋"与"萋萋"、"肃"与"肃肃"、"悠"与"悠悠"、"迟"与"迟迟"、"怛"与"怛怛"、"皎"与"皎皎"、"昭"与"昭昭"等。也有不少加词缀的单音节形容词与由这些单音节形容词组成的重言词同时存在,如"有忡"与"忡忡"、"有芃"与"芃芃"、"凄其"与"凄凄"、"沃若"与"沃沃"等。这说明,相当多的重言词是单音节词派生的。①

重言词进一步发展,就产生了三种格式:

一、重言词加词缀,如:《孟子·梁惠王上》:"悻悻然见于其面。"又《公孙丑上》:"宋人有闵其苗之不长而揠之者,芒芒然归。"《庄子·齐物》:"昔者庄周梦为胡蝶,栩栩然胡蝶也。"又《天地》:"汲汲然唯恐其似己也。"又《天运》:"子贡蹙蹙然立不安。"

二、重言词作形容词或不及物动词的后缀,构成三字格形容语,如:《楚辞·离骚》:"芳菲菲其弥章。"又《哀郢》:"惨郁郁而不通兮。"又:"暸杳杳而薄天。"又《九章·思美人》:"纷郁郁其远承兮。"特别以后代的元曲中用得最多,如"密匝匝""乱纷纷""闹穰穰"(马致远《双调夜行船·秋思》)、"文刍刍"(关汉卿《谢天香》)、"明晃晃""白雪雪"(睢景臣《般涉调·哨遍·高祖还乡》)、"美甘甘""喜孜孜"(张鸣善《失题》)、"冷凄凄"(张可久《客况》)、"冷清清"(卢挚

① 参阅曹先擢《〈诗经〉叠词》,见《词汇学论文汇编》第255页。商务印书馆1989年12月版。

《重九》)、“暖溶溶”(张养浩《常欢》),等等。这种形式接近口语,具有生动活泼的特点,现代汉语中也颇为普遍。

三、重言词的重叠式。《诗经》中就有不少用例,如:“济济跄跄”(《小雅·楚茨》)、“緜緜翼翼”(《大雅·常武》)、“战战兢兢”(《小雅·小旻》)、“兢兢业业”(《大雅·云汉》)、“矜矜兢兢”(《小雅·无羊》)、“赫赫炎炎”(《大雅·云汉》)。这种形式,后代文学作品中也用得很多。如枚乘《七发》:“颙颙卬卬,椐椐强强,莘莘将将;壁垒重坚,沓杂似军行。”李清照《声声慢》:“寻寻觅觅,冷冷清清,凄凄惨惨戚戚。乍暖还寒时候,最难将息。”古代的重言词重叠式,有些已与现代汉语双音节形容词重叠式完全一样,如“冷冷清清”“凄凄惨惨”。

3.5.3 重言词具有声韵优美的特点,读起来朗朗上口,有很强的节奏感,因此在古代典籍特别是诗词中得到了广泛的运用。概括起来,重言词的用法主要有三种:

(一)描绘形貌:

①《诗经·周南·桃夭》:“桃之夭夭,灼灼其华。”“夭夭”,少壮的样子。“灼灼”,花盛的样子。

②《诗经·邶风·北门》:“出自北门,忧心殷殷。”“殷殷”,忧愁的样子。

③《诗经·卫风·氓》:“氓之蚩蚩,抱布贸丝。”“蚩蚩”,忠厚的样子。

④《诗经·王风·黍离》:“彼黍离离,彼稷之苗。”“离离”,累累下垂的样子。

⑤《诗经·秦风·蒹葭》:“蒹葭苍苍,白露为霜。”“苍苍”,

茂盛的样子。

⑥《诗经·小雅·采薇》:“昔我往矣,杨柳依依。”“依依”,轻柔的样子。

⑦《礼记·檀弓上》:“始死,充充如有穷。”“充充”,悲伤的样子。

⑧《古诗为焦仲卿妻作》:“举手长劳劳,二情同依依。”“劳劳”,惆怅忧伤的样子。

(二)描绘动作:

①《诗经·邶风·谷风》:“行道迟迟,中心有违。”“迟迟”,徬徨不进。

②《诗经·王风·黍离》:“行迈靡靡,中心如噎。”(行:道路。迈:行走。行迈:在路上行走。)“靡靡”,缓慢的样子。

③《庄子·齐物论》:“而独不见之调调之刁刁乎?”“调调”,动摇的样子。“刁刁”,动摇的样子。

④《楚辞·离骚》:“老冉冉其将至兮,恐修名之不立。”“冉冉”,渐进的样子。

(三)摹拟声音:

①《诗经·召南·草虫》:“喓喓草虫,趯趯阜螽。”(趯趯:音 tìtì,跳跃的样子。)“喓喓”,音 yāoyāo,虫鸣声。

②《诗经·魏风·伐檀》:“坎坎伐檀兮,置之河之干兮。”“坎坎”,伐木声。

③《诗经·唐风·鸨羽》:“肃肃鸨羽,集于苞栩。”(鸨:音

bāo，雁类。)“肃肃”，鸟振翅声。

④《诗经·郑风·风雨》：“风雨凄凄，鸡鸣喈喈。”“喈喈”，鸡叫声。

⑤《诗经·小雅·伐木》：“伐木丁丁，鸟鸣嘤嘤。”“丁丁”，音 zhēngzhēng，伐木声。“嘤嘤”，鸟鸣声。

⑥《诗经·小雅·鹿鸣》：“呦呦鹿鸣，食野之苹。”“呦呦”，音 yōuyōu，鹿鸣声。

3.5.4 由于重言词的大多数意义与字形没有必然联系，因而它们的用法比较灵活，往往一对重言词有各种不同的含义，或者不同的重言词表示相同或相近的意义。因此，我们可以把重言词分为“多义重言词”、“同音重言词”、“同义重言词”和“同源重言词”。下面分别加以讨论。

“多义重言词”是指具有多种互有联系的意义的重言词。以《诗经》为例，“皇皇”可指伟大的(《鲁颂·閟宫》“皇皇后帝”)，也可指美好的样子(《大雅·假乐》“穆穆皇皇”)，还可指色彩鲜明的样子(《小雅·皇皇者华》“皇皇者华”)。这三个意义都表示对事物的赞美或歌颂，互相之间有密切的联系。“萋萋”可以指茂盛的样子(《周南·葛覃》“维叶萋萋”)，也可以指云盛的样子(《小雅·大田》“有渰萋萋”)，在“盛大”这一点上是相同的。“洋洋”可以指盛大(《卫风·硕人》“河水洋洋”)，也可以指宽广(《大雅·大明》“牧野洋洋”)，“盛大”与“宽广”意义相通。“赫赫”可以指阳光显灼的样子(《大雅·云汉》“赫赫炎炎”)，也可以指显赫的样子(《小雅·出车》“赫赫南仲”)，两者的意义也是相通的。

“同音重言词”是指几个意义差别很大或者毫无关系的同形重言词。以《诗经》为例,“楚楚”在《小雅·楚茨》“楚楚者茨”中指植物繁盛的样子,在《曹风·蜉蝣》“衣裳楚楚”中则指鲜明的样子。“绵绵”在《王风·葛藟》“绵绵葛藟”中指连绵不断的样子,而在《周颂·载芟》“绵绵其麃”中则指细致的样子,在《大雅·常武》“绵绵翼翼”中又指安静的样子。“莫莫”在《周南·葛覃》“维叶莫莫”中指茂密的样子,而在《小雅·楚茨》“君妇莫莫”中则指清静敬谨的样子。“悠悠”在《邶风·雄雉》“悠悠我思”中是忧思不已的样子,在《王风·黍离》“悠悠苍天”中是遥远的样子,而在《小雅·车攻》“悠悠旆旌”中则是下垂的样子。摹声重言词这种情况更多。如“萧萧”可以是马鸣声(《诗经·小雅·车攻》“萧萧马鸣”、杜甫《兵车行》“车辚辚,马萧萧”),也可以是落叶声(杜甫《登高》“无边落木萧萧下”)。“喈喈”可以是仓庚叫声(《诗经·小雅·出车》“仓庚喈喈”),也可以是鸡叫声(《诗经·郑风·风雨》“鸡鸣喈喈”),还可以是钟鼓声(《诗经·小雅·鼓钟》“鼓钟喈喈”)。“肃肃”可以是振羽声(《诗经·唐风·鸨羽》“肃肃鸨羽”),也可以是风声(《乐府诗集·有所思》“秋风肃肃晨风飔”)。

“同义重言词”是指表达了相同或相近意义的几个重言词。以《诗经》为例:“楚楚”(《小雅·楚茨》“楚楚者茨”)、“萋萋”(《周南·葛覃》“维叶萋萋”)、“莫莫”(《周南·葛覃》“维叶莫莫”)、“青青”(《卫风·淇奥》“绿竹青青”)、“芃芃”(《鄘风·载驰》“芃芃其麦”)、“蓁蓁”(《周南·桃夭》“其叶蓁蓁”)、“苍苍”(《秦风·蒹葭》“蒹葭苍苍”),都表示茂盛的样子。“忡忡”(《召南·草虫》“忧心忡忡”)、“悄悄”(《邶风·柏舟》“忧心悄悄”)、“慇慇”(《小雅·正月》“忧心慇慇”)、“钦钦”(《秦风·晨风》“忧心钦钦”)、“烈烈”(《小雅·采薇》“忧心烈烈”)、“京京”(《小雅·正月》“忧心京京”)、“忉忉”(《陈风·防有鹊巢》“心焉忉忉”)、“怛怛”(《齐风·甫田》:“劳心怛怛”),都是忧愁的样子。

“同源重言词”是指几个读音相同或相近并且意义相通的重言词。以《诗经》为例:“皇皇”(《小雅·皇皇者华》“皇皇者华”)是颜色鲜明的样子,“煌煌”(《陈风·东门之扬》“明星煌煌”)是明亮的样子,“黄黄”(《小雅·都人士》“狐裘黄黄”)是色彩鲜明的样子,“裳裳”(《小雅·裳裳者华》“裳裳者华”)是鲜明美盛的样子。“皇”“煌”“黄”同属阳部,匣母,这三对重言词音同义通;“裳”属阳部禅母,“裳裳”与“皇”“煌”“黄”组成的重言词音近义通,当为同一来源。“桀桀”(《齐风·甫田》“维莠桀桀”)是高而长的样子,“揭揭”(《卫风·硕人》“葭菼揭揭”)与“桀桀”同义,“孑孑”(《鄘风·干旄》“孑孑干旄”)是特出的样子,“桀”“揭”“孑”同属月部,“桀”属群母、“揭”属溪母,“孑”属见母,都为牙音,因而“桀桀”“揭揭”“孑孑”音近义通,当为同一来源。

3.6 复音词的形成与发展

3.6.1 古代汉语中单音词占优势的情况并不是一成不变的,单音词演变为复音词,复音词的数量不断增多,是汉语词汇发展的必然趋势。促成复音词发展的因素是多方面的,例如,就词的运用来说,同义单音词的连用,就是复音词产生的一个重要原因。王力先生主编的《古代汉语》(修订本)指出,古代单音词与现代复音词对比,主要有三种情况:第一种情况是换了完全不同的词,第二种情况是加上词头词尾，第三种情况是利用两个同义词作为语素，构成一个复音词。并说："最值得注意的是第三种情况。"又说："汉语大部分的双音词都是经过同义词临时组合阶段的。"[①]这说明，单音词特别是同义单音词连用是产生复音词的重要途径。有人做过统计，同义复音词在古汉语复音词中占三分之一。[②] 这也说明上述的结论是正确的。另外，反义单音词或意义相关的单音词的连用，以及其他结构（如偏正、动宾等）词组的固定化也是复音词产生的重要原因。这个问题在本章第二、第三节中已经涉及，这里就不详谈了。下面主要谈谈其他四个方面的原因。

3.6.2 古代书面语的变化与发展是促使复音词发展的一个重要因素。较早的古籍，一般都具有古奥艰深的特点。例如《尚书》，由于成书时代很早，不仅现代人难以读懂，即使是古人读起来，也有很多困难。左丘明写《左传》，吸收了不少当时的口语，语言流畅，叙事生动，与《尚书》相比较，就平易得多；但比起《史记》《汉书》来，又难读多了。较早古籍的艰深难读，是由多种原因造成的，如客观事物的变化，思想认识的发展、社会生活的演进，等等。其中还有一个重要原因，就是较多地使用单音词。单音词的多义性、灵活性，造成了人们理解上的困难，再加上不少单音词是难字僻字，那就更不易读懂了。司马迁写《五帝本纪》《夏本纪》《殷本纪》，很多史料采自《尚书》，但他并不是照抄，而是进行了整理加工，如以易认易读的字换掉难字僻字，对某些晦涩难懂的句子进行

① 见《古代汉语》（修订本）第一册第85、86页。中华书局1981年版。
② 见徐流《论同义复词》，载《重庆师院学报》（哲社版）1990年第4期。

改写，其中也包括了把某些单音词换成复音词，使之与当时的书面语一致。例如，《尚书·尧典》："明明扬侧陋。"《史记·五帝本纪》作"悉举贵戚及疏远隐匿者。""明明"，上"明"为明察而举荐之义，动词；下"明"指贵戚，名词。因此，司马迁将"明明"改为"悉举贵戚"。"侧"是伏的意思，指未仕者；"陋"是隐的意思，指隐居民间者，司马迁改"侧陋"为"疏远隐匿者"。其他如："有鳏在下"，改为"有矜在民间"；"瞽子"，改为"盲者子"；"肆觐东后"，改为"遂见东方君长"，等等。《史记》关于春秋战国这一段历史，多取材于《左传》和《战国策》。下面，举一些《史记·晋世家》用复音词或词组替换《左传》单音词的例子：

① 君**梦**齐姜。（僖公四年）
君**梦见**齐姜。

② 归**胙**于公。（同上）
上其**荐胙**于公。

③ 公**田**。（同上）
献公时**出猎**。

④ 公至，**毒**而献之。（同上）
骊姬使**置毒药**胙中，献公从猎来还，宰人上胙献公。

⑤ 或谓大子："子**辞**，君必辩焉。"（同上）
或谓太子："太子何不**自辞明之**？"

⑥ 十二月戊申，**缢**于新城。（同上）
十二月戊申，申生**自杀**于新城。

⑦ 臣负羁从君**巡**于天下。（僖公二十四年）
臣从君**周旋**天下。

⑧ 三月，晋侯潜会秦伯于王城。（同上）
乃为微行，会秦缪公于王城。

⑨ 乙丑，赵穿攻灵公于桃园。（宣公二年）
乙丑，盾昆弟将军赵穿袭杀灵公于桃园而迎赵盾。

可以看出，司马迁的这些改动，使语言表达更加通畅和准确。

古代注释家在注解先秦古籍时，常常在文意串讲中用复音词解释单音词，这从另一个侧面说明复音词取代某些单音词是汉语词汇发展的必然趋势。下面以《左传》为例：

①《隐公元年》："蔓难图也。"疏："喻段之势稍大，难可图谋也。"以"图谋"释"图"。

②《隐公三年》："夫宠而不骄，骄而能降，降而不憾，……鲜矣。"疏："恃君宠爱未有不骄，亦既骄矜必不能自降其心，强降其心未有不恨，亦既怨恨，必不能自重其身，……"以"宠爱"释"宠"、"骄矜"释"骄"、"怨恨"释"憾"。

③《隐公五年》："凡物不能讲大事。"疏："如其细碎盘游，虽陈其物，不堪足以讲习大事。"以"讲习"释"讲"。

④《庄公二十三年》："晋桓庄之族偪。"注："桓叔庄伯之子强盛，逼迫公室。"以"逼迫"释"偪"，"偪"同"逼"。

⑤《僖公三年》："齐方勤我。"注："勤恤郑难。"以"勤恤"释"勤"。

⑥《僖公四年》："唯是风马牛不相及也。"注："遂称牛马风逸，盖末界之微事，故以取喻。"以"风逸"释"风"。

⑦《僖公五年》："不慎，寘薪焉。"注："不谨慎。"以"谨慎"释"慎"。

⑧《僖公九年》："天威不违颜咫尺。"注："言天鉴察不远，

威严常在颜面之前。"以"威颜"释"威","颜面"释"颜"。

⑨《僖公十年》:"晋侯杀里克以说。"注:"自解说不篡。"以"解说"释"说"。

⑩《僖公十二年》:"余嘉乃勋,应乃懿德,谓督不忘。"注:"功勋美德可谓正而不可忘者。"以"功勋"释"勋"。

⑪《僖公十五年》:"西邻责言,不可偿也。"注:"将嫁女于西而遇不吉之卦,故知有责让之言不可报偿也。"以"责让"释"责","报偿"释"偿"。

⑫《僖公二十六年》:"其率桓之功,我敝邑用不敢保聚。"注:"用此旧盟,故不聚众保守。"以"保守"释"保"。

⑬《文公元年》:"举正于中,民则不惑。"注:"斗建不失其次,寒暑不失其常,故无疑惑。"以"疑惑"释"惑"。

⑭《宣公十二年》:"贱有等威。"注:"威仪有等差。"以"威仪"释"威"、"等差"释"等"。

⑮《成公三年》:"若不获命,而使嗣宗职。"注:"嗣其祖宗之职位。"以"祖宗"释"宗"、"职位"释"职"。

上面所举各例中的单音词,绝大多数是多义词,容易产生歧义。杜预和孔颖达以含义较为准确的复音词来解释它们,就达到了诠释字词、疏通文意的目的。同时也说明,在左丘明时代,上面例句中的单音词可能还没有与其他单音词组合成与之同义的复音词,只能以单音词的形式出现,而到了晋代、唐代,这些复音词才产生。注释家的目的是为了疏通古书,使当世人能读懂,因此,从某种意义上说,古人的注疏文字最能真实地反映当时书面语的状况。

通过对古代典籍的认真考察,就会发现这样一个事实:随着时代的变迁,古代书面语的面貌发生了巨大的变化,最引人注目的是，在先秦原有复音词的基础上，两汉以后又产生了大量新的复音词。祝敏彻在《从〈史记〉〈汉书〉〈论衡〉看汉代复音词的构词法》一文中[1]，谈到了汉代新复音词产生的情况。例如，“联合式合成词”有：面貌、语言、才能、金钱、音乐、模范、图画、便宜、指示、接待、排挤、攻击、收拾、玩弄、遭遇、解散、排摈、告愬、破坏、弃捐、教授、交通、靡烂、比喻、欢喜、开发、发觉、退却、惭愧、动摇、悲痛、游戏、柔和、奢侈、敏捷、强大、亲密、清静、勇猛、柔弱、絜白、公正、微弱、丰茂、干燥、傲慢、痛苦、简练、光明、污浊、骄傲、刻薄、动静、多少、缓急、得失，等等。“偏正式合成词”有：雨具、女弟、草稿、家属、芒刺、宝剑、智囊、燕子、鸡子、小学、故事、朝廷、宿舍，等等。“动补式合成词”有：斩死、推碎、斫伤、罢退、椎破、扶起、拨去、焚灭、招来、驱出、斫破、击走、盥去、浴去、击却、击断、刺伤、取去、招至、击败、攻破、攻下、射伤、推堕、矫正，等等。“动宾式合成词”有：结发、注意、留意，等等。当然，这只是举例性质，并不是这三部书所运用的全部新复音词。

我们还可以对唐代书面语复音词使用的情况作一些考察。下面，对韩愈《柳子厚墓志铭》、柳宗元《答韦中立论师道书》、《段太尉逸事状》三篇文章里除人名、地名、官名及其他专名以外的复音词作了记录，具体情况如下（加△者，为先秦已有，加·者，为汉以后唐以前产生的）：

《柳子厚墓志铭》——皇考、权贵（二次）、刚直、当世、名人、精敏、通达、成人、崭然、头角、儁杰、廉悍、议论、证据、踔厉、风发、率

---

① 见《语言学论丛》第8辑。

常、名声、一时、要人、门下、交口、即位、用事、刻苦、词章、泛滥、停蓄、涯涘、不足、土俗、顺赖、奴婢、方计、相当、文词、法度、大人、于是、呜呼、节义、平居、里巷、慕悦、游戏、征逐、翊翊、肺肝、涕泣、背负、一旦、利害、毛发、反眼、相识、陷阱、以为、得计、可以、贵重、功业、相知、推挽、文学、辞章、节概、然诺、结交、谨慎、学问、经纪、庶几。

《答韦中立论师道书》——言论、文章(三次)、假令、众人、哗笑、狂人、流俗、笑侮、收召、后学、抗颜、言辞、挈挈、苍黄、成人,圣人、发愤、怃然、怫然、恢恢、形貌、假而、耀明、气色、佞誉、诬谀、炳炳、烺烺、采色、声音、偃蹇、羽翼、旁推、交通。

《段太尉逸事状》——士卒、无赖、偷嗜、暴恶、肆志、生人、恬然、震恐、奈何、无伤、始终、左右、火伍、草具、门下、刚直、仁信、天灾、大人(二次)、仁者、主人、奴隶、暴抗、货币、大节、出入、武人、天下、为人、姁姁、卑弱、儒者、偶然、执事。

以上三篇文章共计复音词 140 个,在同一篇中重复者未算在内。先秦已有的约占 45%,其中有些旧词产生了新义。例如,“头角”见于《礼记·学记》郑玄注“开发为头角”,但那是端绪、开端的意思,唐以后才产生了才华的意思。“苍黄”原为青色和黄色,后比喻变化翻覆(孔稚珪《北山移文》“苍黄翻覆”),唐以后才有急迫的意思。“文章”原指色彩杂错的花纹(《庄子·胠箧》“灭文章、散五采”),又比喻礼乐法度(《论语·泰伯》“焕乎其有文章”),汉以后才有文辞的意思。“交通”在先秦只是互相通达的意思(《管子·度地》“万物交通”),汉以后才产生交往、勾结的意思。汉以后唐以前产生的复音词约占 15%,其余 40%基本上可以断定为唐代产生的新词。可以看出，唐代的书面语虽然保留了很多先秦两汉的旧词，但新词的数量也是相当可观的。

3.6.3 古汉语复音词的发展是不断吸收口语的结果。各个时代的书面语，都受到了当时口语的影响，只不过程度不同罢了。口语是古人口头讲的活语言，今天无法听到，这就给古代口语的研究带来了困难。但这项工作并不是完全不能做，因为前辈学者对口语进行了大量考释、研究工作，他们的研究成果，我们可以借鉴。例如，清代学者对古籍中的口语成分曾给予了一定的注意。钱大昕的《恒言录》、钱大昭的《迩言》、陈鳣的《恒言广录》、翟灏的《通俗编》、梁同书的《直语补证》(见《频罗庵遗集》卷十四)、平步青的《释谚》(见《霞外攟屑》卷十)、胡式钰的《语窦》(见《窦存》卷四)、郑志鸿的《常语寻源》等，广采汉语口语词汇加以研究，并引经据典，追溯本源，认为这些口语词汇都来自古代典籍，不是无源之水。应该承认，他们在揭示古汉语书面语与口语的关系方面，提供了宝贵的材料和重要的线索。但由于研究方法和思想方法的局限，他们得出的结论可能并不一定完全正确。情况或许正好相反：他们所列举的古代典籍中的许多口语词汇，可能正好是书面语吸收当时口语词汇的证明。由于流行于当时人民群众口头的活语言具有生动活泼的特点，又具有强大的生命力和感染力，因而引起了当时文人的注意，并在自己的作品中加以采撷和吸收。人民群众的口语词汇世代相传，一直至今，而书面语中的口语词汇则时断时续，显得零星杂乱，因而给人们以错觉，好像人民群众中的一些口语词汇来源于古籍，这显然是本末倒置了。当然，书面语中的词汇，由于种种原因也有可能进入民间口语，因为汉语词汇中的书面语和口语并非截然分离的，它们经常互相影响、互相渗透、互相取代。但是，不论哪个时代，口语对书面语的影响和渗透都是主要的。

另一方面，某些古人的某些作品吸收了较多的口语成分，为我们研究古代口语提供了丰富的材料。南朝宋刘义庆的《世说新语》就广泛采用了当时的口语，如"局陈"（"陈"，同"阵"。有条理、布置之义。见《赏誉》）、"料理"（有照顾、安排义。见《德行》）、"托大"（居高位而不被事牵累。见《赏誉》。后有骄傲自大的意思）、"寒士"（出身寒微的读书人。见《假谲》）、"天分"（人的天生资质。见《贤媛》）、"分别"（差别。见《容止》）、"礼拜"（向神佛致礼。见《排调》）、"债主"（放债人。见《任诞》）、"阿堵"（犹言这个、此处。见《文学》《规箴》）等。这些复音词，都是南北朝时期的口语，被刘义庆吸收到他的著作中，使语言增色不少。宋代的朱熹，也是一位爱用口语的作家。他的很多言论，被其弟子记录下来，编成《朱子语类》。我们读《朱子语类》，觉得它与其他宋人的文章风格迥异。这种独特风格的形成就是因为朱熹广用当时的口语所致。朱熹侃侃而谈，循循善诱；门人随听随记，信笔成章。录成以后，又未经过文饰，保持了原来朴素的风格。下面我们摘录《朱子语类辑略》卷二《小学》里的一段文字，以见一斑：

大凡人读书，且当虚心，一意将正文熟读，不可便立见解。看正文了，却著深思，熟读便如已说，如此方是。今来学者，一般是专要作文字用，一般是要说得新奇，人说得不如我说得较好，此学者之大病。譬如听人说话，一般且从他说尽，不可剿断他说，便以己意见抄说，若如此，全不见得他说是非，只说得自家底，终不济事。久之又曰：须是将本文熟读，字字咀嚼，教有味。若有理会不得处，深思之又不得，然后却将注解看，方有意味。如人饥而后食，渴而后饮，方有味，不饥不渴，而强饮食之，终无益也。又曰：某所集注《论语》，至于训诂皆子细者，盖要人字字与某著意看，字字思索到，莫要只作等闲看过了。

这段“语录”所表现的新的语法形态和句子结构暂且不去讨论，我们只从词汇的角度加以研究。这一段口语的“实录”，在某种程度上说，就是宋代的“语体文”。它的一个重要特点就是用大量的复音词取代了书面语中的单音词。如“大凡”“虚心”“一意”“正文”“见解”“文字”“一般”“新奇”“譬如”“说话”“剿断”“意见”“如此”“咀嚼”“理会”“注解”“意味”“训诂”“子细”（仔细）“著意”“思索”“等闲”等。其中有些复音词虽为旧词，但唐宋时又有了新义。例如“大凡”，最初是个名词，指事物的大概情况。《荀子·大略》：“礼之大凡：事生，饰驩也；送死，饰哀也；军旅，饰威也。”到了唐宋时始有副词的用法：韩愈《送孟东野序》“大凡物不得其平则鸣”，而这种副词的用法，先秦往往只用一“凡”字：《庄子·达生》“凡有貌象声色者，皆物也”。其他如“理会”“一意”“一般”“新奇”“譬如”“说话”“如此”“意味”“等闲”等，都是唐宋时代的口语。古代口语的特点有很多，但最重要的特点是俗语、方言、成语，特别是复音词所占比重很大。古汉语书面语吸收口语词汇，主要就是吸收这些成分，因而使得书面语中的复音词比重越来越大。

3.6.4　古代汉语某些复音词的形成，往往跟修辞手法的运用有关。这里只就比喻、借代、割裂、用典、委婉等修辞手法来加以讨论。

（一）比喻：在各种修辞手法中，比喻对复音词的形成影响最大。这种复音词可分为单素比喻和双素比喻两种。单素比喻指复音词中只有一个语素含有比喻意义。这个语素，或处在修饰地位：如“藩国”，“藩”本为竹编成的屏障，称为“藩篱”，诸侯国对天子起屏障作用，所以称诸侯国为“藩国”（班彪《北征赋》“降几杖于藩国兮，折吴濞之逆邪”），又称诸侯王为“藩王”，称属地、属国为“藩属”。或处在被修饰的地位：例如“欲壑”，“壑”比喻难以满足的欲念（《扫迷帚》“姊以欲壑难填，严词峻拒”）；“心田”，“田”比喻内心深处（白居易《狂吟七言十四韵》“心田洒扫净无尘”）。双素比喻指复音词两个语素都含有比喻意义。例如，《史记·项羽本纪》：“如今人方为刀俎，我为鱼肉。”“鱼”“肉”任人宰割，比喻自己的处境。“鱼肉”又经常用为动词，含有“把……当鱼肉对待”的意思。《史记·魏其武安侯列传》：“令我百岁后，皆鱼肉之矣。”“把……当鱼肉对待”实际上有欺凌、践踏等意思。后来“鱼肉”经常处在谓语的地位，便逐渐固定为复音词。《后汉书·仲长统传》：“鱼肉百姓，以盈其欲。”这里的“鱼肉”已经成了“欺凌”的同义词。又如，“水”“火”都是人们生活中必需的东西，又都能给人们带来灾害。《孟子·梁惠王下》：“以万乘之国伐万乘之国，箪食壶浆，以迎王师，岂有他哉？避水火也。如水益深，如火益热，亦运而已矣。”这里的“水”“火”指水灾火灾，比喻暴政。后来，“水火”固定为复音词，有灾难、艰险的意思。“领”“袖”本来分指衣领和衣袖，古人常以“领”“袖”代表衣服，于是逐渐结合为复音词，比喻代表人物。沈约《齐故安陆昭王碑文》：“盖百代仪表，千年之领袖。”现代汉语的“领袖”指领导人，就是由这个意义引申来的。

（二）借代：借代也是形成复音词的重要途径。古汉语中的借代丰富多采、品类繁多，但大多数只是临时职务，其中有一部分由于具有复音词的特点，又被频繁使用，便逐渐固定为复音词。例如"搢绅"，"搢"是插的意思，"绅"是带。古代官员须插笏垂绅，因以"搢绅"指代士大夫。《庄子·天下》："搢绅先生，多能明之。""搢"又写成了"缙"。范晔《后汉书二十八将传论》："遂使缙绅道塞，贤能蔽壅。"又如"丙丁"，古人以"甲乙"配春，为木日，以"丙丁"配夏，为火日，以"庚辛"配秋，为金日，以"壬癸"配冬，为水日。《吕氏春秋·孟夏纪》："其日丙丁。"注："丙丁，火日也。"后世便以"丙丁"作为火的代称。李光《与胡邦衡书》："近又缘虚惊取平生朋友书问，悉付丙丁。""布衣"本指布料衣服。在上古，据说平民百姓只能穿布衣服（实际上是一种粗劣的麻织品），后来便以"布衣"指代平民。《荀子·大略》："古之贤人，贱为布衣，贫为匹夫。"《吕氏春秋·下贤》："尧，天子也，善绻，布衣也。""朱门"，朱红色的门，古代王侯贵族以朱漆涂饰门户，因而转指贵族豪门之家。郭璞《游仙诗》七首之一："朱门何足荣，未若托蓬莱。"杜甫《自京赴奉先县咏怀五百字》："朱门酒肉臭，路有冻死骨。""东宫"是东边的宫殿，因太子住东宫，因而成为太子的代称。《诗经·卫风·硕人》："东宫之妹，邢侯之姨。"这里的"东宫"指齐国太子得臣。《晋书·杨济传》："难发之夕，东宫召济。"这里的"东宫"指晋惠帝之子司马遹。

（三）割裂：所谓割裂，就是截取一句话的一部分来表示另一部分的意思。割裂手法的运用，也形成了一些复音词。例如，《论语·为政》："三十而立，四十而不惑，五十而知天命。"后来，以"而立"表示三十岁。《聊斋志异·长清僧》："见其人默然诚笃，年仅而立。”以“不惑”表示四十岁。陶渊明《饮酒》之十六：“行行向不惑，淹留遂无成。”以“知命”表示五十岁。白居易《闻行简恩赐章服喜成长句寄之》：“齿发恰同知命岁，官衔俱是客曹郎。”又如，杜甫《曲江二首》之二：“酒债寻常行处有，人生七十古来稀。”后来便以“古稀”表示七十岁。李贽《观音阁》诗之一：“如何古希（稀）人，不识三伏苦。”平步青《霞外攟屑·掌故·瑞文端公重瞳》：“公早贵，致位宰辅，寿臻古稀。”现在还有“年近古稀”、“古稀老人”的说法。再如，《尚书·君陈》里有“惟孝友于兄弟”这样的句子，意思是：只有孝顺父母的人，才能对兄弟友爱。后来便截取“友于”二字表示兄弟。曹植《求通亲亲表》：“今之否隔，友于同忧。”（否：音 pǐ。否隔：闭塞不通。）

（四）用典：还有一些复音词的形成与用典有关。诗词或散文中的典故，可能取自古书中的某一句话，也可能取自某一个历史故事或民间传说。古人喜欢用典型的词语或用某个故事、某个传说中有代表性的人或事来表示这个典故，这就很容易固定下来，形成复音词。或者，某一典故在运用过程中发生了由繁趋简的变化，当简化到一定程度，并具备了复音词的特点时，就有可能由不定型的典故变成定型的复音词。

有些复音词是节缩某个历史事实或成语故事而成。例如“墨守”，相传战国时期的墨翟擅长守城之术，《墨子·公输》曾记载他与鲁国人公输盘较量攻守之术：“公输盘九设攻城之机变，子墨子九距之。公输盘之攻械尽，子墨子之守圉有余。”（距：通“拒”。圉：音 yù。守圉：即守御。）后来称牢固的防守为“墨翟之守”。《战国策·齐策六》：“今公以弊聊之民，距全齐之民，期年不解，是墨翟之守也。”后来，单用“墨守”来表示坚持不改或固执己见。王韬《瓮牖余谈·犹太古历说》：“率皆墨守成法。”黄宗羲《钱退山诗文序》：“如钟嵘之《诗品》，辨体明宗，固未尝墨守一家以为准的也。”又如“渔利”，《战国策·燕策二》记载了一个故事：蚌在河边晒太阳，鹬过来啄它的肉，蚌急忙合上壳并钳住鹬的嘴，正在互不相让的时候，一个渔翁走过来把它们一并捕获了。这个寓言形成了一个成语，叫作“鹬蚌相争，渔翁得利”，后来又节缩成“渔利”，有谋取不正当利益的意思。韩愈《太原王公墓志》：“以其涎丐渔利，夺编人之产。”再如“推敲”，相传唐代诗人贾岛骑在驴上赋诗，得“鸟宿池边树，僧敲月下门”之句。最初用的“推”字，觉得不好，又想改为“敲”字，在驴上用手比划，作推敲之势，不觉撞着了京兆尹韩愈。韩愈问明情况后，便建议他用“敲”字[①]。后来便谓反复斟酌字句或反复分析研究为推敲。张孝祥《念奴娇·再用韵呈朱丈》：“忍冻推敲、清兴满，风里乌巾猎猎。”孔尚任《桃花扇·投轩》：“你的北来意费推敲，一封书信无名号。”“矛盾”这个大家熟悉的词，出自《韩非子·难一》，原文是：“楚人有鬻楯与矛者，誉之曰：‘吾楯之坚，物莫能陷也。’又誉其矛曰：‘吾矛之利，于物无不陷也。’或曰：‘以子之矛，陷子之楯，何如？’其人弗能应也。”（楯：即盾。）如果楚人的盾坚固到什么东西也刺不穿的程度，那么他的矛就不可能“于物无不陷”了；如果楚人的矛锐利到什么东西都能刺穿的程度，那么他的盾就不可能“物莫能陷”了。因此后人便用“矛盾”表示事物互相抵触。《梁书·许懋传》：“假使三王皆封泰山禅梁甫者，是为封泰山

① 见何光遠《鉴戒录·贾忤旨》、胡仔《苕溪渔隐丛话》。

则有传世之义，禅梁甫则有揖让之礼，或欲禅位，或欲传子，义既矛盾，理必不然。”

有些复音词是概括典故的主要内容并根据需要加以改造而成。例如“垂青”，《晋书·阮籍传》记载，阮籍善为青白眼（对人正视，黑眼球在中间，叫青眼；对人斜视，露出眼白，叫白眼），见到他讨厌的礼俗之士，常以白眼对之。有一次，嵇康携酒前去拜访，阮籍非常高兴，于是以青眼对之。后来指重视或见爱为“垂青”。谷子敬《城南柳》一折：“为什么桃脸破红颜，柳眼垂青顾，认得俺东君是主。”李渔《玉搔头·缔盟》：“多蒙令爱垂青，已把终身相许。”又如“中肯”，典出《庄子·养生主》，原文是：“因其固然，技经肯綮之未尝。”（肯：指紧附在骨头上的肉。綮：音 qìng，筋肉聚结处。）本来是说庖丁解牛的技术很高超，善于顺着牛体的自然结构游刃于空隙，而不去对“肯綮”进行生割硬砍。因为“肯”是身体的要害之处，因用“中肯”表示切中要害。《明史·张居正传》：“间出一语辄中肯，人以是严惮之。”“璧谢”，《国语·晋语四》、《左传·僖公二十三年》载，春秋时晋国公子重耳出亡国外，路经曹国，曹共公不以礼相待。曹国臣子僖负羁听从妻子的劝告，以盘飧馈赠，偷偷将一块璧玉藏在里面，重耳接受盘飧，退回了璧玉。后人便以“璧谢”表示退还原物。《儿女英雄传》第十三回：“那些实任的候补官员……打听着什么贵送什么来，老爷一概都璧谢不收。”

有些复音词是径直取用典故中有代表性的词语，这是比较常见的一种方式。例如“东道主”，出自《左传·僖公三十年》，原文是：“若舍郑以为东道主，行李之往来，共其乏困，君亦无所害。”（舍：不取。）这是郑国使者烛之武对秦伯说的话。郑国在秦国东边，故自称“东道主”，意即东方道路上的主人。后来便用“东道主”指主人。《聊斋志异·陆押官》：“诸君姑勿酌，请问今日谁作东道主？”也省称“东道”。马致远《荐福碑》一：“兄弟，请你那东道出来，我和他厮见。”又如“捉刀”，《世说新语·容止》：“魏武将见匈奴使，自以形陋不足以雄远国，使崔季珪代，帝自捉刀立床头。既毕，令间谍问曰：‘魏王何如？’匈奴使答曰：‘魏王雅望非常，然床头捉刀人，此乃英雄也。’”后来称代人写文章为“捉刀”。《聊斋志异·张鸿渐》：“赵以巨金纳大僚，诸生坐结党被收，又追捉刀人。”“垄断”，《孟子·公孙丑下》：“有贱丈夫焉，必求龙断而登之，以左右望，而罔市利。”（龙：通“垄”。龙断：指突起的高地。罔：通“网”，网罗。）原意是指贱丈夫登上集市的高地以操纵贸易，于是“垄断”就有操纵、独占的意思，由名词变成了动词。杨万里《送次公子之官安仁监税》诗：“关征岂得已，垄断欲何为？”其他如，《左传·宣公四年》载，郑灵公请大臣们尝甲鱼肉，把公子宋召来而故意不给他吃。公子宋大怒，“染指于鼎，尝之而出。”（把手指伸进盛甲鱼的鼎里，蘸点汤，尝尝滋味走了。）后来便以“染指”指沾取非分的利益。陶宗仪《辍耕录·论秦蜀》：“夫鼎足之说，始于蒯通。然通之说，韩信以此，犹有汉之一足。当三国时而为是说，则献帝无复染指之望矣。”《左传·宣公三年》载，周定王派王孙满慰劳楚子（楚庄王），“楚子问鼎之大小轻重焉。”夏商周三代以九鼎为传国重宝，楚子问鼎，有篡逆之意。后来便以“问鼎”指图谋篡夺王位。《晋书·赫连勃勃载记》：“自皇晋失统，神器南移，群雄岳峙，人怀问鼎。”

（五）委婉：有些复音词的产生与运用与委婉这种修辞手法有关。用于谦称和尊称的某些词，如“不穀”“寡人”“小人”“陛下”“殿下”“足下”“阁下”“左右”等，就是属于这种情况。下面再举一些不是用于称呼的例子。如“更衣”，古代讳言上厕所，以“更衣”代之。《史记·魏其武安侯列传》：“坐乃起更衣，稍稍去。”《史记会注考证》说：“盖宾主相见，不宜言秽亵之事，故如厕皆托言更衣。”明确指出这里的“更衣”就是“如厕”。《论衡·四讳》：“夫更衣之室可谓臭矣。”“更衣之室”就是厕所，所以才跟“臭”联系在一起。“物故”为死的委婉语。《汉书·苏武传》：“单于召会武官，前已降及物故，凡随武还者九人。”颜师古注：“物故谓死也。言其同于鬼物而故也。一说不欲斥言，但云其服用之物皆已故也。”“阿堵”为钱的委婉语。《世说新语·规箴》：“（王衍）口未尝言钱字，妇欲试之，令婢以钱绕床不得行。夷甫晨起，见钱阂行，呼婢曰：‘举却阿堵物。’”（夷甫：王衍的字。阂：音 hé，阻碍。）这里的“阿堵”本是“这个”的意思，因王衍用“阿堵”指钱，后人便借用了这个暗示，把它作为表示钱的委婉语和俏皮话。张耒《和无咎》诗之二：“爱酒苦无阿堵物，寻春奈有主人家。”陆游《岁暮贫甚戏书》：“阿堵元知不受呼，忍贫闭户亦良图。”《聊斋志异·雨钱》：“顷之，入室取钱，则阿堵化为乌有，惟母钱十余枚尚在。”

3.6.5　复音词的发展还与古汉语外来词的增多有密切关系。古汉语中的外来词主要来自两个方面：

（一）来自西域的音译词，多为关于动植物、食品、用品、乐器等的名称。如：“蒲陶”，《史记·大宛列传》：“其俗土著，耕田，田稻麦，有蒲陶酒。”“蒲陶”就是“葡萄”，又作“蒲桃”“葡陶”“蒲萄”。“末利”，嵇含《南方草木状》上：“耶悉茗花、末利花，皆胡人自西国移植于南海，南人怜其芳香，竞植之。”“末利”就是“茉莉”，花名，又作“末丽”。“石榴”，一种果实，原名“安石榴”。《初学记·张华·博物志》：“张骞使西域还，得安石榴、胡桃、蒲桃。”“师子”，即狮子。《汉书·西域传上》：“（乌戈）有桃拔、师子、犀牛。”《洛阳伽蓝记》卷三：“师子者，波斯国胡王所献也。”“觱篥”，又作“筚篥”，一种乐器名。李颀《听安万善吹觱篥歌》：“南山截竹为觱篥，此乐本自龟兹出。”《北史·高丽传》：“乐有五弦、琴、筝、筚篥、横吹、萧、鼓之属。”“箜篌”，一种乐器名。《隋书·音乐志下》：“（西凉）其乐器有……卧箜篌、竖箜篌……”“苜蓿”，一种植物。《史记·大宛列传》：“（大宛）俗嗜酒，马嗜苜蓿。”“琉璃”，一种有光宝石。《后汉书·西域传》：“珊瑚、琥珀、琉璃、琅琅。”“烟支”，《史记·匈奴列传》《索隐》引习凿齿《与燕王书》：“山下有红蓝，足下先知不？北方人采取其花染绯黄，援取其上英鲜者作烟支，妇人采将用为颜色。”“烟支”即“胭脂”，一种红色颜料，作化妆品用，又作“燕脂”“燕支”。“单于”，匈奴最高首领的称号。《汉书·匈奴传》：“单于其国称之曰撑犁孤涂单于。”

（二）来自翻译佛经而产生的音译词和意译词。音译词如：“菩萨”，菩提萨埵的简称，位次于佛。《太平广记·一七四·俊辩·薛道衡》：“金刚何为努目？菩萨何为低眉？”“菩提”，意为明辨善恶，觉悟真理。《景德传灯录·大乘赞》：“慈心一切平等，真如菩提自现。”“罗汉”，“阿罗汉”的简称，意为佛家圣者。《法苑珠林·奢弥跋谤佛缘》：“过去久远九十一劫，有一婆罗门名延如达，好学广博，常教五百豪族童子，今五百罗汉是。”“比丘”，佛教指出家修行的男僧，即和尚。《魏书·释老志》：“桑门为息心，比丘为行乞。”“比丘尼”，佛教指出家修行的女僧，即尼姑。《魏书·释老志》：“妇人道者为比丘尼。""沙门",意为僧徒,又作"桑门"。王简栖《头陀寺碑文》:"头陀寺者,沙门释慧宗之所立也。"《魏书·释老志》:"桑门为息心。""阎罗","阎摩罗阇"的简称,意为地狱王。《宋史·包拯传》:"关节不到,有阎罗包老。""罗刹","罗刹婆"的简称,恶鬼名。《北齐书·厍狄干传》:"刺史罗刹政,司马蝮蛇瞋。""夜叉",恶鬼总名。张鷟《泽州百姓为尹正义王熊歌》:"尝逢铁夜叉,百姓不可活。""浮图",塔,又作"浮屠"、"佛图"。杨衒之《洛阳伽蓝记·永宁寺》:"中有九层浮图一所,架木为之,举高九十丈。""伽蓝","僧伽蓝摩"的简称,意为佛寺。《大唐西域记·乌仗那国》:"旧有一千四百伽蓝,多已荒芜。""兰若","阿兰若"的简称,意为僧舍,也指寺院。杜甫《大觉高僧兰若》:"巫山不见庐山远,松林兰若秋风晚。""袈裟",本名"迦沙曳",意为僧衣。《高僧传·竺僧度》:"且披袈裟、振锡杖、饮清流、咏波若。""檀越",意为施主。《宋书·谢宏微传》:"檀越素既多疾……即吉之后,犹未复膳。"上面这些佛教用语虽然是梵语的音译词,但大多按照汉语的特点进行了节缩简化,并且进入了古汉语的书面语和人民群众的口语,成了古汉语复音词的一个组成部分。

翻译佛经产生的意译词,是借用古汉语现存的词语赋予佛家新义。例如:"世界",佛家指宇宙,"世"指时间,"界"指空间。《楞严经》四:"何名为众生世界?世为迁流,界为方位。"后引申指世间。岑参《登慈恩寺塔》:"登临出世界,磴道盘虚空。""因缘",原为依据的意思。《汉书·郑崇传》:"高武侯,以三公封,尚有因缘。"佛家用以译梵语"尼陀那",指产生结果的直接原因及促成这种结果的条件。《四十二章经》十三:"沙门问佛,以何因缘,得知宿命,会其至道。”后泛指原因、缘故。白居易《新丰折臂翁》:“问翁臂折来几年,兼问致折何因缘。”“因果”,上古不连用,“因”为“因依”,“果”为“果实”。佛家指原因和结果,认为善因得善果,恶因得恶果。《涅槃经·憍陈品》:“三世因果,循环不失。”“觉悟”,本指从迷惑中醒悟过来,佛家用以指领悟佛教的真谛。《隋书·经籍志·佛》:“(释迦)舍太子位,出家学道,勤行增进,觉悟一切种智,而谓之佛。”“圆满”,佛家指忏悔事毕。《天台四教仪》上:“现圆满报身,为纯银菩萨众。”后引申为事情完满无缺。“功德”,“功”本指功业,“德”本指德行。《礼记·王制》:“有功德于民者,加地进律。”佛家用以指念佛、诵经、布施等事。隋炀帝《与释智𫖮书》:“功德圆满,便致荆巫。”“庄严”,“庄”“严”本同义词,“庄”指端庄,“严”指严肃。佛教用以指装饰盛美。《无量寿经》上:“又讲堂精舍,宫殿楼观,皆七宝庄严。”引申为端正尊严。“解脱”,原为开脱,免除。佛家指解除烦恼,复归自在。《维摩诘经佛国品》:“佛以一音演说法,众生随类,各得解脱。”如果说音译词还带有一定的佛教色彩的话,那么意译词的情况就完全不同了,由于借用了古汉语的现存词语,其大部分已与古汉语词汇融为一体,使人们意识不到它们来源于佛教。有些词在运用过程中又产生了新义,表现出强大的生命力。因而,佛教用语对古汉语复音词发展的影响,意译词要比音译词大得多。

4. 词义

4.1 本义

4.1.1 谈到本义的时候，就会碰到一个问题：是字的本义还是词的本义？字与词是不同的概念，因而也就不能将字的本义与词的本义等同起来。一个字可以是一个词，也可以是几个词。当一个字只是一个词的时候，问题就简单得多，因为字的本义与词的本义是一致的。当一个字是几个词的时候，问题就复杂了。例如“豆”这个字，包含了两个词：一是俎豆之“豆”，是一种盛食物的器皿（《国语·吴语》：“在孤之侧者，觞酒豆肉箪食。”韦昭注：“豆，肉器”）；一是豆子之“豆”（《战国策·韩策一》“山居五谷所生，非麦而豆”）。又如“之”这个字，包含了三个词：一是动词“之”，有往的意思（《战国策·秦策一》“陈轸去楚之秦”）；二是代词“之”，当指示代词用时是此、这的意思（《诗经·周南·桃夭》“之子于归”），当人称代词用时是他、她、它（包括复数）的意思（《左传·隐公元年》“爱共叔段，欲立之”）；三是助词“之”，相当于现代汉语的助词“的”（《左传·宣公二年》“不忘恭敬，民之主也”）。根据《说文》，“豆”字的本义是盛食物的器皿，“之”字的本义是出，引申为往。那么，“豆”代表的另一个词“豆子”，“之”代表的代词和助词，就与“豆”字“之”字的本义毫无关系了。因此，字的本义与词的本义是完全不同的两个概念。但由于汉字是形音义的结合体，每一个汉字都有一定的形体，一定的读音和一定的意义，词是由字组成的，而古汉语又以单音词为主，在一般情况下，字的本义就是词的本义。传统训诂学提到某个字的本义时，实际上就是指由这个字所表示的词的本义。

4.1.2 当字与词一致时，词的本义就是指表示某个词的汉字最初被创造出来的本来意义。一个词往往有几个意义，在这几个意义中，必然有一个是本义。例如“顾”的意义有：①回头看。《孟子·梁惠王下》：“王顾左右而言他。”②探望，拜访。诸葛亮《出师表》：“三顾臣于草庐之中。”③关心，照顾。《诗经·魏风·硕鼠》：“三岁贯汝，莫我肯顾。”其中“回头看”是本义，其他两个是引申义。“趣”的意义有：①趋向，奔赴。《史记·孙子吴起列传》：“兵法，百里而趣利者蹶上将。”②意向。嵇康《琴赋》：“览其旨趣。”③意味。《列子·汤问》：“曲每奏，钟子期辄穷其趣。”④兴趣。《晋书·王羲之传》：“恒恐儿辈觉，损其欢乐之趣。”其中“趋向、奔向”是本义，其他三个是引申义。

识别本义的重要方法就是对字形进行分析。许慎的《说文解字》就是一部根据字形来分析本义的文字学专著。虽然《说文》分析字形的主要依据是小篆，存在不少错误，但仍然有重要的参考价值。关于汉字的形体结构，有“六书”这一传统说法。根据《说文解字·叙》的提法，“六书”指象形、指事、会意、形声、转注、假借。“六书”里面，只有象形、指事、会意、形声是造字之法，而转注和假借则是用字之法。掌握汉字的形体结构，特别是掌握“六书”是非常重要的。因为辨别本义必须从分析字形入手，而分析字形又必须以

“六书”为依据。例如“刃”,有“刀锋、刀口”(《尚书·费誓》“砺乃锋刃”)、“刀”(《庄子·秋水》“白刃交于前”)、“用刀杀死”(《史记·廉颇蔺相如列传》“左右欲刃相如”)等意思,根据字形,可以确定“刀锋、刀口”是本义,因为“刃”是指事字,“刀”字上的一点是指事性符号,表示“刀”的锋刃之所在。又如“休”,有“休息”(《诗经·大雅·民劳》“民亦劳止,汔可小休”)、“休假”(《后汉书·蔡邕传》“臣属吏张宛长休百日”)、“停止”(曹丕《典论·论文》“下笔不能自休”)、“辞官”(杜甫《旅夜书怀》“官应老病休”)、“不要”(杜甫《岁晏行》“汝休枉杀南飞鸿”)等意思,根据字形,“休息”应该是本义,因为“休”从人从木,是个会意字,表示一个人在树下休息。

在“六书”中,形声最为重要,因为汉字的绝大多数是形声字。因此,根据形声字的意符(形符)来辨别本义,是最主要的方法。下面举几个例子加以讨论。

慢——《吕氏春秋·审应览》“今有人于此,无理慢易而求敬”,《史记·淮阴侯列传》“王素慢无礼,今拜大将如呼小儿耳”,意思是傲慢。《国语·楚语下》“上下有序,则民不慢”,《商君书·垦令》“上不费粟,民不慢农”,意思是轻忽,不尽职。《淮南子·修务》“偷慢懈惰”,意思是懒惰。《诗经·郑风·大叔于田》“叔马慢忌”(叔:郑国的共叔段。忌:语气词),意思是慢走。韩愈《奉和虢州刘给事使君三堂新题二十一咏·竹溪》:“蔼蔼溪流慢”,意思是缓慢。“慢”的意符是“心”,其本义必然与心理活动有关。可见“傲慢”是本义,其他都是引申义。

快——《孟子·梁惠王上》“抑王兴甲兵、危士臣,构怨于诸侯,然后快于心与”,《吕氏春秋·离俗览》“却而去,不自快”,意思是快乐、高兴。《晋书·王湛传》“此马虽快，然力薄不堪苦行”，意思是迅速。杜甫《戏题王宰画山水图歌》“焉得并州快剪刀，剪取吴松半江水”，意思是锋利。《魏书·刘昞传》“向闻先生欲求快女婿，昞其人也”，意思是好，称心。“快”的意符是“心”，可见“快乐”“高兴”是本义，其余都是引申义。

造——《孟子·公孙丑下》“不幸有疾，不能造朝”，意思是到，去。《诗经·大雅·思齐》“肆成人有德，小子有造”（肆：故），意思是成就。《孟子·离娄下》“君子深造之以道”，意思是达到某一境界。“造”的意符是“辵”，作为偏旁，后来写成“辶”。以“辵”为意符的字都与行走的意思有关。可见“到”“去”是本义，其余是引申义。

理——《战国策·秦策三》“郑人谓玉未理者曰璞”，意思是对玉进行加工。《诗经·大雅·江汉》“于理于理，至于南海”，意思是治理。韩愈《送李愿归盘谷序》“黜陟不知，理乱不闻”，意思是太平。《荀子·解蔽》“则足以见须眉而察理矣”，意思是纹理。张衡《西京赋》“剖析毫厘，擘肌分理”（擘：音 bò，分剖），意思是条理。《周易·系辞上》“易简而天下之理得矣”，意思是道理。苏洵《六国论》“则胜负之数，存亡之理，当与秦相较，或未易量”，意思是规律。“理”字从玉，里声，其本义应与玉有关，因此，“加工璞玉”是本义，其余都是引申义。

举——《国语·鲁语上》“君举必书”，意思是举动，行动。《墨子·尚贤上》“故古者尧举舜于服泽之阳”，意思是选拔，推荐。《孟子·梁惠王上》“吾力足以举百钧，不足以举一羽”，《吕氏春秋·慎大览》“举国门之关”，意思是举起，托起。陈琳《饮马长城窟行》“生男慎莫举，生女哺用脯”，意思是喂养，抚育。《战国策·秦策三》

“白起率数万之师，以与楚战，一战举鄢、郢”，《孟子·梁惠王下》“以万乘之国伐万乘之国，五旬而举之”，意思是攻克。“举”的繁体字是“舉”，《说文》：“舉，对举也，从手，與声。”所谓对举，就是用两手举之。因此“举起”“托起”是本义，其余是引申义。

防——《周易·既济》“君子以思患而豫防之”，意思是防备。《国语·周语上》“防民之口，甚于防川”，又《周语下》“不崇薮，不防川”，意思是防止。《周礼·地官·稻人》“以防止水”，《晏子春秋·内篇杂上第五》“景公登东门防”，意思是堤坝。《诗经·秦风·黄鸟》“唯此仲行，百夫之防”，意思是抵挡。《说文》：“防，堤也，从阜，方声。”“阜”是无石之山，即土山，土山高出地面，因此，从“阜”的字多与高有关。堤坝必须高出地面才能挡住水，所以“防”从阜。“防”的本义既然是堤坝，那么，其余的意义就是引申义了。

掌握词的本义对研究词义有非常重要的作用。掌握了一个词的本义，就好像抓住了这个词的纲，就可以以本义为依据，把这个词的纷繁意义理出一个头绪来，变得简单而有系统。同时，也可以使我们对词义有深刻的理解。

4.1.3 当字与词不一致时，这些词的本义不能通过字形分析，只能通过其他途径找到。这主要指那些通过假借而产生的词。由假借而产生的词有没有本义？本义如何探求？这些问题传统语言学都没有讨论过。近几年，有些学者对这些问题作了一些探讨。我们认为，任何词，只要存在几个意义，就必定有一个是最初的、最原始的意义，也就是本义。探求这一类词的本义的最主要的方法是分析它的词义系统，从中找出最原始的意义。例如“容”，本义为容纳。《说文》：“容，盛也。”《诗经·卫风·河广》：“谁谓河广？曾不容刀。”假借为“容貌”(《诗经·周颂·振鹭》“我客戾止，亦有斯容”)、“修饰”(《诗经·卫风·伯兮》)“岂无膏沐？谁适为容”、“样子”(《周礼·考工记·函人》“凡为甲，必先为容”)、“礼仪”(《荀子·大略》“君子听律习容而后仕”)、“法则”(《韩非子·喻老》“夫物有常容”)。通过假借而产生的词的几个意义当中，“容貌”当为原始义，其他意义都是由“容貌”引申出来的。又如“写”，有“照着画”(杜甫《画鹘行》“写此神俊姿”)、“描写”(江淹《别赋》“写永诀之情者乎”)、“抄写”(《后汉书·班超传》“为官写书受直”)等义，与“写”的本义“倾泻”(《礼记·曲礼上》“器之溉者不写，其余皆写”)无关，属于因假借而产生的另一个词。在这几个意义中，“照着画”是最原始的意义，由“照着画”引申出描写、抄写二义。再如“帅”，《说文》:“帅，佩巾也。”但这个意义在古籍中找不到例证。经传多用其假借义“率领”(《左传·成公十三年》“我文公帅诸侯及秦围郑”)、“遵循”(《礼记·王制》“命乡简不帅教者以告”)、“将帅”(《国语·齐语》“五乡一帅，故万人为一军，五乡之帅帅之”)。在这几个意义中，“率领”是本义，“遵循”、“将帅”是其引申义。

还可以根据与该词同源的词的词义来推求本义。例如“叔”，本义为“拾取”(《诗经·豳风·七月》“九月叔苴”)，假借义有“丈夫之弟”(《战国策·秦策一》“妻不以我为夫，嫂不以我为叔”)、“父亲的弟弟”(《孟子·告子上》“敬叔父乎？敬弟乎”)、“排行在末的”(柳宗元《哭连州凌员外司马》“仲叔继幽沦，狂叫唯儿童”)。段玉裁《说文解字注》:“按《释名》仲父之弟曰叔父。叔，少也。其于双声叠韵假借之。”段玉裁认为“叔”与老少之“少”为双声叠韵的通假关系，实则“叔”与“少”同源。王力先生在《同源字典》里说:“老少的'少',音转为叔。《广雅·释诂》三:'叔,少也。'《白虎通·姓名》:'叔者,少也。'《释名·释亲属》:'仲父之弟曰叔父。叔,少也。'"[①]由年少的"少"可推知"叔"也有年少义。这样看来,"排行在末"是由"叔"的年少义引申出来的,再引申为丈夫的弟弟和父亲的弟弟。又如"策",本义为马鞭。《说文》:"策,马箠也。"《战国策·赵策三》:"齐闵王将之鲁,夷维子执策而从。"假借为"计谋"(《战国策·秦策一》"臣出必故之楚,以顺王与(张)仪之策")、"筹划"(《汉书·陈汤传》"小臣罢癃,不足以策大事")、"探测"(《孙子·虚实》"故策之而知得失之计")。"策"与"册""筞"同源,《广雅·释诂》:"筞,书也。""筞"一般写作"册"。《尚书·金縢》:"史乃册祝。"又:"乃纳册于金縢之匮中。"《史记·鲁世家》作"策"。"册"为书简义,由此可知"策"的原始义为"书简","计谋"、"筹划"、"探测"都是其引申义。

4.2　引申义

4.2.1　由本义延伸出来的意义就叫引申义。一般地说,本义只能有一个,而引申义可以有几个。引申义与本义构成了各种不同的关系。与本义关系最近的叫近引申义,与本义关系远的叫远引申义。由本义直接产生出来的叫直接引申义,由引申义产生的叫作间接引申义。例如"向",本义是朝北的窗子。《诗经·豳风·七月》:"塞向墐户。"(墐:音 jǐn,涂。墐户:在门上涂泥。)引申为朝向。《战国策·燕策三》:"秦并赵,北向迎燕。"又引申为方向。《国

① 见该书第 217 页。

语·周语上》:“明利害之向。”“朝向”是由本义直接产生出来的,是近引申义,又是直接引申义。“方向”是由引申义“朝向”产生的,叫远引申义,又叫间接引申义。又如“从”,本义是跟随。《论语·微子》:“子路从而后。”引申为顺从。《左传·庄公十年》:“小惠未徧,民弗从也。”又引申为由从。《左传·宣公二年》:“从台上弹人,而观其辟丸也。”“顺从”“由从”都是本义引申出来的,因此,都是直接引申义。

4.2.2 引申义的产生有语言内部的因素,有人把它归结为“义素的增减”。[①] 认为引申是由义位的变化决定的,而义位的变化又是由义素的增减造成的。所谓义位,是指词的各种意义,一个词含有几个意义,就有几个义位。所谓义素,是指义位所包含的若干成分。例如“向”的“朝北的窗户”是一个义位,它包含“朝向”、“北”、“方向”、“窗户”几个义素,“向”的本义“朝北的窗户”由于义素的减少,引申为朝向的“向”,而“朝向”这个意义就成了“向”的另一个义位。“义素分析法”为深入探讨词义的引申提供了新的方法,并且把西方的语义学理论运用于古汉语词义研究,可以说是一个突破。但运用这种理论分析表示抽象意义的词却产生了一些困难,尚需进一步研究。

4.2.3 引申义的产生有语言的外部因素,有人把它归结为心理因素。认为引申义的产生与“联想”这一重要的心理过程有密切关系。例如“节”的本义为竹节,引申为木节,又引申为骨节、关节,这是由于“相似联想”的结果。“删”本义为削除,引申为节取,这是

① 参阅蒋绍愚《古汉语词汇学纲要》第37页至72页。

由于"对比联想"的结果。"脚"的本义为小腿,引申为踝骨以下的部分,这是由于"接近联想"的结果。"薄"义项之一是厚度小,引申为小,这是由于"关系联想"的结果。[①] 引申义的产生的确与联想有密切的关系,但联想并不是引申义产生的唯一因素。它还有社会因素、修辞因素、语法因素等。如"百姓"本指百官,引申为指平民,就是由社会因素造成的(参阅本书第五章第一节)。"元宵"本指节日,引申为指元宵节吃的汤圆,就是由修辞因素造成的(参阅本书第一章第二节)。"高"本为形容词,当它用如动词时,则有赞美的意思,这是由语法因素造成的(参阅本书第一章第二节)。

4.2.4　清代文字学家都非常重视本义与引申义关系的研究。他们常常用简练的语言进行透辟的分析,给古汉语词义的研究提供了很多方便。下面举几个例子,看看段玉裁在《说文解字注》中是如何说明本义与引申义的关系的:

连——负车也。段注:"连即古文辇也。负车者,人挽车而行,车在后如负也。人与车相属不绝,故引申为连属字耳。"

疾——病也。段注:"析言之,则病为疾加;浑言之,则疾亦病也。按经传多训为急也,速也,此引申之义,如病之来,多无期无迹也。"按:有人认为"疾"有急、速义,是假借,非引申。我们认为段说有理,俗语说"病来如山倒",就是这个意思。

但——裼也。段注:"《释训》《毛传》皆曰:袒、裼,肉袒也。肉袒者,肉外见无衣也,引申为徒也。凡曰但曰徒曰唐,皆一声之转,空也。今人但谓为语辞而尟知其本义,因以袒为其本义之字,古今

① 参阅张仁立《词义演变的心理因素初探》,《山西师大学报》1988 年第 1 期。

字之不同,类如此。"

亡——逃也。段注:"逃者,亡也,二篆为转注。亡之本义为逃,今人但谓亡为死,非也。引申之则谓失为亡,亦谓死为亡,孝子不忍死其亲,但疑亲之出亡耳,故丧篆从哭亡。……"

翘——尾长毛。段注:"按长尾必高举,故凡高举曰翘。"

皮——剥取兽革者谓之皮。段注:"剥,裂也,谓使革与肉分裂也。云'革'者,析言则去毛曰革,统言则不别也,云'者'者,谓其人也。取兽皮者谓之皮,皮,柀;柀,析也。见木部。因之所取谓之皮矣。引申凡物这表皆曰皮,凡去物之表亦皆曰皮。《战国策》言皮面抉眼……皆是。"

息——喘也。段注:"口部曰:喘,疾息也。喘为息之疾者,析言之。此言息者喘也,浑言之。人之气,急曰喘,舒曰息,引申为休息之称,又引申为生长之称。引申义行而鼻息之义废矣。"

上面,列举了段玉裁《说文解字注》里的几例。段玉裁抓住本义去说明各种引申义,说得既透彻又深刻。通过段玉裁的论述,我们了解到分析本义与引申义关系的基本方法就是根据本义进行推想。当然,这种推想要合情合理,不能胡乱臆测。如果推想不合情理,不合逻辑,那就只能得出错误的结论。

本义与引申义在意义上构成了比较复杂的关系,这些关系也反映了由本义产生引申义的不同原因。大致说起来有这样几种:

(1)抽象:有些本义是具体的,其引申义是抽象的,本义与引申义之间是具体与抽象的关系。例如"原",本义为水源。《左传·昭公九年》:"木水之有本原。"引申为开始,起源。《管子·水地》:"地者,万物之本原。"又如"术",本义为邑中道。《说文》:"术,邑中道也。”引申为道或法。《孟子·梁惠王上》：“是乃仁术也。”《礼记·文王世子》：“公族之罪，虽亲不以犯有司，正术也。”

(2)转化：本义指甲事物，引申义转指在某一意义上相通的乙事物。例如“竟”，本义为乐曲终了。《说文》：“竟，乐曲尽为竟。”引申为边境。《左传·宣公二年》：“亡不越竟。”“边境”是某一地域延伸的终止之处，与“乐曲终了”在“终止”这个意义上是相通的。又如“题”，本义为额头。《说文》：“题，额也。”《战国策·赵策二》：“黑齿雕题。”(雕题：刻其额。)引申为题目。《宋史·晏殊传》：“请试他题。”“额头”是人和动物的头，“题目”是文章的头，在“头”这个意义上是相通的。

(3)相关：本义指甲事物，引申义指与甲事物相关的乙事物。例如“兵”，本义为兵器。《孟子·梁惠王上》：“弃甲曳兵而走。”引申为拿兵器的人，即士卒。《三国志·吴书·吴主传》：“将军贺达等将兵万人。”又如“贾”，本义为把财物买来又卖去。《说文》：“贾，贾市也。”段玉裁注：“市，买卖所之也。因之，凡买凡卖皆曰市。贾者，凡买卖之称也。”引申为从事买卖的人。《孟子·梁惠王上》：“商贾皆欲藏于王之市。”

(4)相似：本义指甲事物，引申义指与甲事物相似的乙事物。例如“质”，本义为以财物抵押。《说文》：“质，以物相赘。”引申为以人作保证。《战国策·赵策四》：“于是为长安君约车百乘，质于秦，兵乃出。”又如“角”，本义是兽角，《说文》：“角，兽角也。”引申为指男孩头顶两侧留的头发。《诗经·卫风·氓》：“总角之宴，言笑晏晏。”

(5)喻代：本义由于比喻或借代而产生引申义。例如“崩”，本义是山陷塌。《左传·成公五年》:"山有朽壤而崩。"比喻帝王死。《尚书·大诰》:"武王崩。"《礼记·曲礼下》:"天子死曰崩。"这个意义成为"崩"的引申义。又如"金",本义为金属,又借指金属制品。《左传·僖公二十二年》:"金鼓以声气也。"《吕氏春秋·用民》:"死者千余矣,遽击金而却之。"这是响器。《国语·楚语下》:"金足以御兵乱。"扬雄《解嘲》:"金革已平。"这是兵器。这两个意义遂成为"金"的引申义。

4.2.5 词义引申的形式是多种多样的,根据不同词的不同引申形式,大致可归纳成三种。

第一,串联式:以本义为起点,向纵深发展。即由本义引申出甲义,又由甲义引申出乙义,再由乙义引申出丙义。这些引申义与本义的关系,除了甲义是直接引申义以外,其他都是间接引申义。例如:

及——会意字,从人从又,"又"是手,像一只手抓住了一个正在逃跑的人,本义是追赶上。《说文》:"及,逮也。"《左传·成公二年》:"故不能推车而及。"《吕氏春秋·忠廉》:"翟人至,及懿公于蔡泽。"《国语·晋语二》:"往言不可及也。"都是用的本义。追赶上也就是达到了,因而引申为达到。《左传·襄公二十三年》:"病未及死。"又由达到引申为比得上。《战国策·齐策一》:"君美甚,徐公何能及公也。"

用图解法来表示,就是:

追赶上——达到——比得上

秋——本义为禾谷熟，故其字从禾。《说文》："秋，禾谷孰也。"《尚书·盘庚上》："若农服田力穑，乃亦有秋。"范成大《颜桥道中》："村村篱落总新修，处处田畴尽有秋。"禾谷在秋季成熟，故引申为秋季。《诗经·卫风·氓》："将子无怒，秋以为期。"一年有一次秋季，古人常以"秋"指一整年，故"秋季"又引申为年。《史记·梁孝王世家》："千秋万岁后将传于王。""年"又引申为时期。诸葛亮《出师表》："此诚危急存亡之秋也。"

用图解法来表示，就是：

禾谷熟——秋季——年——时期

责——本义是债务。《左传·昭公二十年》："使有司宽政，毁关，去禁，薄敛，已责。"《战国策·齐策四》："谁习计会、能为文收责于薛者乎？"这个意义后来写成"债"。有了债务，就须索取，故引申为索取。《左传·桓公十三年》："宋多责赂于郑。"《战国策·西周策》："归其剑而责之金。"由"索取"引申为要求。《荀子·宥坐》："不教而责成功，虐也。"又由"要求"引申为指谪。《史记·酷吏列传》："天子果以汤怀诈面欺，使使八辈簿责汤。"

用图解法来表示，就是：

债务——索取——要求——指谪

第二，并列式：由本义引申出甲义，又由本义引申出乙义、丙义等。各种引申义环绕着本义向周围辐射。这些引申义都是直接引申义。

习——本义是屡次飞翔。《说文》:“习,数飞也。”《礼记·月令》:“鹰乃学习。”屡次飞翔就是反复练习,故引申为复习。《论语·学而》:“学而时习之,不亦说乎?”(说:“悦”的古字,喜悦。)又引申为学习。《吕氏春秋·听言》:“造父始习于大豆。”反复多次的行为会形成一种习惯,故又引申为习惯。《商君书·慎法》:“见訾言无损,习相憎,不相害也。”《汉书·董仲舒传》:“习闻其号。”

用图解法来表示,就是:

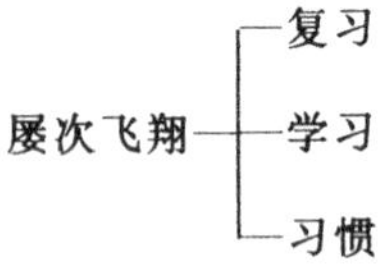

北——会意字,从两人相背,本义为相背。《说文》:“北,乖也,从二人相背。”徐灏注笺:“北、背古今字。”《尚书·舜典》:“分北三苗。”疏:“北,背也,善留恶去,使分背也。”《战国策·齐策六》:“食人炊骨,士无反北之心,是孙膑、吴起之兵也。”引申为人体的背部。《睡虎地秦墓竹简·封诊式·贼死》:“某头左角刃痏一所,北二所。”古人宫室都正面向南,背后向北,故又引申为北方。《诗经·邶风·北风》:“北风其凉。”又《小雅·大东》:“维北有斗,不可以挹酒浆。”又因军队战败逃跑时必然背向敌人,故又引申为战败逃跑。段玉裁《说文解字注》:“军奔曰北,其引申之义也,谓背而走也。”《国语·吴语》:“不鼓不噪,以袭攻之,吴师大北。”《韩非子·五蠹》:“鲁人从君战,三战三北。”《孙子·军争》:“佯北勿从。”

用图解法来表示,就是:

相背
- 人体背部
- 北方
- 败逃

引——本义是开弓。《说文》:“引,开弓也。”所谓开弓,就是把弓弦向后拉,准备射箭。《庄子·田子方》:“引之盈贯。”《孟子·尽心下》:“君子引而不发。”引申为拉。《墨子·杂守》:“其事急者,引而上下之。”《吕氏春秋·顺说》:“管子得于鲁,鲁束缚而槛之,使役人载而送之齐,其讴歌而引。”因为开弓像是把弓弦拉长了,又引申为延长、伸长。《周易·系辞上》:“引而伸之。”《国语·楚语上》:“缅然引领南望。”因为开弓是把弓弦导向后方,又引申为引导。《管子·法法》:“引而使之,民不敢转其力。”再引申为后退。《孙子·地形》:“若敌先居之,引而去之,勿从也。”《战国策·赵策三》:“秦军引而去。”

用图解法来表示,就是:

开弓
- 拉
- 延长、伸长
- 引导
- 后退

第三,混合式:即串联式引申和并列式引申两种形式交错杂糅在一起。混合式在词义引申中较为普遍,情况也较为复杂。例如:

长——本义为长短之长,与短相对。(《说文》:“长,久远也,从兀从匕,亡声。兀者,高远意也;久则变化……”这种说法是不可靠的。按甲骨文,“长”像人头上的长发,当初造字者用这个具体事物来表示长短之长。长久这个意思是长短之长发展来的。)《孟子·

滕文公上》："布帛长短同，则贾相若。"引申为长久。《老子》："天长地久。"由"长久"引申为远。《诗经·秦风·蒹葭》："道阻且长。"由"长久"又引申为经常。《诗经·商颂·长发》："长发其祥。"由"经常"引申为擅长。《孟子·公孙丑上》："敢问夫子恶乎长"本义"长短之长"又引申为生长。《孟子·公孙丑上》："予助苗长矣。"由"生长"引申为抚养。《诗经·小雅·蓼莪》："长我畜我。"又由"生长"引申为成长。《论语·宪问》："长而无述焉。"又由"成长"引申为年长。《论语·微子》："长幼之节不可废也。"又由"年长"引申为长辈。《孟子·万章下》："不挟长，不挟贵，不挟兄弟而友。"《后汉书·孔融传》："家事任长，妾当其辜。"再由"长辈"引申为长官。《三国志·吴书·周瑜传》："瑜观（袁）术终无所成，求为居巢长。"

用图解法来表示，就是：

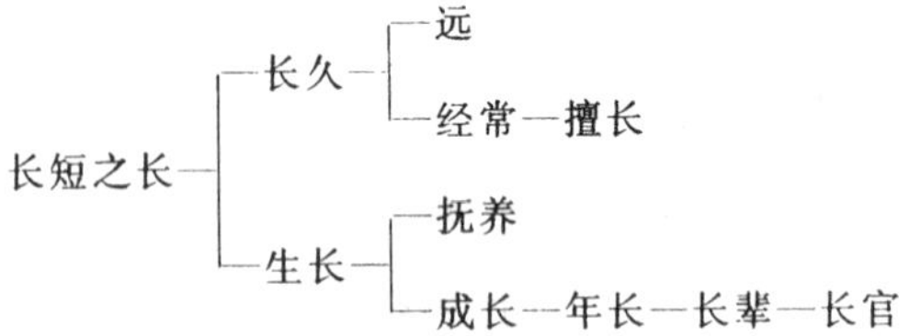

问——本义为询问。《说文》："问，讯也。"《论语·泰伯》："以能问于不能，以多问于寡。"引申为审问。《汉书·翟方进传》："会丞相宣有事与方进相连，上使五二千石杂问丞相、御史。"又由"询问"引申为音讯。《三国志·吴书·吕蒙传》："度此家不得外问。"《晋书·苻丕载记》："入据晋阳，始知坚死问。""死问"就是死讯。由"音讯"又引申为告诉。《战国策·齐策三》："或以问孟尝君。"由"告诉"引申为命令。《左传·庄公八年》："期成，公问不至。""询问"又引申为问候。《诗经·邶风·泉水》："问我诸姑。"由"问候"

引申为聘问。《国语·晋语三》:“穆公使冷至报问。”“问候”又引申为赠送。《诗经·郑风·女曰鸡鸣》:“杂佩以问之。”《国语·晋语六》:“王使工尹襄问之以弓。”《战国策·赵策二》:“故寡人问子以璧。”由“赠送”引申为赠品。《国语·晋语六》:“然战而擅舍国君,而受其问。”《左传·僖公十年》:“若重问以召之,臣出晋君,君纳重耳,蔑不济矣。”(蔑不:无不)

用图解法来表示,就是:

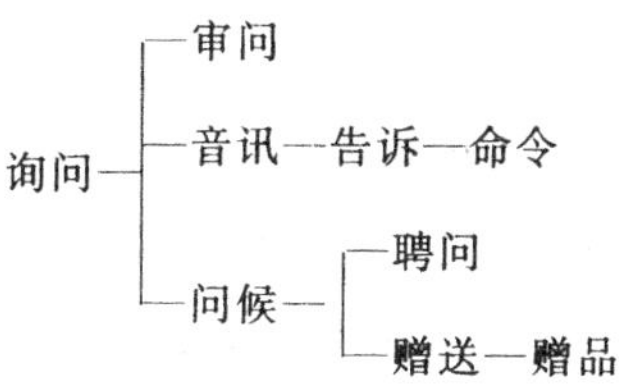

从上面情况看,一个词可能有很多引申义,常常弄得人眼花缭乱,但如果顺着它们的引申线索摸下去,就可以理出一个头绪来。词义的引申意味着汉语词汇意义的变迁与丰富化。因此,了解了古汉语词义引申的各种复杂情况及不同的引申方式,对于研究古汉语的词义系统是非常重要的。

4.2.6　从理论上说,本义是源头,词义的引申都是从这里开始的,因而,本义应该是引申的中心。但是,词义引申的实际情况表明,有些本义并未成为中心,而某些重要的引申义常常取代本义而成为引申的中心。例如“天”,《说文》:“天,颠也。”“颠”就是头顶,可见“天”的本义是头顶。但“天”的头顶这个意义在古籍中已经不显,而它的引申义天空中古籍中却极为常见。“天”又可指自然界,《管子·度地》:“乃以其天材地利之所生,养其人以育六畜。”“天材”,指自然界的资源。“天”又指天生的、非人力的。《史记·

儒林列传》:"(徐)襄其天姿善为容,不能通礼经。""天资",指天生的才能。又可指万物的主宰。《尚书·泰誓上》:"天祐下民。"又可指命运。《孟子·梁惠王下》:"吾之不遇鲁侯,天也。"如果仔细分析,所有这些意义都围绕着一个中心——"天空":因为天与地构成了大自然,所以"天"有大自然的意思;因为古人认为天上存在着有意志的神,所以"天"又有万物主宰者的意思;"天"既能主宰万物,当然就能决定人的命运,故又有命运的意思。当然,由"大自然"产生天赋、天生这些意思,那就更直接了。由此可以看出,"天"的这个词义系统,"头顶"是源头而不是中心,"天空"虽不是源头却是中心。再以"朝"字为例。"朝"的本义是早晨。《说文》:"朝,旦也。"但"朝"的一系列引申义不是由"早晨",而是由"早晨"的引申义"朝见"发展而来。朝见须在朝廷叩拜国君,故"朝"有朝廷的意思。《礼记·曲礼下》:"在朝言朝。"臣朝见国君要商量政事,故"朝"又有朝政的意思。《吕氏春秋·直谏》:"(荆文王)得丹之姬,淫,朞年不听朝。"朝廷是封建君主统治的中心,故"朝"又有朝代的意思。杜牧《赤壁》:"折戟沉沙铁未消,自将磨洗认前朝。"朝廷、朝政、朝代都是以"朝见"为中心引申出来的。如果不明白"早晨"与"朝见"的关系,人们几乎察觉不到这些引申义与本义有什么渊源关系。原来,古代臣子朝见国君必须在早晨进行,所以"朝"由早晨引申为朝见。因此,要了解一个词的词义系统,除了掌握本义外,有时还要掌握起关键作用的中心词义。

4.3 古义与今义

4.3.1 古义与今义只是相对的概念。所谓古义,只是就其与今义不同这一点上说的。第一，只要与今义不同，不管是上古、中古还是近古产生的意义，都统称之为古义。第二，古义并不只是指本义或原始义，也包括了引申义。因为有些引申义虽然产生较晚，但仍然有可能与今义不同。有时候，甚至引申义成了古义，本义或原始义反而成了今义。例如"辛苦"，李密《陈情表》中有"臣之辛苦"，那是苦衷、苦处的意思。但"辛苦"当劳累讲，先秦就有了。《左传·昭公三十年》："吴光新得国而亲其民，视民如子，辛苦同之，将用之也。""苦衷""苦处"是由"劳累"引申出来的，反而成了古义；"劳累"的意义虽然产生较早，但在词义发展中又取得了新的生命，所以成了今义。所谓"今义"，主要是指词的现代意义，也包括词的近代意义，有时候也可能包括词的近古、中古甚至上古的意义（如果这种意义发展到现在还没有什么变化的话）。例如，《老子》"如婴儿之未孩"，潘岳《寡妇赋》"孤女藐焉始孩"，李密《陈情表》"生孩六月"，这里的"孩"是小儿笑的意思，但这个意义没有流传下来，成了古义。"孩子"的意思也产生很早，如《国语·吴语》："今王播弃黎老，而孩童焉比谋。"陈琳《檄吴将校部曲文》："父母婴孩，覆尸许市。"但这个意义却流传了下来，被现代汉语所吸收，成了今义。因此，"孩"的今义实际上是其上古义。

4.3.2　古义有常用与冷僻之分，常用的古义又有容易忽略与不易忽略之分。我们研究的重点应该放在那些常用的，而且又容易被人们忽略的古义上。"替"与"偷"在古代是常用的，但它们的具体含义，常常容易搞错。先看"替"：《左传·僖公三十三年》："不替孟明，孤之过也。"《国语·周语上》："夫执玉卑，替其贽也。"又《周语下》："守祀不替其典。"这两句的"替"，都容易理解为现代意义“代替”，而它们却不当代替讲。“替”在古代，特别是上古当废弃讲。“替其贽”就是废弃贽这种礼节的意思。至于“不替孟明”，意思稍有不同，“替”由“废弃”引申出废除、制止，指没有制止孟明率领军队去攻打郑国的行动。再看“偷”：《孙膑兵法·将失》：“令数变，众偷，可败也。”《荀子·王制》：“使百吏免尽，而众庶不偷。”这两例的“偷”都容易解释为盗窃，但绝对不能解释为盗窃。“偷”在先秦当苟且、随随便便讲。“众偷”，意为士卒苟且轻忽、不遵法令。“众庶不偷”，意为老百姓不怠惰、不偷懒。成语“苟且偷生”就保存了“偷”的这个古义。盗窃的意思在汉以后才产生。《淮南子·道应》：“楚有善为偷者。”《论衡·逢遇》：“窃簪之臣，亲于子反；鸡鸣之客，幸于孟尝。子反好偷臣，孟尝爱伪客也。”偷窃之义虽然产生在汉代，但与先秦古义相比，仍然可称之为今义。再如，《左传·宣公二年》：“宣子骤谏。”“骤”在先秦当多次、屡次讲，很少当突然讲，这一点很容易被忽略。“骤谏”就是屡次进谏。《淮南子·时则》：“工事苦慢。”又《主术》：“是以器械不苦，而职事不嫚。”如果不知“苦”的古义，“苦慢”就很难理解。“苦”在古代有粗糙、质量不好等意思，“慢”为“苦”的同义词，有不牢固的意思，这是由轻忽怠惰引申而来，下例“职事不嫚”的“嫚”同“慢”，正是轻忽、怠惰之义。“苦”可与“慢”构成一对同义词，也可与“功”构成一对反义词。古书常常“苦”“功”连用。《国语·齐语》：“审其四时，辨其苦功。”

有时候，表面上看起来古义似乎与今义相同，然而实际上并不相同，有时甚至相反。例如，《孟子·公孙丑下》：“孟子去齐。”《史记·孙子吴起列传》：“去韩而归。”两例的“去”都是离开的意思，正好与现代汉语去到的意思相反。杜甫《泊岳阳城下》：“江国逾千里，山城仅百层。”韩愈《张中丞传后叙》：“初守睢阳时，士卒仅万人，城中居人亦且数万，(张)巡因一见，问姓名，其后无不识者。”这两例的“仅”不是表示甚少，而是表示甚多，有将近、几乎的意思，与现代汉语的意思相反。“仅百层”意为几乎达到百层，所以与“逾千里”相映衬。“仅万人”意为差不多达到一万人，强调其多，所以后文才说“巡因一见，问姓名，其后无不识者。”《晋书·董景道传》：“所在唯昼夜诵读，略不与人交通。”又《王蕴传》：“蕴素嗜酒，末年尤甚。及在会稽，略少醒日，然犹以和简为百姓所悦。”这两例的“略”，都不能讲成略微、稍微，而应该讲成大致、基本。至于《世说新语·任诞》“宣武欲求于(袁)躭，躭时居艰，恐致疑，试以告焉，应声便许，略无慊吝”中的“略”更带强调意味，“略无”等于说毫无。如果将“略”解释为稍微，前面的“应声便许”就没有着落了。“略无”的这种用法，在古书中不乏例证。如，《水经注·江水》：“两岸连山，略无阙处。”杜甫《舟中苦热遣怀》：“王室不肯微，凶徒略无惮。”

4.3.3 一般说来，古义与今义的关系大致有三种情况，下面分别予以讨论。

第一，古今词义基本相同，但又有细微差别，这种差别小到容易被人忽略的地步。例如：

购——古代指悬赏征求，所购的对象并不是商品。《说文》：“购，以财有所求也。”段玉裁注：“县(悬)重价以求得其物也。”《战国策·韩策二》：“韩取聂政尸于市，县购之千金。”又《燕策三》：“今闻购将军之首，金千斤，邑万家，将奈何？”《汉书·高帝纪下》：“乃多以金购豨将。”《后汉书·袁绍传》：“袁绍不达大体，恐惧出奔，非有它志，今急购之，孰必为变。”后来，“购”与“买”的意义逐渐接近，但仍有区别。《汉书·张安世传》：“后购求得书，以相校无所遗失。”《新唐书·褚遂良传》：“帝方博购王羲之故帖。”这两例指重金收买，“购”的对象虽然可以是物品，但却不是普通的物品，更不是商品。

能——古汉语中当动词用时表示能够做到，《论语·先进》：“非曰能之，愿学焉。”《孟子·梁惠王上》：“故王之不王，不为也，非不能也。”也可以当能愿动词用。《论语·季氏》：“远人不服，而不能来也。”不管用作动词，还是用作能愿动词，“能”一般只表示主观上的能力所及，而不表示客观情况的容许。与现代汉语的这种差别，往往容易忽略。古汉语中表示客观情况的容许，一般用“得”。《论语·微子》：“趋而辟之，不得与之言。”《孟子·滕文公上》：“当是时，禹八年于外，三过其门而不入，虽欲耕，得乎？”有时也用“可”。《论语·微子》：“往者不可谏，来者犹可追。”《左传·隐公元年》：“公闻其期，曰：‘可矣。’”特别是下面的例子更具有启发性。《韩非子·五蠹》：“夫王者，能攻人者也，而安则不可攻也；强则能攻人者也，治则不可攻也。”“王”和“强”两句，都是指主观方面，故用“能”；“安”和“治”两句，都是指客观方面，故用“可”。

暂——《说文》：“暂，不久也。”段玉裁注：“今俗云‘霎时间’即此字也。”用作副词时，表示时间短暂。刘琨《答卢谌》：“排终身之积惨，求数刻之暂欢。”干宝《晋纪总论》：“若积水于防，燎火于原，未尝暂静也。”白居易《重赋》：“里胥迫我纳，不许暂逡巡。”现代汉语副词“暂”虽由此发展而来，但在意义上则有细微差别，表示暂时这样，将来不这样。而古汉语的“暂”只指一个短促的时段，不含有与将来的对比。如韩愈《进学解》说自己“暂为御史”，按现代汉语的意思去理解，则是暂时做御史，将来还要做别的官，而韩愈只是说自己做了很短一段时间的御史。

许——古代表示应允。《左传・隐公元年》：“亟请于武公，公弗许。”《史记・廉颇蔺相如列传》：“秦王度之，终不可强夺，遂许斋五日。”有时含有认可的意思。《孟子・梁惠王上》：“有复于王者曰：‘吾力足以举百钧，而不足以举一羽；明足以察秋毫之末，而不见舆薪。’则王许之乎？”《三国志・蜀书・诸葛亮传》：“每自比于管仲、乐毅，时人莫之许也。”现代汉语里，“许”虽然也表示应允，但只含有容许的意思，而没有认可的意思（这种意义只保存在“赞许”“推许”等复音词里）。同样说“不许”，古代是不应允、不同意，而现在则是不准、不让。

第二，古今词义差别很大，它们之间虽有某种联系，但不大容易看出来。例如：

狱——原来指诉讼之事，也就是现在所谓的“官司”。《左传・庄公十年》：“小大之狱，虽不能察，必以情。”《国语・周语中》：“夫君臣无狱。”因诉讼与坐牢有关系，“狱”后来就有了监狱的意思。杨恽《报孙会宗书》：“妻子满狱。”

齿——本义是门牙。《左传・僖公五年》：“唇亡齿寒。”泛指牙齿。杜甫《哀江头》：“明眸皓齿今何在？血污游魂归不得。”因牙齿的增加与年岁的增长有关，因此“齿”又指年龄。《左传・文公元年》：“君之齿未也。”《国语・晋语一》：“非礼不终年，非义不尽齿。”古书中常用此义，如“晚年”称“暮齿”。现代汉语保存了“齿”的本义，而排斥了引申义“年龄”。

岁——本义为岁星，即木星。《左传·襄公二十八年》："岁在星纪而淫于玄枵。"古人把黄道附近一周天分为十二等分，称为十二星次，岁星每行经一个星次需要十二个月，称为"一岁"，因此，"岁"又有年的意思。《孟子·尽心下》："由汤至于文王，五百有余岁。"又引申为年龄。《史记·秦始皇本纪》："年十三岁，庄襄王死，政代为秦王。"这个今义在现代汉语中保存了下来。

信——本义是诚实。《说文》："信，诚也。"《老子》："信言不美，美言不信。"这是古义。其今义为书信。乍看起来，这两个意义之间似乎没有什么联系，实际上并非如此。"信"由"诚实"引申为相信，又引申为信使，因为只有相信的人才能作为信使。《世说新语·文学》："司空郑冲驰遣信就阮籍求文。"又引申为音讯。杜甫《喜达行在所三首》之一："西忆岐阳信，无人遂却回。"又由"音讯"引申为书信。《南齐书·张敬儿传》："得家信云，足下有废立之事。"这样看来，"信"的现代义书信是由"信"的本义诚实演变来的，只不过由形容词变成了名词。

第三，今义只是古义的一部分。因为它们有这样一个交叉点，所以古今词义常常容易相混。例如：

爱——古代有两个意思，一是喜欢。《左传·隐公元年》："爱共叔段，欲立之。"这是与现代汉语一样的。一是吝惜，舍不得。《国语·鲁语上》："子为鲁上卿，相二君也，妾不衣帛，马不食粟，人其以子为爱，且不华国乎！"韦昭注："爱，吝也。"又《晋语八》："子何爱于死，死而可以固晋国之盟主，何惧焉。"这是现代汉语所没有的。值得注意的是，后一义在古书中颇为常见，而且很容易与前一义相混。如《老子》"甚爱必大费"、《孟子·梁惠王上》"吾何爱一牛”，这两例的“爱”讲成“喜欢”似乎也说得过去，但却错了。

勤——古代主要当劳苦讲。《国语·周语上》：“布令陈辞，而又不至，则增修于德，而无勤民于远。”《左传·僖公三十二年》：“勤而无所，必有悖心。”上例的“勤”为使动用法，是使劳苦的意思；下例的“勤”是劳苦的意思。“勤”还可以当勤奋、不懒惰讲。《尚书·蔡仲之命》：“克勤无怠。”《左传·宣公十二年》：“民生在勤，勤则不匮。”（匮：穷困。）这个意义不如前一意义用得普遍。现代汉语只保存了勤奋这一意义。

国——古代有国家的意思。《左传·僖公三十年》：“国危矣！若使烛之武见秦君，师必退。”《孟子·梁惠王上》：“寡人之于国也，尽心焉耳矣。”又有国都的意思。《左传·隐公元年》：“先王之制，大都不过参国之一。”（参：三。参国之一：国都的三分之一。）《穀梁传·僖公二年》：“国而曰城，此邑也，其曰城，何也？”《礼记·学记》：“国有学。”孔颖达疏：“国，谓天子所都。”《吕氏春秋·上农》：“是故当时之务，农不见于国。”高诱注：“农民不见于国都也。”现代汉语只保存国家的意思。

物——古代的常用义有两个，一是指事物。《周礼·地官·大司徒》：“以乡三物教万民。”《荀子·赋》：“皇天隆物。”杨倞注：“物，万物也。”苏轼《赤壁赋》：“且夫天地之间，物各有主，苟非吾之所有，虽一毫而莫取。”一是指人。《世说新语·言语》：“羊权为黄门侍郎，侍简文坐。帝问曰：‘夏侯湛作《羊秉叙》绝可想，（羊秉）是卿何物？有后不？’”《晋书·姚襄载记》：“时或传襄创重不济，温军所得士女，莫不北望挥涕。其得物情如此。”《南齐书·徐孝嗣传》：“时王晏为令，民情物望，不及孝嗣也。”“物情”，即民情，“物望”，即人望。这种用法，魏晋以后颇为常见。现代汉语只保留了前一意义。至于后一意义，只保存在少数复音词或成语里，如“物议”、“待人接物”等。

上面，我们只总结了古义与今义互相对应的三种情况。有没有第四种情况呢？当然也是有的。有些古义与今义差别很大，甚至可以说毫无关系。王力主编的《古代汉语》（修订本）在通论部分《古今词义的异同》一节里对这种情况作了论述，并举出“该”、“抢”和“找”为例：“例如‘该’字在上古和中古都只当‘完备’讲，宋玉《招魂》：‘招具该备，永啸呼些。’王逸注：‘该，亦备也。’到了中古以后才有‘应当’的意义。在这后起的意义与‘完备’的意义之间，我们看不出继承的关系来。又如‘抢’（qiǎng）字，现在是抢劫的意思；《庄子·逍遥游》中‘抢（qiāng）榆枋’的‘抢’，是‘突过’的意思，《战国策·魏策四》中‘以头抢（qiāng）地尔’的‘抢’，是‘撞’的意思，都和‘抢劫’的意义无关。再如寻找的‘找’（zhǎo），《集韵》有个‘找’字，那是‘划船’的‘划’（huá）的异体字，和寻找的意义无关，读音也完全不同。像这样使用同一形体而古今意义无关的词，在汉语词汇中更是少数。”[①]像这一类词，宁可看成古今意义不同的同音同形词或异音同形词，而不必生硬去寻找它们在意义上的联系。既然意义上没有联系，那就只能归于字义的假借一类。由于字义的假借而形成字的古义与今义，这种情况是很多的，但不能把这种情况也算做词的古义与今义，因为字与词是有区别的。我们讲的古义与今义，是严格限制在“词”的范围内的。

---

① 见该书第一册第81页。

4.3.4 研究和掌握词的古义与今义的关系，总结其相同和相异的规律，不仅对阅读古籍有极大的帮助，而且对研究现代汉语词汇也有现实意义。现代汉语复音词，或某些惯用语、熟语、成语里保存了大量古义。例如：

利——锋利。《周易·系辞上》："二人同心，其利断金。"《荀子·劝学》："金就砺则利。"现代双音词有"锐利"，成语有"坚甲利兵"。

完——完整。《荀子·劝学》："巢非不完也。"杜甫《石壕吏》："有孙母未去，出入无完裙。"现代复音词有"完美"、"完善"。

弃——违背。《左传·宣公二年》："弃君之命，不信。"《韩非子·解老》："骄心生则行邪僻而动弃理。"成语有"背信弃义"。

接——招待。《孟子·万章下》："其交也以道、其接也以礼。"《汉书·韦贤传》："其接人，贫贱者益加敬。"现代复音词有"接待"。

听——任从。《庄子·徐无鬼》："匠石运斤成风，听而斫之。"《战国策·秦策一》："王何不听乎？"《后汉书·度尚传》："恣听射猎。"成语有"听其自然"。

就——接近，走上，走向。《荀子·劝学》："金就砺则利。"《战国策·赵策三》："曷为与人俱称帝王，卒就脯醢之地也？"现代复音词有"就业"、"就职"，成语有"避重就轻"。

望——名誉。《诗经·大雅·卷阿》："令闻令望。"《新唐书·魏元忠传》："誉望大减。"现代复音词有"名望"、"威望"，成语有"德高望重"。

走——跑。《孟子·梁惠王上》："弃甲曳兵而走。"《战国策·楚策一》："秦王闻而走之。"鲍彪注："急趋也。"《韩非子·五蠹》："兔走触株，折颈而死。"成语有"走马看花"。

比——偏袒。《左传·襄公三年》:“立其子,不为比。”《韩非子·孤愤》:“朋党比周以弊主。”成语有“朋比为奸”。

志——记载。《庄子·逍遥游》:“《齐谐》者,志怪者也。”《列子·杨朱》:“太古之事灭矣,孰志之哉?”苏轼《喜雨亭记》:“亭以雨名,志喜也。”现代复音词有“杂志”。

涕——眼泪。《左传·襄公二十三年》:“臧叔入,哭甚哀,多涕。”《列子·汤问》:“悲愁垂涕相对。”现代熟语有“痛哭流涕”。

徒——步行。《周易·贲》:“舍车而徒。”《国语·吴语》:“帅徒师以为过宾于宋。”韦昭注:“徒师,步卒也。”现代复音词有“徒步”。

速——邀请,招至。《周易·需》:“有不速之客三人来。”《国语·楚语下》:“其速怨于民多矣。”成语有“不速之客”。

造——到,达到。《国语·吴语》:“苟在戎者,皆造于国门之外。”《战国策·齐策四》:“先生王斗造门而欲见齐宣王。”韩愈《与孟尚书书》:“及祭神至海上,遂造其庐。”成语有“登峰造极”。

登——谷物成熟。《战国策·赵策一》:“甘露降,风雨时至,农夫登,年谷丰盈。”鲍彪注:“谷熟曰登。”《礼记·曲礼下》:“岁凶,年谷不登。”成语有“五谷丰登”。

牢——养牲畜的圈。《墨子·天志下》:“与踰人之栏牢,窃人之牛马者乎?”《周礼·地官·充人》:“祀五帝,则系于牢。”现代复音词有“牢笼”,成语有“亡羊补牢”。

劝——勉励,鼓励。《左传·成公二年》:“赦之,以劝事君者。”《国语·齐语》:“劝之以赏赐,纠之以刑罚。”《晏子春秋·内篇问上第三》:“赏不足以劝善,刑不足以防非。”现代复音词有“劝勉”。

给——丰足。《孟子·梁惠王下》:“春省耕而补不足,秋省敛而助不给。”《淮南子·本经》:“古者上求薄而民用给。”成语有“家给户足”。

上面,我们举了一些现代词语保存古义的例子。这些例子足以说明研究词的古义与研究现代汉语词汇有着多么密切的关系。如果说,现代汉语词汇是古代汉语词汇的继承和发展,那么,词的古义大量保存在现在常用的词语里,或者含有古义的单音词作为语素大量保存在现代汉语复音词里,则是继承与发展的一个重要方面。

在本书的第三章里我们讨论了复音词,了解到很多复音词是由单音词以不同的形式组合而成的。有些复音词失去了原来单音词的意义。如“寻”指八尺,“常”指十六尺,这可说是“寻”和“常”的古义,但复音词“寻常”却排斥了“寻“和“常”的古义,而变成了“平常”的意思。有些复音词保存了原来单音词的意义。如“险”和“阻”的古义都指艰险阻塞难以通过之地,而复音词“险阻”也保存了这个古义。多数情况却是,复音词的某一个语素保存了古义,如上面提到的“威望”“劝勉”“徒步”“牢笼”等。我们知道,词汇丰富的主要手段是利用已有的语素构造新词。语素的固有意义(在很大程度上是古义)在新词构成以后虽然存在上述各种不同的情况:全部消亡、全部保存或部分保存,但所有这些复音词都经历了通过意义的重新组合来完成词语的重新组合的阶段。通过对古今词义的研究可以摸清这种组合的情况,从而掌握汉语词汇继承和发展的某些内部规律。这是研究现代汉语词汇的一个重要方法。现代汉语词汇中,语素的固有意义全部消亡的复音词,意义的重新组合和词语的重新组合是等同的,由于词语和意义都发生了变化,从而体现了古词与新词之间的发展关系。语素的固有意义全部保存的复音词，只有词语的重新组合，而意义没有产生质的变化，因而更多地体现了古词和新词之间的继承关系。语素的固有意义部分保存的复音词，词语的重新组合是通过古义与今义的组合来完成的，因而既体现了继承的关系，又体现了发展的关系。当然，这样分析问题也不是无懈可击的，因为词的古义与今义的情况是很复杂的。例如在复音词“贫困”里，“困”的古义是艰难、窘迫，今义是疲乏，作为语素的“困”显然保存了古义；“贫”是缺少钱财，与“富”相反，这个意义从古到今几乎没有什么变化，那么，作为语素的“贫”可以说是今义，也可以说它保存了古义，因为它的古义与今义是一致的。

正因为现代汉语复音词语素的固有意义的消亡与保存有各种不同的情况，一方面使得现代汉语词汇在古汉语词汇的基础上有较大的发展，另一方面也使得现代汉语词汇跟古汉语词汇保持着一定的联系，不至于变得面目全非。因此，研究现代汉语词汇，绝对不能忽视对古今词义的研究。

5. 词义的演变

5.1 词义演变的原因

5.1.1 词义的演变，与社会历史的发展有着直接关系。历史的演进，社会的发展，必然在某些词的意义上得到反映。例如“家”，段玉裁在《说文解字注》里说：“此篆文本义乃豕之居也。引申假借以为人之居。字义之转移多如此。……豢豕之生子最多，故人居聚处借用其字，久而忘其字之本义，使引申之义得冒据之。”据此，“家”最初是指猪圈，这是有道理的。因为“家”从“宀”从“豕”，“宀”甲骨文作“”，像房子形状。房子里有一头猪，不就是猪圈吗？大约因为古代劳动人民居住条件简陋，常常就在自己住的房子里养猪，所以逐渐变为指人居住的地方。后来，随着私有制的确立，“家”的意义又有了进一步的发展，不仅指一门一户的“小家”，而且也指卿大夫统治的“大家”。《论语·季氏》：“有国有家者，不患寡而患不均。”“有国者”，指诸侯，“有家者”，指卿大夫。这个“家”就带有浓厚的政治色彩了。《孟子·梁惠王上》：“万乘之国，弑其君者必千乘之家；千乘之国，弑其君者必百乘之家。”一个“家”居然有千辆兵车，百辆兵车。“一乘”包括兵车一辆，甲士三人，步卒七十二人。那么，“千乘之家”就有三千甲士，七万二千步卒；“百乘之家”就有三百甲士，七千二百步卒。可见这样的“家”实际上就是一个小国。春秋时的晋国，被三个大臣瓜分而变为韩、赵、魏三国，史称“三家分晋”，这“三家”就是韩、赵、魏三个卿大夫并包括他们所统治的地区，而不仅仅指三个家族。在这样的“家”里，有土地，称为“家邑”，有臣子，称为“家臣”，还有军队和法律。儒家常以“天下”“国”“家”并举，都是就政治性的区域而言。“天下”指全中国，天子统治的范围；“国”指天子分封的诸侯国，诸侯统治的范围；“家”则指诸侯国内卿大夫统治的范围，并不是指个人的家庭。

又如“王”，本为全中国最高统治者的称号，具有至高无上的权威。春秋时，周天子称王，诸侯国的君主则按公、侯、伯、子、男五等爵位称之，如宋国的君主称公，晋国、齐国的君主称侯，秦国、郑国的君主称伯，楚国的君主称子，许国的君主称男。后来，周室衰微，不少诸侯在其国内自称王，如吴、楚、越、徐等国。但这种做法被史书斥为“僭越”，是不合法的。楚国国君数世称王，而《春秋》《左传》的记事里仍称为“楚子”。至战国时代，秦、齐、楚、燕、韩、赵、魏七雄并立，列国诸侯都自称王，于是“王”这一称号就大大贬值了。秦始皇消灭六国，统一全中国，成了最高统治者。但他对“王”这个称号已不感兴趣，便从“三皇五帝”中摘取“皇帝”二字作为称号。秦始皇为巩固其专制统治，不仅废除了“王”这一称号，甚至连诸侯分封也取消了。汉代，最高统治者仿效秦代称皇帝，而“王”则成了皇族或功臣的封爵。后来，又规定非刘姓不得封王，于是同姓封“王”，异姓功臣则封“列侯”。汉以后，历代封爵制度不尽相同，但是同姓封王则基本一致（只有少数例外）。只不过这个时期的“王”实际上是表示尊贵显荣的封号，没有什么实权。虽说有封地，但到后来都成了虚名。于是“王”这一称号再次大大贬值。当然，曹操被封为魏王，司马昭被封为晋王，权势比皇帝还大，这是特殊情况。总之，各个时代的“王”，其含义是不一样的，不能笼统加以解释。

“百姓”原来指百官，是属于统治阶级的上层人物。在上古，只有统治阶级有姓氏，一般民众不配有姓氏。《左传·隐公八年》：“天子建德，因生以赐姓，胙之土而命之氏。”（建德：指立有德者为诸侯。因生以赐姓：根据祖先所生之地而赐给姓。胙：音 zuò，赐与。胙之土而命之氏：分封给土地并赐给氏。）姓氏既为天子所赐，当然是不平常的。较早的古籍中，凡称“百姓”，多半是百官的意思。《尚书·尧典》：“平章百姓，百姓昭明。”（平章：品评。）《国语·周语中》：“以备百姓兆民之用。”注：“百姓，百官有世功者。”又《楚语下》：“百姓，千品，万官，亿丑。”（丑：类，这里指民众。）这三例中的“百姓”都指百官。特别是后一例，把“百姓”放在“千品”“万官”之上，可见其地位是相当高的。后来，由于统治阶级的旁支孽庶散居民间，就如同《左传·昭公三十二年》所说的“三后之姓，于今为庶”（三后：虞、夏、商三代君主。姓：子孙。庶：平民）的那种情况，原来有姓氏的贵族苗裔变成了平民；而一般民众也渐渐取得了享有姓氏的权利，因而，“百姓”的含义就随之发生变化。在后来的古籍中，指百官的反而少见，一般指平民。《孟子》全书共用“百姓”十九次，有十八次是指平民，一次虽指百官，然而是引用《尚书》的句子。

5.1.2　词义的演变还跟古人风俗习惯的变迁有关。有些词，只有了解了古人的风俗习惯以后，才能对其具体含义有更清楚更深刻的了解。例如古代的“跪”，与今天所谓的“跪”完全是两码事。

古人席地而坐，坐时膝部着地，臀部紧贴着脚后跟，因此，“跪”是与“坐”联系在一起的。两膝着地，伸直腰股，就是“跪”；两膝着地，臀部不离开脚后跟，就是“坐”。这说明，“跪”在古代特别是上古并不一定是表示卑对尊的礼节，而是指坐在地上时臀部离开脚后跟的姿势，应该说“跪起来”，而不是“跪下去”。正因为“跪”与“坐”这两种姿势是常常更换的，《庄子·在宥》才有“跪坐而进之”的说法，把这两个动作连用在一起。也可以说“跪”就是“坐”的另一种姿势。《礼记·曲礼上》：“主人跪正席。”是说主人坐在正席上。《乐府诗集·饮马长城窟行》：“长跪读素书，书中竟何如？”是说妻子坐在席子上读丈夫的来信。了解了这一点，对古籍中许多尊者向卑者“下跪”的记载就能正确理解了。例如，《战国策·魏策四》：“秦王色挠，长跪而谢之。”这是国君向别国臣子“下跪”。《汉书·邹阳传》：“长君跪曰：‘幸甚。’”这是尊者向卑者“下跪”。秦王、长君只不过是把“坐”的姿势改变一下罢了。后来，古人生活习惯改变了，是坐在椅子上，而不是席地而坐，“跪”与“坐”分了家，由“跪起来”变成了“跪下去”，这时，“跪”才产生了跪拜的意思。《说文》释“跪”为“拜”，把引申义当成了本义，这是本末倒置。

又如“趋”，《说文》：“趋，走也。”又：“走，趋也。”两字互训。段玉裁注引《释名》曰：“徐行曰步，疾行曰趋，急趋曰走。”则“趋”介乎“步”与“走”之间，有快步行走的意思。《诗经·小雅·緜蛮》：“岂敢惮行，畏不能趋。”后来，“趋”又成了一种对人表示尊敬的礼节。《论语·子罕》：“子见齐衰者、冕衣裳者与瞽者，见之，虽少，必作；过之，必趋。”特别是臣子见君必“趋”，不“趋”就失礼。《战国策·赵策四》载老臣触誉（1973 年长沙马王堆三号汉墓出土的帛书《战国策》作“触龙”）见赵太后时“入而徐趋”，到太后跟前时，又谢罪说：“老臣病足，曾不能疾走。”这说明，这位老臣虽然脚有毛病，但在见君主时仍然要“趋”，只不过勉为其难，装装样子，变成了“徐趋”。古代封建皇帝对年高德劭的重臣，常常给予“入朝不趋，赞拜不名”的优待，这从反面证明“趋”在礼仪上的特殊作用。因此，只了解“趋”的一般含义是不够的，还必须了解其特殊含义，而这种特殊含义是由于受到一定时期的礼仪制度的影响而产生的。

再如“左”和“右”，除了表示方位外，还表示尊卑，在这个意义上常常会碰到一些矛盾的现象。《国语·晋语一》：“夫太子，君之贰也，恭以俟嗣，何官之有？今君分之土而官之，是左之也。”《史记·廉颇蔺相如列传》：“以相如功大，拜为上卿，位在廉颇之右。”又《魏其武安侯列传》：“贵戚诸有势在己之右，不欲加礼，必陵之；诸士在己之左，愈贫贱，尤益敬，与钧。”这三例的“左”等于说卑、下，“右”等于说尊、上。但并非任何时候任何情况下都如此。《老子》：“君子居则贵左，用兵则贵右，兵者不祥之器，非君子之器，不得已而用之。……吉事尚左，凶事尚右。偏将军居左，上将军居右，言以丧礼处之。”在这里，“左”和“右”又有了不同的解释，即在一般情况下以“左”为尊，出兵打仗时以“右”为尊，“吉事尚左”“凶事尚右”、“偏将军居左”“上将军居右”，都体现了这种原则。《仪礼·乡射礼》：“左玄酒。”注：“设尊者北面，西曰左，尚之也。”这里也表现了以“左”为尊。古代乘车也以“左”为尊。《史记·魏公子列传》：“公子从车骑，虚左，自迎夷门侯生。”“虚左”就是空出左边的位置准备让侯生坐，表示对他的尊敬。由此可见，“左”“右”的具体含义往往因时而异、因事而异，不能笼统加以解释。“左”“右”含义的复杂性说明了风俗习惯对词义演变有十分深刻的影响。

5.1.3 词义的演变除了受外部条件的影响外，还要受语言内部规律的制约。

第一，词义演变必须以起关联作用的共同意义作为基础。旧义与新义、古义与今义之间，必然存在起关联作用的意义，我们称之为“中介义”。例如“本”，本义为草木的根或茎(《国语·晋语一》“伐木不自本，必复生”)，演变为指根本的、基础的东西(《论语·学而》“君子务本，本立而道生”)，起关联作用的中介义是“根本”“基础”，因为草木的根或茎是草木的“根本”“基础”。“城”本义为城墙(《墨子·七患》“城者，所以自守也”)，演变为指城市(《史记·廉颇蔺相如列传》“秦昭王闻之，使人遗赵王书，愿以十五城请易璧”)，起关联作用的中介义就是“城墙”，因为古代的城市必须有城墙。“梁”本义为桥。《说文》：“梁，水桥也。”(《庄子·马蹄》“泽无舟梁”)，演变为指房梁(《后汉书·陈寔传》“有盗夜入其室，止于梁上”)。起关联作用的中介义是“横架之物”，“桥”是横架在河上的建筑物，“房梁”是横架在房屋墙上的长木。“书”本义是写(《礼记·玉藻》“动则左史书之，言则右史书之”)，演变为指书籍(《史记·韩非列传》“申子、韩非均著书，传于后世”)，又演变为文字(《南史·陈伯之传》”伯之不识书，及还江州，得文牒辞讼，唯作大诺而已”)，又演变为书信(《左传·昭公六年》“叔向使诒子产书”)，这几个意义之间起关联作用的中介义是“写”，“书籍”、“文字”、“书信”都是“写”出来的。

第二，词义的演变往往与义项的增减有关。例如“金”，本义为金属(《荀子·劝学》“锲而不舍，金石可镂”)，又特指黄金(《韩非子·五蠹》“铄金百溢，盗跖不掇”），后来，金属的意义逐渐消亡，单说“金”只指黄金，导致了词义的演变。“塘”本义为堤岸（《庄子·达生》“被发行歌而游于塘下”），又有水池义（杜甫《茅屋为秋风所破歌》“下者飘转沉塘坳”），后来堤岸义消亡，现代汉语“塘”只有水池义，导致了词义的演变。

第三，词在句子中的位置以及语法功能的改变也常常会使词产生新义，也就是说，语法的影响也是词义演变的一个因素。最明显的是词类的活用。例如，《吕氏春秋·士容》：“故火烛一隅，则室偏无光。”“烛”本为名词，这里用如动词，有照耀义。《史记·刺客列传》：“与盖聂论剑，盖聂怒而目之。”“目”本为名词，这里用如动词，有注视义。《史记·廉颇蔺相如列传》：“左右欲刃相如。”“刃”本为名词，这里用如动词，有杀害义。《史记·魏其武安侯列传》：“如此，上多君有让。”“多”本为形容词，用如动词，有赞美义。《史记·游侠列传》：“侠客之义，又曷可少哉？”“少”本为形容词，用如动词，有轻视义。其中有些词的新义已经被现代汉语吸收，保存在某些成语或熟语里，如“火光烛天”、“目为奇观”、“手刃国贼”等。

5.2 词义演变的各种情况

5.2.1 词往往不止一个意义。当一个词有几个意义时，按照其常用的程度，可以分为中心词义和一般词义。中心词义可能是本义，也可能是引申义，它们是在词长期使用过程中形成的最常见、最主要的意义。词义的演变实际上就是中心词义发生的变化，或者是由于中心词义的变化而导致的整个词义发生的变化。

词义演变的情况很复杂，一般词汇学著作都概括为词义的扩大、词义的缩小和词义的转移三种情况。前两种情况是指词的某一意义在一定范围内发生变化。例如“根”本指树根、草根而言，后来，事物的本源也叫根。词义虽然扩大了，但只是由具体变为抽象，而仍然在“根本”、“本源”这个范围内。又如“汤”，本指热水，后来指肉汤、菜汤，词义缩小了，但只是由整体变为局部，就“热水”这一点来说，仍然属于同一范围。第三种情况是，词义演变的结果，使得意义由一个范围转到了另一个范围。例如“权”的原始义是秤锤，因而衡量轻重也叫权，后来转变为指权力。“秤锤”是一个范围，“权力”则是另一个范围。扩大、缩小、转移虽然可以概括词义演变的主要情况，但还不能把某些重要情况概括进去，如中心词义与一般词义的变化问题，词义感情色彩的变化问题。因此，本书对词义演变的论述，基本上采用了传统的说法，同时又略加变通，力求较为全面地归纳出古汉语词汇演变发展的规律。

5.2.2　词义的扩大。中心词义所指称的范围扩大了，即发生了由具体到抽象、由特殊到一般或由局部到整体的变化。例如：

货——《说文》释为“财”，本来是指钱财。《国语·鲁语下》：“有货以卫身也，出货而可以免，子何爱焉？”《左传·襄公四年》：“戎狄荐居，贵货易土，土可贾焉。”（荐：草。荐居：逐水草而居。）后来，“货”的意义扩大了，泛指一切有价值的东西，包括财和物两个方面。《老子》：“不贵难得之货。”《汉书·食货志》：“货谓布帛可衣及金刀龟贝。”“布帛可衣”指物，“金刀龟贝”指财，十分明显。

响——《说文》：“响，声也。”段玉裁注：“浑言之也。《天文志》：‘乡之应声。’析言之也。乡者，假借字。《玉篇》曰：‘响，应声也。’”其实“响”的本义应该是回声（即应声）。按段玉裁的意思，说“响”

的本义是“声”或“应声”都没有错，前者浑言，后者析言。所谓“浑言”，是笼统地说；所谓析言，是分析地说。笼统地说，回声也是声音的一种，但分析地说，回声只是回声，不能与声音混为一谈。所以段玉裁又举出《玉篇》的训释加以补充。先秦古籍中的“响”基本上当回声讲。《尚书·大禹谟》：“惠迪吉，从逆凶，惟影响。”（惠：顺从。迪：道。）孔颖达疏：“言人顺道则吉，从逆则凶，吉凶之报，惟若影之随形，响之应声。”《左传·昭公十二年》：“吾子，楚国之望也，今与王言若响，国其若之何？”“与王言若响”，意思是与王谈话毫无主见，王说什么，他就应什么，像回声一样。《吕氏春秋·先己》：“故善响者不于响于声。”后来，“响”的意义扩大到指一切声音。扬雄《剧秦美新》：“震声日景，炎光飞响。“骆宾王《在狱咏蝉》：“露重飞难进，风多响易沉。”

词义的扩大是词义演变中最常见的现象。很多词由本义开始的演变，常常是由具体到抽象，这样的变化，实际上也是词义的扩大。例如：

精——本义为经过选择的精米。《说文》：“精，择也。”段玉裁补“米”字为“择米”也，并注曰：“米字各本所夺，今补。择米为簡择之米也。”《庄子·人间世》：“鼓筴播精，可以食十人。”用的是本义。引申为精细、精粹、精华，可用于形容一切事物。《左传·昭公七年》：“用物精多，则魂魄强。”《吕氏春秋·博志》：“用志如此其精也。”

粗——本义为糙米。《说文》：“粗，疏也。”段玉裁注：“《大雅》：‘彼疏斯粺。’笺云：‘疏，麤也。’谓粝米也。麤即粗，正与许书互证。疏者，通也，引申之犹大也，故粗米曰疏。”《左传·哀公十三年》：

“粱则无矣，粗则有之。”用的是本义。引申为粗糙，可用于形容一切事物。《礼记·乐记》：“其声粗以厉。”《荀子·正名》：“故愚者之言，芴然而粗。”（芴然：无根据的样子。）

苦——本义为苦菜，叫大苦，味苦。《说文》：“苦，大苦也，苓也。”《诗经·唐风·采苓》：“采苦采苦，首阳之下。”用的是本义。引申为指一切的苦味。《墨子·非攻》：“少尝苦曰苦，多尝苦曰甘。”《吕氏春秋·本味》：“调和之事，必以甘酸苦辛咸。”

绪——本义为丝的头绪。《说文》：“绪，丝耑也。”段玉裁注：“耑者，草木初生之题也，因为凡首之称。”张衡《南都赋》：“白鹤飞兮茧曳绪。”用的是本义。引申为一切事物的头绪。《晋书·陶侃传》：“千绪万端。”韩愈《进学解》：“寻坠绪之茫茫，独旁搜而远绍。”

基——本义为墙根。《说文》：“基，墙始也。”《诗经·周颂·丝衣》：“自堂徂基。”用的是本义。引申为根基、基础。《老子》：“故贵以贱为本，高以下为基。”《国语·晋语六》：“福之基也。”

词的意义变为泛指，也属于词义的扩大。例如：

闭——本为关门。《说文》：“闭，阖门也。从门，才所以距门也。”“门”中的“才”像门键之形。《周易·复》：“先王以至日闭关。”用的是本义。泛指闭上。《史记·张仪列传》：“愿陈子闭口。”

棘——本为酸枣树。泛指有棘的灌木。《周易·坎》：“寘于丛棘。”

九——数词，泛指多次或多数。《楚辞·离骚》：“虽九死其犹未悔。”司马迁《报任安书》：“假令仆伏法受诛，若九牛亡一毛，与蝼蚁何以异？”

母——本为母亲，泛指女性长辈。《史记·淮阴侯列传》：“信钓于城下，诸母漂。”

专名变通名，也属于词义的扩大。例如“江”“河”，在先秦是专名，“江”指长江（《尚书·禹贡》：“江汉朝宗于海”），“河”指黄河（《庄子·秋水》：“百川灌河”）。后来南方河流因长江的关系统称“江”，不称“河”；北方河流因黄河的关系统称“河”，不称“江”，于是“江”“河”变为通名，所指范围扩大了。

5.2.3 词义的缩小。中心词义所指称的范围缩小了，即发生了由抽象到具体、由一般到特殊或由整体到局部的变化。例如：

禽——《说文》：“禽，走兽总名也。”对于许慎的这种说法，文字学家有两种意见。一种认为许慎的训释是对的。“禽”的本义是走兽总名，后来转指走兽与飞禽的总名。一种意见认为许慎的训释是错误的。持这种意见的人根据《白虎通》“禽者何？鸟兽之总名”的说法，认为许慎释义中的“走兽”当为“鸟兽”。根据古代文献提供的材料，“禽”在古代用得最多的是指飞禽与走兽的总称。《周易·师》：“田有禽，利执言。”“田”指打猎，“禽”则指猎物，既包括飞禽，也包括走兽。《周礼·天官·庖人》有“六禽”的说法，根据郑玄的注，“六禽”指“羔”（小羊）、“豚”（小猪）、“犊”、“麛”（小鹿）、“雉”和“雁”，既包括走兽，也包括飞禽。《三国志·魏书·华佗传》载，华佗为除病健身而创“五禽之戏”，“一曰虎，二曰鹿，三曰熊，四曰猿，五曰鸟”，把“鸟”与其他四种野兽合称“五禽”，可见汉以后还有这种用法。由于“禽”为鸟兽的总名，故有时可指鸟类，有时可指兽类。《仪礼·聘礼》：“禽羞俶献比。”（俶：音 chù，开始。比：比照，类似。）这里的“禽羞”指用飞禽做成的美味。李白《古风》之六：“代马不思越，越禽不恋燕。”越禽，越地的飞禽。《左传·宣公十二年》:“使摄叔奉麋献焉,曰:‘以岁之非时,献禽之未至,敢膳诸从者。’”《战国策·赵策一》:“虎将即禽,禽不知虎之即己也。”鲍彪注:“走兽总名。”曹植《名都篇》:“左挽因右发,一纵两禽连。”《文选》李善注:“两禽,两兔也。”这三例的“禽”指兽类。后来,“禽”的词义缩小到专指鸟类。《尔雅·释鸟》:“二足而羽谓之禽,四足而毛谓之兽。”《尔雅》的训释,反映了“禽”的词义的这种变化。

子——最初是孩子的总称,不论男孩女孩都叫“子”。《诗经·小雅·斯干》有“乃生男子”和“乃生女子”的说法,“男子”就是男孩,“女子”就是“女孩”,在“子“前加定语“男”“女”,正好说明“子”的含义。正因为“子”是男孩和女孩的总称,所以在先秦古籍中有时用来指儿子,有时用来指女儿。《左传·僖公三十二年》:“蹇叔之子与师。”《韩非子·五蠹》:“今人有五子不为多。”这两例的“子”指儿子。《战国策·齐策一》:“今秦、楚嫁子取妇,为昆弟之国。”《论语·公冶长》:“以其子妻之。”又:“以其兄之子妻之。”都指女儿。后来,“子”只指儿子,不再指女儿。

有些词有时用为特指,也属于词义的缩小。例如:

女——本为妇女。《说文》:“女,妇人也。”《左传·僖公二十三年》:“男女同姓,其生不蕃。”特指未婚的女子。《诗经·周南·关雎》:“窈窕淑女,君子好逑。”白居易《长恨歌》:“杨家有女初长成,养在深闺人未识。”

鼓——击鼓。《诗经·唐风·山有枢》:“弗鼓弗考。”(考:敲击。)特指击鼓进攻。《左传·庄公十年》:“公将鼓之。”

情——感情。《礼记·礼运》:“何谓人情?喜、怒、哀、惧、爱、恶、欲,七者弗学而能。”特指爱情。陈鸿《长恨歌传》:“定情之时,授金钗钿合以固之。”

上——等级或地位高的人。《老子》:“下虐上为弑,上虐下为讨,而况君乎!”特指皇帝。《史记·高祖本记》:“上问左右,左右争欲击之。”

通用变专用,也属词义的缩小。例如:

辇——本为一种人拉的挽车,上古不限于国君乘坐。《左传·定公六年》:“公叔文子老矣,辇而如公。”这是臣乘辇。《战国策·赵策四》:“老妇恃辇而行。”这是太后乘辇。自汉以后,专指帝后所乘的车。古人以“辇毂下”、“辇下”称京城,都是由“辇”的这种特殊用法而来。

妃——本来指配偶。《左传·桓公二年》:“嘉耦曰妃,怨耦曰仇。”《释名·释亲属》:“卿之妃曰内子。”后来专指皇帝的妾以及太子、王、侯的妻。杜牧《阿房宫赋》:“妃嫔媵嫱,王子皇孙。”

5.2.4　词义的转移。中心词义本来表示甲范围的事物,后来变成表示乙范围的事物。例如:

诛——《说文》:“诛,讨也。”所谓“讨”,就是声讨、谴责的意思,这是“诛”较早时期的中心意义。《国语·周语中》:“十八年,王黜狄后,狄人来诛。”注:“诛,责也。”《论语·公冶长》:“于予与何诛。”(于:对于。予:宰予,字子我,孔子的弟子。与:语气词。)《晋书·孙楚传》:“小不事大,《春秋》所诛。”这三例的“诛”,都是用的本义。后来演变为杀戮。《战国策·秦策五》:“乃可复使姚贾而诛韩非。”姚宏注:“诛,杀也。”《韩非子·五蠹》:“故令尹诛而楚奸不上闻。”由言语的谴责转化为刑罚的制裁。

假——先秦多当借讲。《国语·晋语一》:“钧之死也,无必假手于武王。"《左传·僖公五年》:"晋侯复假道于虞以伐虢。"《孟子·尽心上》:"久假不归。"《吕氏春秋·用众》:"故善学者,假人之长以补其短。"汉以后多当非真讲,由动词变成了形容词。《史记·项羽本纪》中的"假上将军",又《淮阴侯列传》中的"假王",《汉书·王莽传》中的"假皇帝",这几个"假",都表示暂时代理,也就是非真的意思。古代官吏由暂时代理转为正式任职叫"即真"或"为真",就是因为暂时代理含有"不真"的意思。后来又进一步转化为虚假、伪造等义。白居易《古冢狐》诗:"假色迷人犹若是,真色迷人应过此。"《三国演义》十四回:"操大喜,先发人往袁术处,次假天子诏,发人往徐州。"

5.2.4 中心词义与一般词义相互转化。即:原来的中心词义逐渐丧失其重要性,下降为一般词义,而原来的一般词义由于使用频率增高而上升为中心词义。例如:

谢——古代的中心词义是道歉。《战国策·齐策四》:"宣王谢曰:'寡人有罪国家。'"又《魏策四》:"秦王色挠,长跪而谢之。""谢"又有一般词义感谢。《汉书·高帝纪上》:"高祖乃谢曰:'诚如父言,不敢忘德。'"后来,"感谢"渐渐成了"谢"的最常用、最主要的意义,而"道歉"却退居次要地位,以至于最后完全消亡,只以语素的形式存在于"谢罪"等现代汉语复音词中。

池——先秦时代,护城河是中心词义。《左传·僖公四年》:"楚国方城以为城,汉水以为池。"《战国策·中山策》:"缮甲兵以益其强,增城浚池以益其固。"《孟子·公孙丑上》:"城非不高也,池非不深也。"这三例都以"城""池"对举,"城"是城墙,"池"是护城河。"池"的一般意义指积水的凹地或水塘。《庄子·逍遥游》:"南冥者，天池也。”《孟子·梁惠王上》：“数罟不入洿池，鱼鳖不可胜食也。”（数：音 cù，密。罟：音 gǔ，网。数罟：织得很密的渔网。洿：音 wū，浊水不流。洿池：即池塘。）后来，“池塘”的意义渐渐常用起来，终于取代“护城河”而成为中心词义。在现代汉语中，“护城河”的意义只保留在少数复音词或成语里，如“城池”、“城门失火，殃及池鱼”等。

穷——古代的中心词义为境遇不好，走投无路；或者仕途不得志，或者政治主张行不通。《论语·卫灵公》：“君子亦有穷乎？”指仕途不得志。《战国策·韩策三》：“齐以四国敌秦，是齐不穷也。”指境遇不好。《史记·项羽本纪》：“穷来从我，不忍杀之。”指走投无路。“穷”的一般意义为贫困。《墨子·非命上》：“昔上世之穷民，贪于饮食，惰于从事，是以衣食之财不足。”《荀子·大略》：“多有之者富，少有之者贫，至无有者穷。”这种用法在先秦少见。后来，“贫困”逐渐上升为中心词义，前一意义反而降到次要地位，到了现在，只以语素的形式保存在“穷寇”、“日暮途穷”等复音词或成语中。

厌——在先秦，中心词义为满足。《左传·隐公元年》：“姜氏何厌之有？”又《僖公三十年》：“夫晋何厌之有？”《论语·述而》：“学而不厌。”讨厌、憎恶是“厌”的一般意义。《左传·隐公十一年》：“天而既厌周德矣，吾其能与许争乎？”《论语·雍也》：“予所否者，天厌之，天厌之。”（否：不，这里指不对。）后来，这个意义上升为中心词义，而“满足”则逐渐丧失其中心词义的地位，而在现代汉语中，只作为语素保存在某些成语里，如“贪得无厌”、“学而不厌”。

前面所谈的词义的扩大、缩小、转移，是指词的一个意义的演变;这里所谈的则是一个词的意义的演变,而这种演变是词的两个或多个相关意义的变化造成的。因此,一个词的义项的增减虽然不应看成词义的扩大或缩小,但却应视为词义演变发展的一个方面。那种认为讨论词义的演变发展只能以词的一个义项为单位而不能以整个词为单位的看法是不妥当的。

5.2.5 词义的贬降与扬升,这主要是指中心词义的感情色彩发生了变化。主要有两种情况:

(1) 中性词变成了贬义词。例如:

侵——上古主要当进攻讲,说得确切一点,是一种进攻方式。《左传·庄公二十九年》:"凡师,有钟鼓曰伐,无曰侵,轻曰袭。"这是说,古代军事上的进攻方式有三种:鸣钟击鼓进军叫伐,无钟鼓叫侵,轻装突击叫袭。先秦古籍中作为记述某种军事行动的"侵",基本上是个中性词。《春秋》和《左传》是采取尊鲁立场的,但在记载鲁国对别国用兵时,常常用"侵"字,就很说明问题。如《春秋·庄公十年》"公侵宋",又《定公八年》"公侵齐"、《左传·定公六年》"公侵郑"等等。《周礼·夏官·大司马》载"大司马"职掌之一是"以九伐之法正邦国",其中有"负固不服则侵之",郑玄注:"侵之者,兵加其竟而已。"(竟:境的古字,边境。)这个例子更能说明"侵"在上古的含义。"侵"的这种用法,汉以后还间或出现。《晋书·慕容暐载记》:"时外则王师及符坚交侵,兵革不息;内则暐母乱政。""王师",指晋朝的军队。《晋书》以晋朝为正统,倾向性是十分鲜明的,如果认为这里的"侵"含贬义,那是说不过去的。后来,"侵"变成了贬义词,凡说"侵",都指非正义的军事行动。如《三国志·吴书·钟离牧传》:"西蜀倾覆,边境见侵,何以御之?"

谤——在先秦基本上是个中性词，无所谓褒贬。《国语·周语上》："厉王虐，国人谤王。"又《楚语上》："子亹不出，左右谤之。"《左传·襄公十四年》："自王以下，各有父兄子弟，以补察其政。史为书，瞽为诗，工诵箴谏，大夫规诲，士传言，庶人谤。"这几例的"谤"都指议论或提意见。《战国策·齐策一》："能谤议于市朝，闻寡人之耳者，受下赏。"这里"谤""议"连用，更能说明"谤"的性质。古代统治者为标榜自己，在朝廷设有"谤木"，让人提意见。相传尧舜就设有"诽谤之木"。《淮南子·主术》："故尧设敢谏之鼓，舜立诽谤之木。"《史记·孝文本纪》："古之治天下，朝有进善之旌、诽谤之木。"指的就是这种情况。可见"谤"与"诽谤"在古代，特别是上古，主要指一般的议论、指摘过失或提出意见，不含贬斥色彩。后来，无中生有地诬蔑才叫"谤"或"诽谤"。如，《楚辞·七谏·沉江》："正臣端其操行兮，反离谤而见攘。"

小丑——"丑"是类的意思，"小丑"本来指地位低下或政治上很不重要的人物。《国语·周语上》："王犹不堪，况尔小丑乎？"又《周语中》："怨在小丑，犹不可堪，而况在侈卿乎？"这两例的"小丑"，等于说"小人物"。后来也用以表示自谦。《后汉书·黄香传》："臣香小丑，少为诸生，典郡从政，固非所堪。"也说不上含有什么贬义。后来，"小丑"由中性词变成了贬义词。

爪牙——原为勇士，多指武将。《诗经·小雅·祈父》："祈父，予王之爪牙。"《国语·越语上》："夫虽无四方忧，然谋臣与爪牙之士，不可不养而择也。"《荀子·富国》："彼爱其爪牙，畏其仇敌，若是，则为利者不攻也。"又有亲信的意思。《史记·酷吏列传》："择郡中豪敢任吏十余人，以为爪牙。"《资治通鉴·魏文帝黄初三年》：

“此诸将或任腹心，或堪爪牙，或是功臣。”有时候，专指供驱使的人。《南史·颜师伯传》：“师伯专断朝事，不与沈庆之参怀，谓令史曰：‘沈公爪牙者耳，安得豫朝事？’”（参怀：参与考虑。豫：参与。）这种用法看起来像贬义词，但与现代汉语“帮凶”、“狗腿子”之义仍然是有区别的。

（2）中性词变成了褒义词。例如：

祥——古代主要的意思是预兆、征兆，基本上是个中性词。凶的征兆、吉的征兆都可以称为“祥”。《左传·僖公十六年》：“是何祥也？吉凶安在？”《吕氏春秋·应同》：“凡帝王者之将兴也，天必先见祥乎下民。”注：“祥，征应也。”这两例的“祥”都有征兆的意思。特别是前一例，前面说“祥”，后面问“吉”“凶”，正说明“祥”本身并无所谓吉凶。正因为“祥”是吉凶预兆的总称，所以在古书中既可以表示凶兆，也可以表示吉兆。《说文》：“祥，福也。”段玉裁注：“凡统言则灾亦谓之祥，析言则善者谓之祥。”许慎的训释只反映了“祥”的一部分用法，带有片面性，所以段玉裁认为许说是“析言”，而“统言”则灾、善都可谓之“祥”。古籍所反映的实际情况，证明段玉裁的意见是对的。《国语·楚语上》：“榭不过讲军实，台不过望氛祥。”注：“凶气为氛，吉气为祥。”《战国策·宋卫策》：“见祥而不为祥，反为祸。”这两例指的是吉兆。《孙子·九地》：“禁祥去疑，至死无所之。”曹操注：“禁妖祥之言，去疑惑之计。”《汉书·五行志中之上》：“时则有白眚白祥。”眚，音 shěng，灾。“祥”与“眚”并列，指的是凶兆。后来，“祥”变成了褒义词，凡用“祥”都表示吉祥。

聖（圣）——《说文》：“聖，通也，从耳，呈声。”所谓“通”指通晓事物。朱骏声在《说文通训定声》中说：“耳顺之谓圣。”这是说，耳听到了什么，就能觉察出其中的道理，这叫作“圣”。《尚书·洪范》：“睿作圣。”（睿：音 ruì，明智。）孔传：“于事无不通谓之圣。”《诗经·邶风·凯风》：“母氏圣善。”孔颖达疏：“皆以明智言之，非必如孔周也。”段玉裁在《说文解字注》里指出，“聖”之所以从“耳”，是因为它最初的意思是“闻声知情”，他还认为凡精通一事也叫“圣”。可见“圣”最初只不过是指对事理精通，后来变成了褒义词，指无所不通无所不晓。至于儒家所说的“圣人”，则成了具有最高智慧和道德的先知先觉者，其地位仅次于神。

6. 同义词

6.1 同义词的确定

6.1.1 研究古汉语同义词是研究古汉语词汇的一个重要方面。关于同义词的确定，是一项比较复杂的工作。语言学家们给同义词下的定义往往各不相同，这反映了各家在确定同义词的标准方面所持意见不一致。有的语言学家认为，同义词应该包括等义词，尽管等义词数量极少；有的语言学家认为同义词除了等义的那一部分外，都是同中有异的，因而主张干脆立等义词和近义词两个名称，从而取消了同义词的提法；有的语言学家虽然承认同义词的绝大多数是意义基本相同而又有细微差别，但又主张严格划分同义词和近义词的界限。上述这些看法，虽然有各自的道理，但如果运用到古汉语同义词的研究中去，都是行不通的。

在古汉语中，意义完全相同的等义词是非常罕见的。大多数等义词，从用法、搭配、形成历史等方面都能找到一些差别。例如，有人认为"天子"与"皇帝"是等义词，但这两个词产生的时代是不同的："天子"在先秦就有了，而"皇帝"却产生于秦代。又如"吃""喫""食"都是吃东西的意思，有人认为它们意义完全相等，是等义词。仔细推敲起来，也能发现它们之间的差别。"吃"的本义是说话结巴，即口吃。《说文》释"吃"为"言蹇难"。《汉书·周昌传》：

“昌为人吃。”《资治通鉴·魏明帝景初三年》:“魏明帝天姿秀出,立发垂地,口吃少言。”两例的“吃”正是这个意思。“吃东西”这个意思,古籍中罕见。《新书·耳痹》:“越王至穷,至乎吃山草。”这可能是较早古籍中仅见的例子。《说文新附》收了“喫”字,南北朝散文中有用例,如《世说新语·任诞》:“友闻白羊肉美,一生未曾得喫。”后来唐代诗词中用得渐多,产生的时间要比“吃”晚得多。那么,南北朝以前真正表示“吃东西”的,就只有“食”这个词了。如《左传·庄公六年》:“人将不食吾馀。”《楚辞·九章·涉江》:“登昆仑兮食玉英。”后来,“食”多用于书面语,“吃”“喫”则多用于口语。像这类词,我们宁可看成同义词,而不把它们划到等义词中去。单纯的等义词是语言的疣赘,没有研究价值,因此,一般词汇学著作都不讨论它。

近义词与同义词的界限很难划分。有人认为,最简单的办法是看它们能否互相替换,能互相替换的是同义词,不能互相替换的是近义词。当然,从理论上说,同义词应该是能互换的,但有些同义词虽然意义相同,但其意义所能覆盖的范围往往存在着差异,名词表现为位置、质料、形状的差异,动词表现为速度、情态、方式的差异,形容词表现为程度、对象的差异。以颜色为例,“朱”“赤”“丹”“红”都是红色,但深浅程度不同,“朱”最深,“红”最浅。它们都有一些固定的搭配:“朱门”“朱紫”“朱轮”“朱墨“,“赤子”“赤族”(全族被杀),“丹书铁契”“丹陛”“丹诏”“丹阙”,“红颜”“红尘”“红妆”。上述这些词几乎都不能互换,但不能否认它们是同义词。因此,要完全地、十分准确地把同义词和近义词区别开来是很困难的。比较合理的做法是,根据实际运用情况,把近义词分为两类:

一类意义比较接近，一类意义虽有相近之处，但差别很大。前者可看成同义词，后者不宜放在同义词中。

6.1.2　鉴于古汉语同义词有与现代汉语同义词不同的特点，我们从古汉语的实际情况出发，给古汉语同义词下了这样一个定义：两个或两个以上的词，它们所包含的一个意义相同，而在其他意义、风格特征、感情色彩或用法上存在着细微的差别，就叫同义词。这个定义包含了几个要点：第一，只能以词的一个意义而不是全部意义来确定同义词。王力先生指出："所谓同义，是说这个词的某一意义和那个词的某一意义相同，不是说这个词的所有意义和那个词的所有意义都相同。"①这种说法是非常正确的。第二，多义词的各个意义不是同等重要的，有主要和次要之分，有常用与不常用之分，但只要有一个意义相同，不管这个意义是否主要的、常用的，都可看成同义词。有人认为，只有实质意义一致才能算同义词。所谓实质意义，就是指反映事物或现象本质特征的意义。有人甚至认为，仅仅实质意义一致还不够严格，还必须是词的主要意义或基本意义相同才能算同义词。这种看法与同义词的实际情况，特别是古汉语同义词的实际情况不相符。有时候，几个同义词相同的意义，对于其中的一个或一些词来说，或许是主要意义或基本意义，而对于其中的另一个或另一些词来说，可能是次要的、一般的意义。在古汉语中，这种情况是很多的。例如，《诗经·大雅·云汉》"周餘黎民"的"黎"，《大雅·灵台》"庶民子来"的"庶"，《大雅·烝民》"天生烝民"的"烝"，《大雅·绵》"戎丑攸行"的"丑"，

① 见《同源字典》第 24 页。

《大雅·板》"曾莫惠我师"的"师",《鲁颂·閟宫》"敦商之旅"的"旅",都有众的意思,所以《尔雅·释诂》就把这些词放在一起,用一个同义词"众"来解释。但这些词除了众的意义外还有别的意义。例如,"庶"还有"平民"、"非正妻生的孩子"等意义;"丑"还有"类""同""比"等义;"旅"还有"军队""子弟""共同"等意义。而"众"对于这三个词来说,都不是主要意义,但并不妨碍它们与"黎""烝""师"等词在"众"这个意义上成为同义词。

6.2 词义的演变是同义词形成的主要原因

6.2.1 古汉语同义词是由于词义的演变而形成的,而且也随着词汇的历史发展而变化,因而具有一定的时代性。这种发展变化的观点是研究古汉语同义词时必不可少的。有一些词可能在上古同义,到了中古或近古则不同义。反之,有些词可能在上古不同义,到了中古或近古却变成了同义词。因此,所谓同义,只是一个"共时"的概念。对同义词进行历时地考查,能帮助我们深刻了解它们变化、发展和形成的规律,从而正确确定其不同历史时期的同义关系。例如"好",在上古主要有两个意思:一是美,特指女子貌美,这是本义;一是指良、善、优。本义的运用非常广泛。《国语·晋语一》:"虽好色,必恶心,不可谓好。"注:"好,美也。"《战国策·赵策三》:"鬼侯有子而好。""子",女儿。"有子而好",是说有个女儿很美丽。又《秦策二》:"因以文绣千匹、好女百人遗义渠君。""好女",就是美女。《列子·杨朱》:"贤愚好丑,成败是非。"《史记·滑稽列传》褚少孙补《西门豹治邺》:"西门豹曰:'呼河伯妇来,视其好丑。'"这两例中,"好"与"丑"相对,更能说明问题。又如"美",从羊从大，本义为味道美。相传上古以羊为主食，因而用“羊大”表示味美。《孟子·尽心下》：“脍炙与羊枣孰美？”《世说新语·任诞》：“友闻白羊肉美。”用的就是本义。与“美”同义的是“旨”，“旨”的本义也是味道美。《诗经·小雅·鹿鸣》：“我有旨酒，以燕乐嘉宾之心。”《礼记·学记》：“虽有佳肴，不食，不知其旨也。”后来，“美”又引申为美丽。《诗经·邶风·静女》：“匪女之为美，美人之贻。”（匪：不是。女：“汝”的古字，第二人称代词。）《战国策·齐策四》：“狗马实外厩，美人充下陈。”《吕氏春秋·去尤》：“且其子至恶，商咄至美也。”这样，“好”与“美”就成了同义词。后来，“好”的词义发生了变化，表示“美丽”的这个职能渐渐消失了，主要表示“良”“善”“优”这类意思，与“美”再也不构成同义关系了。大多数同义词在词义演变发展过程中，几乎都经历了分化组合的过程。掌握词义演变发展规律，对于了解古汉语同义词的形成与发展是非常重要的。

6.2.2 有些同义词经历了由分到合的变化过程。例如：

徐—慢：“徐”的本义是慢走。《说文》：“徐，安行也。”傅毅《舞赋》：“于是郑女出进，二八徐侍。”《文选》张铣注：“徐，谓缓步。”引申为缓慢。《战国策·楚策四》：“其飞徐而鸣悲。”苏轼《前赤壁赋》：“清风徐来，水波不兴。”“慢”的本义是怠慢、傲慢。《说文》：“慢，惰也。”又：“惰，不敬也。”《荀子·不苟》：“君子宽而不慢。”《吕氏春秋·上德》：“荆成王慢焉。”用的是本义。就本义来说，与“徐”不是同义词。后来，“慢”引申为慢走。《诗经·郑风·大叔于田》：“叔马慢忌。”再引申为缓慢。白居易《琵琶行》：“轻拢慢捻抹复挑。”于是，“徐”与“慢”成了同义词。

枉—曲："枉"本为木不直。《礼记·投壶》："某有枉矢哨壶。"孔颖达疏："枉，谓曲而不直也。"《说文》认为"枉"是邪曲的意思，实际上是引申义，所以段玉裁纠正说："本为木邪曲，因以为凡邪曲之称。""曲"本义为弯曲的受物器。《说文》："象器曲受物之形也。"《史记·绛侯周勃世家》："勃以织薄曲为生。"两者本义不同，后来在"弯曲""不正直"等意义上成了同义词。《荀子·王霸》："辟之是犹立直木而求其景之枉也。"（辟："譬"的古字。景："影"的古字。）又《劝学》："其曲中规。"上例的"枉"，下例的"曲"，都指弯曲。《论语·颜渊》："能使枉者直。"《战国策·秦策五》："赵王之臣有韩仓者，以曲合于赵王。"上例的"枉"，下例的"曲"，都指不正直。

年—岁："年"的本义是谷物成熟。《说文》："年，谷孰也。"《大戴礼记·礼三本》："待年而食者不得立宗庙。"用的是本义。"岁"的本义为岁星（木星）。《左传·昭公十年》："今兹岁在颛顼之虚。"两个词根本毫无关系。后来，"年"和"岁"都可指年成、收成。《春秋·宣公十六年》："冬，大有年。"《左传·哀公十六年》："国人望君如望岁焉。"又都可指年月的年。《孟子·滕文公上》："当是时也，禹八年于外，三过其门而不入，虽欲耕，得乎？"又《尽心下》："由汤至于文王，五百有余岁。"还都可指年龄。《战国策·赵策四》："年几何矣？"《庄子·渔父》："六十九岁矣。"于是"年""岁"成了同义词。

6.2.3 有些同义词经历了由合到分的变化过程。例如：

信—诚—谅：本来是同义词，都指诚实不欺。《说文》对"信"的解释是："诚也。"对"诚"和"谅"解释是："信也。"《老子》："信言不美，美言不信。""信言"就是诚实的言论。《周易·文言》："修辞立其诚。"《论语·季氏》："友直，友谅，友多闻。"后来，在词义发展中，这三个词逐渐拉开距离。“诚”一直保留了诚实的意思，“谅”则变为指信任。《诗经·鄘风·柏舟》：“母也天只，不谅人只。”（只：语气词。）又进一步演变为原谅。欧阳修《与刁景纯学士书》：“然虽胥公，亦未必谅某此心也。”至于“信”，演变情况比较复杂，其引申义有动词“相信”。《荀子·王制》：“信其友敌之道。”名词“信使”（使者）、“书信”。《世说新语·文学》：“司空郑冲驰遣信就阮籍求文。”李绅《端州江亭得家书》诗之一：“开拆远书何喜事，数行家信抵千金。”离本义越来越远。这样分化的结果，它们各自又与别的词组成了同义词。如“诚”与“真”“实”，“谅”与“原”，“信”与“使”“书”。

徒—步：本义都是步行。《说文》：“徒，步行也。”《周易·贲》：“舍车而徒。”《说文》：“步，行也。”《庄子·田子方》：“夫子步亦步，夫子趋亦趋。”后来由于词义的演变，两个词的意义越来越远。“徒”由步行引申为名词“步兵”、“徒众”、“门徒”。《左传·昭公二十五年》：“帅徒以往。”《左传·宣公二年》：“倒戟以御公徒。”《论语·微子》：“是鲁孔丘之徒与？”又为形容词“空”。《孟子·离娄上》：“徒善不足以为政，徒法不能以自行。”又为副词“仅仅”。《战国策·韩策二》：“前所以不许仲子者，徒以亲在。”“步”由步行引申为名词“脚步”。《楚辞·离骚》：“夫唯捷径以窘步。”又为量词。《孟子·梁惠王上》：“或百步而后止，或五十步而后止。”“步”指举足两次。《国语·周语下》：“夫目之察度也，不过步武尺寸之间。”注：“六尺为步。”于是，两词各自与别的词构成了同义词。如“徒”与“卒”“众”“空”“但”“仅”“只”，“步”与“履”“武”。

趋—趣：本义都是跑。《说文》：“趋，走也。”又：“趣，疾也。”“疾”就是指快跑。《战国策·赵策四》：“入而徐趋。”《诗经·大雅·棫朴》:“左右趣之。”毛传:“趋也。”后来,“趋”又有向往、归向的意思。《史记·商君列传》:“明日,秦人皆趋令。”“趣”又有兴趣的意思。《晋书·王羲之传》:“恒恐儿辈觉,损其欢乐之趣。”这样,它们各自又有了自己的同义词,“趋”与“向”“附”,“趣”与“兴”。

6.3 同义词形成的其他原因

6.3.1 有些同义词的形成跟社会的发展有关,具有一定的社会性和阶级性。语言虽然没有阶级性,但社会发展到一定的阶段,作为统治阶级的思想意识就一定要在词汇中有所反映。统治阶级和他们的文人,定了条条框框,规定某些词要这样用,某些词要那样用。这种硬性规定往往以礼和法的名义冠冕堂皇地固定下来,成为官书和文人学士共同遵守的成文的或不成文的法规,因而我国古代典籍有不少打上了这种烙印。由于区别贵贱、褒贬善恶或者别的什么原因,同一个概念,对于不同的人,就要用不同的词来表示。下面分四个方面来讨论。

(一)区别贵贱。在封建社会里,贵贱等级是不可逾越的。例如人死了,大致最初都称“死”,或者别的什么,不会有什么“异称”。后来为区别贵贱,对于“死”就有不同的说法。《公羊传·隐公三年》:“天子曰崩,诸侯曰薨,大夫曰卒,士曰不禄。”《礼记·曲礼上》也说:“天子死曰崩,诸侯曰薨,大夫曰卒,士曰不禄,庶人曰死。”在《春秋》《左传》的记事里,基本上遵守了这种等级上的规定。只有一个例外,对鲁国国君及夫人称“薨”,对各国诸侯一般称“卒”。因为《春秋》《左传》是以鲁国纪年为依据的编年史,故对鲁以外的诸侯往往降一等。这大概也是所谓“春秋笔法”吧!这种等级森严的区别，以后的正史也相沿袭。例如唐代，除了皇帝死称“崩”外，官员二品以上称“薨”，五品以上称“卒”，六品以下以至庶人称“死”。至于其他书籍则不太严格，杜甫《自京赴奉先县咏怀五百字》“入门闻号咷，幼子饿已卒”，对自己的儿子死去居然也称“卒”。这也可能是为了押韵，就顾不得讲究礼法上的等级了。又如赠送东西也要讲贵贱等级，刘餗的《隋唐嘉话》记载了一个故事：有一次，唐太宗想送樱桃给酅公（隋恭帝杨侑，逊帝位后，被唐封为酅国公），但用什么样的“词”才合适，却颇费考虑。如果称“奉”，则显得自己太卑下了；如果称“赐”，则又显得自己太倨傲了。唐太宗于是请教虞监，虞监说，从前梁武帝给齐巴陵王（齐和帝萧宝融让位给梁武帝后，被封为巴陵王）称“饷”，于是唐太宗采纳了虞监的意见（据《隋书》记载，杨侑在唐高祖武德二年就死了，这也可能说的是唐太宗当秦王时的事）。“奉”“赐”“饷”是同义词，都有送东西给人的意思，但在用法上却有明显的差别。唐太宗选用了无明显尊卑色彩的“饷”字，既不失自己的身份，又不使对方丢脸，可以说恰到好处。由于要区别贵贱，本来是同一个概念，却要用不同的词来表示，因而形成一些同义词，这种情况很多。下面再举一些例子：

到什么地方去，一般人说“往”，说“至”，地位高的要说“临”，皇帝则要说“幸”。

一般人的妻妾称“妻”“妾”，帝王的妻妾则称“后”“妃”。《礼记·曲礼下》：“天子之妃曰后，诸侯曰夫人，大夫曰孺人，士曰妇人，庶人曰妻。”

一般人的坟称“墓”，皇帝的坟则称“陵”。

一般人的棺材称“棺”，皇帝的棺材则要称“梓宫”。

娶一般人的女儿为妻叫“娶”，娶皇帝的女儿为妻则要叫“尚”。至于把女儿嫁出去，也因为嫁的对象不同而有不同的称呼法。《礼记·曲礼下》：“纳女于天子曰备百姓，于国君曰备酒浆，于大夫曰备埽洒。”

官吏的命令叫“令”，皇帝的命令叫“诏”“旨”。

如此等等，不一一列举。

（二）褒贬善恶。古人为了抑恶扬善，也从词的用法上加以区别。例如把人杀死，古代就不单是个“杀”字。古书中有“戮”“弑”“诛”等。“杀”和“戮”的用法较接近，都指一般的杀死。至于“弑”和“诛”则带有“抑恶扬善”的味道。“弑”含有对杀人者的谴责，只能用于下杀上的特定场合，如臣杀君、子杀父。《礼记·檀弓下》：“臣弑君，凡在官者杀无赦；子弑父，凡在官者杀无赦。”《左传·桓公二年》：“宋督攻孔氏，杀孔父而取其妻。公怒，督惧，遂弑殇公。”这两例情况相同，杀君杀父则用“弑”，杀臣杀子，则用“杀”，非常分明。还有一个例子，更能说明“弑”含有谴责意味。《左传·宣公二年》记载，晋国正卿赵盾的同族赵穿，将试图害死赵盾的晋灵公杀了，史官董狐写了“赵盾弑其君”几个字，拿到朝廷上公布，表示对赵盾的强烈不满，使赵盾“为法受恶”。当然，先秦古籍在记述下杀上时，有时也用“杀”字（如《国语·周语上》“及鲁人杀懿公而立伯御”、又《鲁语上》“晋人杀厉公”），但在记述上杀下时，绝对没有用“弑”的。原因很简单，因为“杀”是通称，有时可混用；而“弑”是特指，只能用于特定的场合。“诛”含有对被杀者的贬斥。一般地说，处死有罪的人才能叫“诛”。《韩非子·难三》：“有罪者必诛，诛者不怨上，罪之所生也。”又如商纣王虽然是天子，但却是公认的暴君，所以《荀子·正论》在谈到他被杀这件事时说："诛纣，断其首。"（据《史记·周本纪》记载，纣是自焚而死。）使用了"诛"这个字眼。再如当政、执政，一般有"当道""当涂""当路""用事"等几种说法，这些词都是中性词，既可用于好人，也可以用于坏人。如果特指坏人执政，则用"窃命"。《后汉书·仲长统传》："光武皇帝愠数世之失权，忿强臣之窃命，矫枉过直，政不任下。"陆机《辩亡命论》："昔汉氏失御，奸臣窃命。"或用"弄权"。《汉书·刘向传》："患苦外戚许、史在位放纵，而中书宦官弘恭石显弄权。"

（三）谦称和尊称。由于古人大量使用谦称和尊称，也构成了很多同义词。例如，第一人称除了"我""余""予""吾"等代词外，为了表示谦虚，又有"寡人""不穀""孤""仆""愚""走""下走""小人""不才""奴""妾"等。第二人称除了"尔""汝""若"等代词外，为了表示尊敬，还有"陛下""阁下""足下""执事""左右""君子""先生"等。谦称和尊称虽然不是真正的代词，而是名词或形容词转化成的名词，但从词义或功能上说，又表示了"你"和"我"，因而，它们与第一人称、第二人称代词构成了事实上的同义关系。

（四）表示委婉。委婉语的运用，也是构成同义词的一个方面。例如，把"居官"说成"待罪""忝守""备员"；把"死"说成"不讳""不幸""物故""捐馆舍""归丘""填沟壑"等等，都是这种情况。当然，这一类词语大多数在特定的语言环境中才能成立，只有少数经过约定俗成固定为复音词。

6.3.2　有些同义词是由于语言的运用而产生的。这突出表现为修辞手法的运用。例如，由于比喻、借代、割裂等修辞手法的运用，使某些本来毫无关系的词语形成了同义关系（委婉语也是一种修辞手法，但因为它与古人的生活习惯及思想观念有直接关系，我们将它归入上一类）。

先说比喻："手足"成为兄弟的同义词。苏辙《为兄轼下狱上书》："臣窃哀其志，不胜手足之情，故为冒死一言。""骨肉"成为亲人的同义词。《韩非子·五蠹》："非疏骨肉而爱过客也。""股肱"成为大臣的同义词。《汉书·苏武传》："上思股肱之美，乃图画其人于麒麟阁。""肺腑"成为亲信的同义词。《史记·魏其武安侯列传》："蚡以肺腑为京师相。"

再说借代："杜康"为酒的同义词。曹操《短歌行》："何以解忧，唯有杜康。"白居易《酬梦得比萱草见赠》："杜康能散闷，萱草解忘忧。""春秋"为年龄的同义词。贾谊《治安策一》："天子春秋鼎盛，行义未过，德泽加焉。""管弦"为音乐的同义词。白居易《琵琶行》："主人下马客在船，举酒欲饮无管弦。""口舌"为语言的同义词。《史记·留侯世家》："此难以口舌争也。"

最后说说割裂："居诸"为时光的同义词（《诗经·邶风·柏舟》"日居月诸"，"居""诸"都是语气词。人们摘取"居诸"代"日月"）。韩愈《符读书城南》："岂不旦夕念，为尔惜居诸。""逆耳"为忠言的同义词（《孔子家语·六本》"良药苦于口而利于病，忠言逆于耳而利于行"，后人摘取"逆耳"代"忠言"）。萧统《文选序》："君非从流，臣进逆耳。""怙恃"为父母的同义词（《诗经·小雅·蓼莪》"无父何怙？无母何恃"，"怙""恃"都是依靠的意思。后人摘取"怙恃"代父母）。韦缜《下邽丞韦端妻王氏墓志》："夫人少丧怙恃，终鲜昆弟。"（终：既。鲜：少。昆弟：兄弟。）"孔怀"为兄弟的同义词（《诗经·小雅·常棣》"兄弟孔怀"，"孔怀"，非常想念。后人摘取"孔怀"代兄弟)。《晋书·熊远传》:"姬公不曲绳于天伦,叔向不亏法于孔怀。"

当然,这类同义词有很多只能在特殊的语言环境中才能成立,由于它们与所比喻或指代("割裂"是一种特殊形式的指代)的词语构成了同义关系,不能不承认它们也是同义词。

6.3.3 有些同义词的形成是由方言造成的。扬雄的《方言》就广泛地记载了这方面的情况。例如:"娥、𡣍,好也。秦曰娥,宋魏之间谓之𡣍,秦晋之间凡好而轻者谓之娥,自关而东河济之间谓之媌,或谓之姣,赵魏燕代之间曰姝,或曰妦,自关而西秦晋之故都曰妍。好其通语也。"(卷一)"好"是美丽的意思。这是说关于"美丽",各地叫法不同,或说"娥",或说"𡣍",或说"媌",或说"姣""姝""妦""妍",因地而异,而"好"是全国通行的说法。"台、胎、陶、鞠,养也。晋卫燕魏曰台,陈楚韩郑之间曰鞠,秦或曰陶,汝颍梁宋之间曰胎,或曰艾。"(卷一)"台"音 yí。关于"养育",各地有"台""鞠""陶""胎""艾"等不同说法。"佼、谲,诈也。凉州西南之间曰佼,自关而东西或曰谲,或曰佼。诈,通语也。"(卷三)关于"伪诈",各地有"佼""谲"等不同说法,"诈"是全国通用语。"凡草木刺人,北燕朝鲜之间谓之茦,或谓之壮,自关而东或谓之梗,或谓之刿,自关而西谓之刺,江湘之间谓之棘。"(卷三)"茦""壮""梗""刿""刺""棘"都有草木刺人的意思,因地而异。"胹、饪、亨、烂、糦、酋、酷,熟也。自关而西秦晋之郊曰胹,徐扬之间曰饪,嵩岳以南陈颍之间曰亨,自河以北赵魏之间火熟曰烂,气熟曰糦,久熟曰酋,谷熟曰酷,熟其通语也。"(卷七)"胹"音 ér,"亨"即烹古字。"糦"音 chì,通饎,烹熟之意。把食物做熟,各地有"胹""饪""亨""烂""糦""酋""酷"等不同说法,"熟"是全国通用语。从以上例子可以看出,由于各地方言不同，对同一事物有不同说法，因而形成了很多同义词。扬雄列举的词语，有很多能在古书中找到例证。例如，“娥”“媌”当美丽讲，《列子·周穆王》：“简郑卫之处子娥媌靡曼者。”“姝”当美丽讲，《诗经·邶风·静女》：“静女其姝。”“鞠”“陶”当养育讲，《诗经·小雅·蓼莪》：“父兮生我，母兮鞠我。”张华《答何劭》：“洪钧陶万类，大块禀群生。”“刿”当刺讲，《老子》：“是以圣人方而不割，廉而不刿。”（廉：指棱角税利。）“胹”当熟讲，《左传·宣公二年》：“宰夫胹熊蹯不孰。”“酋”当久熟讲，《国语·郑语》：“毒之酋腊者，其杀也滋甚。”注：“精孰曰酋。”

6.4 同义词的运用

6.4.1 古代训诂学专著中，用同义词来训释词义是一个重要的方法。主要有互训、同训、递训三种形式。

互训是用同义词互相训释。《说文》大量采用了这种训释方法。

同一部中的互训如：

“饥，饿也。”“饿，饥也。”
“呻，吟也。”“吟，呻也。”
“追，逐也。”“逐，追也。”
“恐，惧也。”“惧，恐也。”
“讽，诵也。”“诵，讽也。”
“何，儋也。”“儋，何也。”
“颠，顶也。”“顶，颠也。”

不同部首的互训如：

"逃，亡也。""亡，逃也。"
"觉，寤也。""寤，觉也。"
"珍，宝也。""宝，珍也。"
"玩，弄也。""弄，玩也。"
"谨，慎也。""慎，谨也。"

同训是用同一个词训释不同的词。《尔雅》主要是采用同训的方法来训释词义的。例如：

"怡、怿、悦、欣、衎、喜、愉、豫、恺、康、妉、般，乐也。"
"辜、辟、戾，罪也。"
"允、孚、亶、展、谌、诚、亮、询，信也。"
（以上《释诂》）
"告、谒，请也。"
"征、迈，行也。"
"干、流，求也。"
（以上《释言》）

《说文》等书虽然没有把意义相同或相近的词聚集在一起，但用同一词分别训释不同的词的情况很多，这种方法也叫同训。以《说文》为例：

同一部首的：

"禄，福也。""禠，福也。""祥，福也。""祉，福也。"
"晤，明也。""的，明也。""晄，明也。""旷，明也。"

"啐，惊也。""吁，惊也。"
"遭，遇也。""逢，遇也。"

不同部首的：

"丕，大也。""壮，大也。"
"喜，乐也。""僖，乐也。"
"式，法也。""模，法也。""辟，法也。""范，法也。"

递训是用同义词辗转相训。以《说文》为例：
同一部首的：

"祉，福也。""福，祐也。""祐，助也。"
"逆，迎也。""迎，逢也。""逢，遇也。"
"正，是也。""是，直也。"
"咙，喉也。""喉，咽也。"

不同部首的：

"歨，岠也。""岠，止也。"
"逝，往也。""往，之也。"
"攻，击也。""击，支也。"

6.4.2　古人还利用同义词进行词语考订。最常见的是利用对文和异文来确定某些词的词义。

对文是指在上下文句中相应的位置上对用的词语。这些对用的词语常常是同义词。根据对文中的同义词来判断词义是训诂学常用的一个重要方法。例如,《新唐书·张说传》:“久视中,(武)后逭暑三阳宫。”《说文》:“逭,逃也。”那么,“逃暑”是什么意思呢? 不太清楚。《尚书·太甲中》有“天作孽,犹可违;自作孽,不可逭。”“违”和“逭”是同义词,又为对文。“违”是躲开、避开的意思,由此可断定“逭暑”是避暑的意思。又如,杜甫《秋兴诗》:“每依北斗望京华。”“每”有常的意思。古汉语中“每”与“常”常常为对文。孔稚珪《北山移文》:“常绸缪于结课,每纷纶于折狱。”(绸缪:有纠缠的意思。结课:总结对官吏考核结果,并决定升降。折狱:审判案子。)“怜”有爱的意思。《战国策·赵策四》:“丈夫亦爱怜其少子乎?”《荀子·君道》:“然后隐其所怜所爱。”《古诗为焦仲卿妻作》:“可怜体无比,阿母为汝求。”杜甫《江畔独步寻花》:“东望少城花满烟,百花高楼更可怜。”上述各例的“怜”都是爱的意思。古汉语中,“怜”常与“爱”为对文。钱起《谷口书斋寄杨补阙诗》:“竹怜新雨后,山爱夕阳时。”再如,睢景臣《哨遍·高祖还乡》:“你须身姓刘,你妻须姓吕。”“须”有本来的意思。元代杂剧中“须”常常与“本”互为对文。《赵氏孤儿》一:“你本是赵盾家堂上客,我须是屠岸贾门下人。”《倩女离魂》一:“俺本是乘鸾艳质,他须有中雀丰标。”解“须”为本,古无明训,可能是元明时期的口语。李白《月下独酌》:“暂伴月将影,行乐须及春。”“将”是与、共的意思。古代诗词歌赋中,“将”常跟“与”“共”为对文。庾信《春赋》:“眉将柳而争绿,面共桃而竞红。”陈子昂《金门饯东平序》:“残霞将落日交晖,远村与孤烟共色。”

古书中有些疑难问题，利用同义词对文去分析比较，常常可以迎刃而解。例如，李商隐《为贺拔员外上李相公启》："世故推迁，年华荏苒。"（荏苒：音 rěnrǎn，渐渐过去。）这里的"世故"比较难讲。有的注释家解为"人情世故"，有的注释家解为"世事变化"，都不切合文义。实际上，"世故"就是世事的意思。古代汉语里"故"可以当"事"讲。《礼记·玉藻》："君无故不杀牛。"注："故，谓祭祀之属。"《周易·系辞上》："是以明于天之道，而察于民之故。"孔颖达疏："而察于民之故者，故，事也。""世故"当"世事"讲也不乏例证。《列子·杨朱》："不治世故，放意所好。""世故"即指社会上之事。特别是嵇康《与山巨源绝交书》"机务缠其心，世故繁其虑"这两句里，"心"与"虑"、"务"与"故"为对文，是同义词，由此可推断"世故"与"机务"的意思差不多，都有事务的意思。

清代著名训诂学家王引之等常常根据同义词对用的规律来确定一些虚词的含义及其语法作用。王引之专门解释古书虚词的著作《经传释词》收虚词一百六十个，论述精辟，有不少独到的见解。例如，《论语·阳货》："鄙夫可与事君也与哉！"孔安国传："言不可与事君。"皇侃疏："言凡鄙之人不可与之事君。"王引之指出孔、皇的解释都是错误的，认为"可与"是可以的意思。他除了根据古书的材料作了一些论证外，还举了古书中"与"和"以"为对文的例子作旁证：《史记·货殖列传》"智不足与权变，勇不足以决断"，"足与"与"足以"同义；《汉书·扬雄传》"建道德以为师，友仁义与为朋"，"以为"和"与为"同义。又如，《诗经·卫风·芄兰》："虽则佩觿，能不我知。"郑玄笺："此幼稚之君，虽佩觿与，其才能实不如我众臣之所知为也。"王引之指出郑玄的解释未洽语意。他认为"能"

是虚词,等于“而”,“能不我知”就是“而不我知”。王引之举出了古书中的“能”与“而”对用的例子为证:《管子·侈靡》“不欲强能不服,智而不牧”;《墨子·天志》“少而示之黑谓之黑,多示之黑谓白……。少能尝之甘谓甘,多尝谓苦”;《韩诗外传》“贵而下贱,则众弗恶也;富能分贫,则穷士弗恶也;智而教愚,则童蒙者弗恶也”。再如,《诗经·鄘风·君子偕老》:“胡然而天也,胡然而帝也。”《左传·昭公四年》:“牛谓叔孙,见仲而何?”《孟子·万章上》:“而居尧之宫,逼尧之子,是篡也,非天与也。”王引之认为这几例的“而”都相当于“如”。因为古书中“而”“如”常对用:《诗经·小雅·都人士》“彼都人士,垂带而厉;彼君子女,卷发如虿”;《孟子·离娄下》“文王视民如伤,望道而未之见”;《说苑·奉使》“意而安之,愿假冠以见;意如不安,愿无变国俗”。

异文是指古代不同典籍记载同一事件或转录同一文章时使用的不同词语。古人在引用前人著作时常常有同义词替换的情况,这就构成了大量异文。例如,《史记·高祖本纪》:“已而有身,遂产高祖。”《汉书·高帝纪上》“身”作“娠”。《战国策·魏策四》:“岂直五百里哉?”《说苑·奉使》“直”作“独”。《战国策·楚策四》:“今楚国虽小,绝长续短,犹以千里。”《新序·杂事二》“续”作“继”。“身”与“娠”、“直”与“独”、“续”与“继”都是同义词。根据这一情况,我们可以通过对比不同版本或不同书籍的异文来研究某些词的词义。例如,《国语·周语上》:“先王之于民也,懋正其德而厚其性,阜其财求而利其器用。”韦昭将“性”释为性情,那是不对的。其实“性”就是“生”的意思,“厚其性”就是“厚其生”。整段话也就是《左传·文公七年》“正德利用厚生,谓之三事”所说的意思。所谓“厚生”，是指薄征徭、轻赋税、不夺农时，使老百姓生活安定，衣食丰足。说“性”就是“生”的意思，是有充分根据的，因为古书中“性”与“生”常互用。《荀子·礼论》“礼有三本，天地者，生之本也”，《大戴礼·礼三本》作“天地者，性之本也”。《战国策·秦策三》“生命寿长，终其年而不夭伤”，《史记·范雎蔡泽列传》作“性命寿长”。这说明《大戴礼》和《史记》的“性”就是“生”的意思。另外，在训诂材料中有不少以“生”释“性”的例子。《左传·昭公十九年》：“吾闻抚民者，节用于内而树德于外，民乐其性而无寇仇。”孔颖达疏：“性，生也。兵革并起则民不乐生，国家和平则乐生。”《尚书·旅獒》：“犬马非其土性不畜。”孔颖达疏：“非此土所生，不畜，以不习其用。”可见“性”与“生”是相通的。又如，《史记·吕后本纪》有“过轵道，见物如苍犬，据高后腋”，这个“据”很难懂。《老子》里有“猛虎不据，攫鸟不搏”，“据”与“搏”为对文，似乎“据”有“搏”的意思。《盐铁论·击之》：“虎兕相据而蝼蚁得志。”“虎兕相据”与《战国策·楚策一》“此所谓两虎相搏者也”的“两虎相搏”结构相同，意义也相近，可作为“据”为“搏”义的旁证。更有启发性的是，江淹《杂诗》“幽并逢虎据”，《文选》李善注引《战国策》此文时，“搏”作“据”，这显然不是一时的疏忽，说明“搏”和“据”在意义上可以互换。因此，可以确定“据”与“搏”是同义词，有搏击、攫取的意思。经过这样的研究和比较，所谓“据高后腋”也就不难解释了。

6.4.3 古人非常重视同义词的作用，同义词的连用与对用，是古人写诗作文经常运用的表现方法。

同义词连用常常是为了增强气势或和协音节。例如：

①无使滋蔓，蔓难图也。（《左传·隐公元年》）

②若晋取虞，而明德以荐馨香，神其吐之乎？（《左传·僖公五年》。荐：献，这里指向神敬献。馨：远处可闻到的香气。）

③君命大事，将有西师过轶我，击之，必大捷焉。（《左传·僖公三十二年》。轶：音 yì，后车超过前车，这里有越过的意思。）

④余姑翦灭此而朝食。（《左传·成公二年》）

⑤余折以御，左轮朱殷。（《左传·成公二年》。殷：音 yān，红中带黑。）

⑥勤礼莫如致敬，尽力莫如敦笃。（《左传·成公十三年》。敦：诚恳。笃：忠实。）

⑦申之以盟誓，重之以昏姻。（《左传·成公十三年》。昏：婚的古字。）

⑧殄灭我费滑，散离我兄弟。（《左传·成公十三年》。殄：音 tiǎn，消灭。）

⑨是其为人，哀鳏寡，恤孤独，振困穷，补不足。（《战国策·齐策四》。振：救济。）

⑩故昼游乎江河，夕调乎鼎鼐。（《战国策·楚策四》。鼐：音 nài，大鼎。）

⑪襄王闻之，颜色变作，身体战栗。（《战国策·楚策四》。作：变。）

⑫且秦无已而帝，则且变易诸侯之大臣。（《战国策·赵策三》）

⑬彼又将使其子女谗妾为诸侯妃姬。（《战国策·赵策三》。子：也指女。）

⑭而臣衰，窃爱怜之，愿令得补黑衣之数，以卫王宫。（《战国策·赵策四》）

⑮汩余若将不及兮，恐年岁之不吾与。（《楚辞·离骚》。汩：音 yù，水流急速的样子，这里形容时间快得像流水一样。

与：等待。）

⑯惟草木之零落兮，恐美人之迟暮。（《楚辞·离骚》。零：落下。）

⑰门衰祚薄，晚有儿息。（李密《陈情表》。祚：福。息：儿子。）

上面举的这些例子，都是在同一句中两个单音节同义词连用在一起。它们的词义相同，或者十分相近，虽然还没有凝固成复音词，但这种同义词连用却是产生复音词的一个重要途径。同义词的连用，还起到了加强语气、调整句式、协和音律的作用，读起来琅琅上口，是古人常用的一种重要修辞手法。

同义词对用的形式基本上有两种。一种是单句内对用。例如，《诗经·邶风·谷风》："就其深矣，方之舟之；就其浅矣，泳之游之。"（方：并船。）又《魏风·伐檀》："不狩不猎，胡瞻尔庭有县貆兮？"（县："悬"的古字。貆：音 huán，就是獾。）又《小雅·节南山》："弗躬弗亲，庶民弗信。"又《大雅·公刘》："匪居匪康，乃埸乃疆，乃积乃仓。"（匪：通"非"。居、康：都是安定的意思。埸：音yì，田的小界。疆：田的大界。）又《大雅·公刘》："既庶既繁，既顺乃宣。"（庶：众多。顺：安。宣：遍，指住得普遍。）陶渊明《归去来辞》："请息交以绝游。"韩愈《送李愿归盘谷序》："窈而深，廓其有容；缭而曲，如往而复。"（窈：深远。缭：回环曲折。）柳宗元《永州韦使君新堂记》："公之居高以望远，岂不欲家抚而户晓？"欧阳修《醉翁亭记》："峰回路转，有亭翼然临于泉上者，醉翁亭也。"（回：转弯。）这种同义词对用，一般以虚词隔开，使文句声韵铿锵、委婉回环，起到很好的修辞作用。

另一种是偶句对用。特别是在某些具有对偶特点的句式中，同义词的对用更为常见。例如：

①仰不愧于天，俯不怍于地。(《孟子·尽心上》)

②狗马实外厩，美人充下陈。(《战国策·齐策四》。下陈：后列。)

③见兔而顾犬，未为晚也；亡羊而补牢，未为迟也。(《战国策·楚策四》)

④且夫三王代兴，五霸迭盛。(《战国策·燕策一》)

⑤攻无辜之国以索地，诛不辜之民以求利。(《吕氏春秋·听言》)

⑥心絓结而不解兮，思蹇产而不释。(《楚辞·哀郢》。絓：音 guà，同挂。蹇：音 jiǎn。蹇产：屈曲的样子。)

⑦颜色类相似，手爪不相如。(《乐府诗集·上山采蘼芜》。手爪：指纺织、缝纫、刺绣等手工技巧。)

⑧日月之行，若出其中，星汉灿烂，若出其里。(曹操《观沧海》)

⑨泛览周王传，流观山海图。(陶渊明《读山海经·孟夏草木长》。周王传：指《穆天子传》。山海图：《山海经》的图，这里指《山海经》。)

⑩白日沦西阿，素月出东岭。(陶渊明《杂诗》其二。阿：山边。)

⑪昔如鞲上鹰，今似槛中猿。徒结千载恨，空负百年怨。(鲍照《代东武吟》。鞲：音 gōu，皮革制成的臂衣，用以停立猎鹰。)

⑫于是南岳献嘲，北陇腾笑；列壑争讥，攒峰竦诮。(孔稚

珪《北山移文》。壑：音 hè，山沟。攒：音 cuán，聚集。竦：音 sǒng，引领举足。）

⑬一简之内，音韵尽殊，两句之中，轻重悉异。（沈约《谢灵运传论》。一简：指五言诗的一句。音韵：指双声叠韵。轻重：指声调的高低。）

⑭见红兰之受露，望青楸之离霜。（江淹《别赋》。楸：音 qiū，树名。离：通"罹"，遭受。）

⑮使人意夺神骇，心折骨惊。（江淹《别赋》）

⑯苔始绿而藏鱼，麦才青而覆雉。（庾信《春赋》）

上面这些例句，互相对用的同义词数目不一，形式自由，运用随便，没有任何规则和框框。由于在对偶句或排比句中使用了同义词，因而增多了句式的变换，丰富了词语的色调，加强了文章的气势。像鲍照《代东武吟》"徒结千载恨，空负百年怨"两句里，用了"徒""空"、"载""年"、"恨""怨"三对同义词，使这两句意义基本上相同的话，通过不同的词语分别表现出来，从而渲染了诗中的怨恨气氛。孔稚珪《北山移文》四句连用"嘲""笑""讥""诮"四个同义词，可算是较典型的了。这是由四个单句组成的排比，把四个表示讥笑的同义词分别放在句尾，构成了群山争相讥笑假隐士的生动画面，十分耐人寻味。

同义词对用除了能增强文章气势，避免字、词重复单调外，有时还能表现某些复杂的意境和细腻的思想感情。例如上面举到的江淹《别赋》"见红兰之受露，望青楸之离霜"，这两句互文见义，通过"见"与"望"、"受"与"离"这两对同义词的对用，描绘了"兰"和"楸"由承受露水到遭受严霜，从而抒发了年华易逝、离别难忍的情怀。再如,《诗经·周南·关雎》里有“左右流之”“左右采之”“左右芼(mào)之”,“流”“采”“芼”都有摘的意思,但“流”是顺水流而取(朱熹注:“流,顺水流而取之也”),含有寻找的意思,故毛传注曰:“流,求也。”“采”是摘取;“芼”是一边摘取一边选择。三个同义词之间有细微的差别,因而将采摘荇菜的动作表现得具体、生动。

古人常常运用同义词来增强表现力。因为同义词在色彩、情调、用法等方面一般存在不同程度的差别,这种差别往往能在修辞上表现出不同的作用。例如,《左传·桓公元年》:“宋华督见孔父之妻于路,目逆而送之,曰:‘美而艳。’”(逆:迎。)既然已经用了“美”字,为什么还要加一个“艳”字?这是因为“美”和“艳”虽然都有美丽的意思,但在色彩上却略有不同。孔颖达疏:“美者言其形貌美,艳者言其颜色好。”这是说“美”着重在“形”,而“艳”着重在“色”。作者为了强调宋督对孔父之妻的倾倒,单用“美”还嫌不足,又增一“艳”字,这就在形貌秀美动人以外,又给人以颜容焕发、光彩照人的感觉。运用同义词来表现不同的情况、不同的感情和不同的倾向,也是古人十分重视的。例如,《左传·隐公元年》:“大叔完聚,缮甲兵,具卒乘,将袭郑。夫人将启之。公闻其期,曰:‘可矣!’命子封帅车二百乘以伐京。”(完:指修城。聚:指聚集百姓。启之:指为大叔开城门,作内应。)大叔与郑庄公是亲兄弟,庄公做了国君,大叔只能当臣子。作为母亲的姜氏夫人偏爱小儿子,支持他发动叛乱,以夺取君位。因此大叔与郑庄公虽然都是进攻,但一个用“袭”,一个用“伐”,表现了这两种军事行动的不同性质和不同情况。“伐”和“袭”虽然都是进攻的意思,但在具体用法上还是有差别的。“伐”是公开的进攻,行军作战都配有钟鼓,而且总要找一些声讨的理由。而“袭”只是乘人不备时秘密地、偷偷地进攻，也就是现在所谓的“偷袭”。郑庄公以兄惩弟、以君攻臣、以正讨逆，名正言顺，他可以用正当的理由堂而皇之地进攻，故用“伐”。而大叔则是以弟反兄、以臣叛君、非法谋位，名不正而言不顺，只能利用时机来搞偷袭，故用“袭”。

6.4.4 古人也将同义词用于避讳。古代常常因避讳而改字，而同义词替换则是主要方法。例如，汉代高祖名邦，惠帝名盈，文帝名恒，景帝名启，武帝名彻，宣帝名询，哀帝名欣，于是规定以“国”改“邦”，以“满”改“盈”，以“常”改“恒”，以“开”改“启”，以“通”改“彻”，以“谋”改“询”，以“喜”改“欣”，等等。用来替换的字，都与被换字同义。汉以后各朝虽无定例，但大都沿袭了同义替换的办法。如隋代因隋文帝的父亲名忠，便讳“忠”字，并且兼讳“中”字，凡“中”皆改为“内”。唐代因高祖名渊，太宗名世民，高宗名治，故改“渊”为“深”，改“世”为“代”，改“民”为“人”，改“治”为“理”。现在我们看到的唐人著作及经唐人之手整理过的唐以前的典籍中，还常常留有这种避讳的痕迹。例如，韩愈《送李愿归盘谷序》：“理乱不知，黜陟不闻。”改“治乱”为“理乱”。又《子产不毁乡校颂》：“四海所以不理，有君无臣。”改“治”为“理”。柳宗元《封建论》：“生人果有初乎？吾不得而知之也。”改“生民”为“生人”。又《段太尉逸事状》：“天子以生人付公理。”改“生民”为“生人”，改“治”为“理”。唐人为了避讳，在引用古书时还常常改掉古人的文字。如，《说苑·政理》：“子贡问治民于孔子。”魏征《十渐不克终疏》在引用时改为“昔子贡问理人于孔子”，将“治民”改成了“理人”。

懂得避讳的方法，掌握了同义替换的原则，对词义的研究以及阅读古书是有帮助的。例如,《后汉书·陈纪传》:“纪见祸乱方作,不复办严,即时之郡。”“办严”是什么意思,不好懂。原来,这里的“严”应该是“装”字,“办装”就是准备行装。为了避汉明帝刘庄讳,“庄”往往改成“严”,而且兼讳“装”“妆”。“妆具”(梳妆用具)改成了“严具”。《后汉书·祭祀志下》:“具盥水,陈严具。”“装饰”改成了“严饰”。《汉书·五行志上》:“刘歆以为先是严饰宗庙。”故而就有“办严”这种奇怪说法出现,如果不知道避讳的原委,真是百思不得其解了。又如,晋人为避郑太后(晋元帝夫人,简文帝母,名阿春)讳,有时把“春”改为“阳”,称《春秋》为“阳秋”,后来又把凡记载历史的书都称之为“阳秋”,如《晋阳秋》《续晋阳秋》。有一句成语叫“皮里阳秋”,“阳秋”即指《春秋》,《春秋》褒贬善恶,态度鲜明,“皮里阳秋”则形容人内心对事物的善恶有鲜明的标准。

避讳改字这种现象很复杂,有本朝改字,也有后代改字,很难弄清楚。现在只留下残存的痕迹(大多数避讳字后人都改回去了),虽然给阅读古书带来一些麻烦,但另一方面,也给研究古汉语词汇提供了一些有用的资料。

6.5 同义词的辨析

6.5.1 古人很重视区分同义词。在古人的注疏中,常常有辨析同义词的内容。例如:

> 《诗经·召南·采蘋》:“于以盛之,维筐及筥。于以湘之,维锜及釜。”毛传:“方曰筐,圆曰筥。……有足曰锜,无足曰釜。”

《诗经·召南·羔羊》:“羔羊之皮,素丝五紽。”毛传:“小曰羔,大曰羊。”

《诗经·邶风·绿衣》:“绿兮衣兮,绿衣黄裳。”毛传:“上曰衣,下曰裳。”

《诗经·小雅·何人斯》:“伯氏吹壎,仲氏吹篪。”毛传:“土曰壎,竹曰篪。”

《国语·晋语七》:“无功庸者,不敢居高位。”韦昭注:“国功曰功,民功曰庸。”

《国语·楚语七》:“刍豢几何?”韦昭注:“草养曰刍,谷养曰豢。”

《国语·吴语》:“而囷鹿空虚。”韦昭注:“员(圆)曰囷,方曰鹿。”

《论语·学而》:“有朋自远方来,不亦说乎?”郑玄注:“同门曰朋,同志曰友。”

《论语·先进》:“加之以师旅,因之以饥馑。”朱熹注:“谷不熟曰饥,菜不熟曰馑。”

《战国策·秦策一》:“田畴荒,囷仓虚。”姚宏注:“圆曰囷,方曰仓。”

《战国策·秦策一》:“今秦妇人婴儿皆言商君之法。”鲍彪注:“《集韵》:女曰婴,男曰儿。”

《战国策·齐策三》:“小国英桀之士。”姚宏注:“才胜万人曰英,千人曰桀。”

《楚辞·离骚》:“惟草木之零落兮。”王逸注:“草曰零,木曰落。”

《晏子夏秋·内篇问下第四》:“异日,君过于康庄。”孙星衍云:“《尔雅·释宫》:‘五达谓之康,六达谓之庄。’”

班固《东都赋》:“学校如林。”注:“《汉书》曰:平帝立学官,郡国曰学,县道侯国曰校。”

古人揭示的这些同义词或近义词的细微差别，无疑是我们今天辨析同义词的重要参考资料。但是，这类辨析也存在不少问题。首先，有些辨析缺乏根据，是强生分别。例如：《诗经·唐风·山有枢》："子有车马，弗驰弗驱。"孔颖达疏："走马谓之驰，策马谓之驱。"其实，"驰"和"驱"都有赶马使快跑的意思，只不过"驰"比"驱"更快罢了。所以《说文》对"驱"的解释是"马驰也"，对"驰"的解释是"大驱也"。又如，《尔雅·释器》："金谓之镂，木谓之刻，骨谓之功，象谓之磋，玉谓之琢，石谓之磨。"然而古书的实际运用情况并非如此。《荀子·劝学》："锲而不舍，金石可镂。"不但"金"可镂，"石"也可镂。《史记·秦始皇本纪》："刻石颂秦德。"刻的是"石"，而不是"木"。《诗经·卫风·淇奥》："有匪君子，如切如磋，如琢如磨。"朱熹注："治骨角者，既切以刀斧，而复磋以鑢钖。治玉石者，既琢以槌凿，而复磨以沙石。"可见，不仅象可"磋"，骨角也可"磋"。"磨"的不仅是石，也可以是玉。其次，由于有些辨析没有客观依据，故往往人持一说，造成矛盾。例如，《诗经·周南·卷耳》："陟彼崔嵬。"又："陟彼砠矣。"毛传释"崔嵬"为"土山之戴石者"，释"砠"为"石山戴土"，而《尔雅·释山》则谓"石戴土谓之崔嵬，土戴石为砠。"又如，《诗经·魏风·陟岵》："陟彼岵兮，瞻其父兮。"又："陟彼屺兮，瞻望母兮。"毛传释"岵"为"山无草木"，释"屺"为"山有草木"，而《尔雅·释山》则释"岵"为"（山）多草木"，释"峐"（屺）为"（山）无草木"。再如，《尔雅·释天》："春猎为蒐，夏猎为苗，秋猎为狝，冬猎为狩。"《公羊传·桓公四年》："狩者何？田狩也。春曰苗，秋曰蒐，冬曰狩。"《穀梁传·桓公四年》："四时之田，皆为宗庙之事也。春曰田，夏曰苗，秋曰蒐，冬曰狩。”冬天打猎称“狩”，三家是一致的。秋天打猎，《公羊》《穀梁》称“蒐”，而《尔雅》称“狝”；夏天打猎，《公羊》缺，《穀梁》《尔雅》一致称“苗”；春天打猎，三家称法各不相同。这些矛盾的说法，也给词义的训释带来了一些混乱。

6.5.2 在前人的注释中，有“浑言”（又称“统言”）和“析言”这两个术语。前面提到，古代训诂学家常常用同义词训释词义，一般有互训、同训、递训三种方式。根据互训、同训、递训，只能确定同义词，不能辨析同义词。作为一种补充，于是产生了“浑言”（统言）“析言”的训释方法，从而弥补了传统训释方法的不足。“浑言”（统言）就是笼统地、含混地说，是就同义词的“同”而言；“析言”就是分别地、对比地说，是就同义词的“异”而言。两者相辅相成，互为补充。段玉裁注释《说文解字》时用得最多。例如，《卷二上》：“呻，吟也。”又：“吟，呻也。”段玉裁注：“按呻者吟之舒，吟者呻之急，浑言则不别也。”《卷六下》：“国，邦也。”又：“邦，国也。”段玉裁注：“《周礼》注曰：大曰邦，小曰国，析言之也。许言：邦，国也，国，邦也，统言之也。《周礼》注又云：邦之所居亦曰国，此谓统言则封境之内曰国曰邑，析言则国野对称，《周礼》体国经野是也。古者城郭所在曰国曰邑而不曰邦，邦之言封也，古邦封通用。”《卷六下》：“贿，财也。”又：“货，财也。”又：“财，人所宝也。”段玉裁注：“《周礼》注曰：金玉曰货，布帛曰贿，析言之也。许浑言之，货贿皆释曰财。”《卷八下》：“见，视也。”又：“视，瞻也。”《卷四上》：“瞻，临视也。”段玉裁注：“析言之有视而不见者，听而不闻者。浑言之则视与见、闻与听一也。耳部曰：听，聆也，闻，知声，此析言之。”以上四例，《说文》训释“呻”“吟”“国”“邦”“贿”“货”“视”“见”都用的“浑言”（统言），段玉裁补充了“析言”，从而达到了辨析同义词的目的。

另一种情况是，《说文》训释是“析言”，但语焉不详，段玉裁以“浑言”(统言)补充，并详加论述，同样也达到了辨析同义词的目的。例如，《卷二下》：“逑，敛聚也。……又曰怨匹曰逑。”段玉裁曰：“……桓二年《左传》：嘉耦曰妃，怨耦曰仇，古之命也。谓古者命名之法如是。逑仇古多通用。《关雎》：君子好逑，亦作仇。《兔罝》云好仇。毛传：逑，匹也。《释诂》：仇，匹也。孙炎曰：相求之匹。则孙本《释诂》亦作逑可知。逑为怨匹而诗多以为美词者，取匹不取怨也。浑言则不别，《尔雅》‘仇、妃，匹也’是也；析言则别，左氏嘉耦怨耦异名是也。”《卷四下》：“臂，手上也。”段玉裁注：“又部曰：厷，臂上也，此皆析言之。亦下云：人之臂亦，浑言之也。浑言则厷臂互称。”《卷七下》：“向，北出牖也。……《诗》曰：塞向墐户。”段玉裁注：“《豳风》：塞向墐户。毛曰：向，北出牖也。按《士虞礼》：祝户牖乡。注云：乡、牖一名。《明堂位》‘达乡’注云：乡，牖属。是浑言不别。毛公以在冬日可塞，故定为北出者。引申为向背字，经传皆假乡为之。”《卷九上》：“后，继体君也。”段玉裁注：“《释诂》、毛传皆曰：后，君也。许知为继体君者，后之言後也，开创之君在先，继体之君在後也。析言之如是，浑言之则不别矣。《易・象下传》曰：后以施命诰四方。虞云：后，继体之君也。此许说也，……”从上述例证可以看到，段玉裁不只是单单补充“浑言”(统言)，而且还对《说文》的“析言”加以分析，并用丰富的文献材料加以印证，很多分析非常精辟，给了我们不少启迪。他使用的方法，提供的材料，都是训诂学的宝贵财富，对于古汉语同义词的辨析非常有用。

借助“浑言”(统言)与“析言”来揭示词的本义，是古代训诂学家辨析同义词的重要方法。还是以段玉裁的《说文解字注》为例。《卷二上》:“走，趋也。”又:“趋，走也。”“走”和“趋”互训，本义不显。段玉裁注:“《释名》曰:徐行曰步，疾行曰趋，疾趋曰走。此析言之。许浑言不别也。”疾行曰“趋”,“趋”的本义应该是快步行走;“疾趋曰走”,快步行走再加快，就便成了跑，“走”的本义应该是跑。《卷三上》:“讽，诵也。”又:“诵，讽也。”“讽”与“诵”互训，本义难以确定。段玉裁注:“《大司乐》:以乐语教国子，兴道讽诵言语。注:倍文曰讽，以声节之曰诵。倍同背，谓不开读也。诵则非直背文，又为吟咏以声节之。《周礼》经注析言之，讽诵是二;许统言之，讽诵是一也。”根据段说，“讽”的本义是一般地背文词，“诵”的本义则是用吟咏的乐声并按一定的节奏背文词。《卷七下》:“寑，卧也。”《卷八上》:“卧，伏也。”这是递训。“寑”(即“寝”字)训“卧”,“卧”训“伏”,虽辗转相训，但“寑”与“卧”的本义是什么仍然不清楚。段玉裁注:“伏，大徐本作休，误。卧与寝异。寝于床，《论语》寝不尸是也;卧于几，《孟子》隐几而卧是也。卧于几，故曰伏。尸篆下曰:象卧之形是也。此析言之也，统言则不别。故宀部曰:寝者卧也。《曲礼》云:寝毋伏，则谓寝于床者毋得俯伏也。”可见，“寝”与“卧”的本义是不同的:“寝”是躺在床上睡觉，“卧”是伏在几上睡觉。

从词义的关系来看，“浑言”(统言)与“析言”往往就是引申义与本义、泛指与特指的关系。前面所列举的“向，北出牖也”、“后，继体君也”是析言，都是本义;“北出牖”又为一般的“牖”,“继体君”又为一般的“君”,是“浑言”(统言),都是引申义。“向”和“后”的两个意义又表现为泛指和特指的关系。这两者是并不矛盾的。从词义演变发展的角度看，是本义与引申义的关系；从概念的内涵和外延的角度看，又是泛指与特指的关系。概念的内涵和外延的变化，可以导致词义的扩大或缩小。概念的内涵减少、外延扩大，就是词义的扩大。“后”指“继体君”、“向”指“北出牖”时是部分，“后”指“君”“向”指“牖”时是全体。由指事物的一部分变为指事物的全体，就是由特指演变为泛指。当然，我们不能把“浑言”（统言）与“引申义”“泛指”、“析言”与“本义”“特指”划等号，但“浑言”（统言）与“析言”所表示的这种十分重要的词义关系，是值得我们重视的。

6.5.3　对同义词进行辨析，是研究同义词的重要方法。同义词之间的差别往往是很细微的，容易被人忽略。要掌握同义词的不同含义、不同色彩、不同用法，就必须运用现代语言学的理论和方法对古代典籍所提供的丰富材料进行比较、分析和综合，舍此别无他法。因此，对同义词的研究，重点在于“异”，而不在于“同”。

古汉语同义词的差别是多方面的，从不同角度来分析，就可能有不同的差别。我们应从主要方面而无需从所有方面来进行分析，这是辨析同义词的基本方法。例如“皮”和“肤”，从使用对象来分析，“皮”一般用于鸟兽，“肤”一般用于人。从源的角度来分析，“皮”的本义是剥取兽革者，“肤”的本义是皮肤。从含义这个角度来分析，“皮”和“肤”在表示“动物表皮”这一点上相同外，各自还有别的含义：“皮”还可以指裘，指一切东西的表皮，还有剥皮的意思，这些都是“肤”所没有的；“肤”还有猪肉、浮浅等意思，又是“皮”所没有的。在辨析“皮”和“肤”这一对同义词时，要从最主要的方面，也就是从使用对象入手。抓住了这一点，就抓住了最主要的特征。

究竟如何辨析同义词呢？不同的人有不同的方法、原则和条例。我们认为,同义词的差别主要表现在意义、色彩和用法上,下面,就从这三个方面来进行分析。

(一) 意义上的差别。意义上的差别是指同义词在概念上的差别。主要有三点:

(1) 有些同义词概念的内涵不一样。例如,“锐”和“利”都有锐利的意思,但“锐”本指锋芒尖锐,着重在“尖”。《荀子·赋》:“长其尾而锐其剽者邪?”(剽:音 biǎo,末梢。)“利”本指刀口快,着重在“快”。《荀子·劝学》:“金就砺则利。”(金:指刀剑等。砺:磨刀石。)“锐”的反面是“挫”,“挫”即折的意思,锋芒折断了就不锐了。《孙子·作战》:“久则钝兵挫锐。”《淮南子·时则》:“柔而不刚,锐而不挫。”《说文》对“利”的解释是“铦”(xiān)。《战国策·齐策五》:“矢非不铦,而剑非不利也。”《吕氏春秋·简选》:“铦兵利械。”“铦”与“利”为同义词对用。又:“兵械铦利。”“铦”与“利”为同义词连用。“铦”为“钝”的反面。《史记·屈原贾生列传》:“莫邪为钝兮,铅刀为铦。”因而“利”亦为“钝”的反面。《韩非子·显学》:“水击鹄雁,陆断驹马,则臧获不疑利钝。”《淮南子·氾论》:“薛烛庸子见若狐甲于剑,而利钝识矣。”这里“利”与“钝”对举和连用,很说明问题。

又如,“完”和“备”都有全的意思,但“完”着重在完整无缺,没有损坏。《战国策·西周策》:“是公以弊高都而得完周也,何不与也?”《荀子·劝学》:“风至苕折,卵破子死,巢非不完也,所系者然也。”(苕:音 tiáo,芦苇的穗。)《史记·廉颇蔺相如列传》:“城入赵而璧留秦;城不入,臣请完璧归赵。”《世说新语·言语》:“大人岂见覆巢之下复有完卵乎?”这几例的“完”都指完整而言。“备”着重在数量上应有尽有，没有缺漏。《论语·微子》："无求备于一人。"意思是说不能要求一个人各种美德都具备。《左传·桓公六年》："粢盛丰备。"（粢：音 zī，稷类。盛：稻类。）《国语·楚语下》："夫神，以精明临民者也，故求备物，不求丰大。"这两例的"备"指祭品样样齐全。《荀子·礼论》："故虽备家，必逾日然后能殡，三日而成服。"王先谦《集解》引郝懿行曰："备，具也。皆也。物皆饶多夙具，故谓富家为备家。"因此，"备家"指应有尽有之家，即富有之家。

（2）有些同义词概念的外延不一样。例如，"官"和"吏"虽为同义词，但它们表示的意义范围不同。"官"可以指官府。《墨子·尚贤中》："不能治千人者，使处于万人之官。"又可指官职。《左传·成公二年》："敢告不敏，摄官承乏。""摄官"，就是担任官职。《吕氏春秋·顺说》："孔丘墨翟无地为君，无官为长。"还可以指官员。《周易·系辞下》："上古结绳而治，后世圣人易之以书契，百官以治，万民以察。""百官"与"万民"相对，可见这里的"官"指的是官员。《国语·晋语七》："定百事，立百官。"注："议定百事，而立其官，使主之。"《荀子·正论》："古者天子千官，诸侯百官。""吏"最初是百官的通称。《说文》："吏，治人者也。"因而，凡官员都可称为"吏"。《左传·哀公十五年》："吊君之下吏。"这是低级官员。又《成公二年》："王使委于三吏。"注："三吏，三公。"这是高级官员。后来，由于词义的演变，"吏"一般指低级官员。《荀子·强国》："及都邑官府，其百吏肃然。""都邑官府"是县邑衙门，县邑衙门里的百吏，地位当然是不高的。《韩非子·五蠹》："州部之吏，操官兵，推公法，而求索奸人。"这里的"吏"指吏卒之类。《史记·高祖本纪》："及壮，试为吏，为泗水亭长。""亭长"是秦汉时的一种小官。《汉书·百官公卿表上》载，秩四百石至二百石为长吏，百石以下有斗食、佐史，为少吏，都是地位很低下的官。

又如，“听”和“闻”是同义词，但“听”只表示耳朵接受声音这个一般动作，至于听到还是没有听到，那就是另一回事了；“闻”则表示听到了。《吕氏春秋·大乐》：“视之不见，听之不闻，不可为状。”《淮南子·俶真》：“视之不见其形，听之不闻其声。”这两例将“听”和“闻”的不同，区别得非常清楚。“闻”除了表示听到了以外，有时还包含听后已经领会、掌握的意思。《论语·里仁》：“朝闻道，夕死可矣。”韩愈《师说》：“闻道有先后，术业有专攻，如是而已。”“闻道”就是指领会某一道理，如果将这里的“闻”只简单地解释为“听到”或“听见”，那是不够的。

再如，“树”和“木”在“树木”这个意义上是同义词，但“树”只指树木。《国语·晋语二》：“夫坚树在始，始不固本，终必槁落。”《战国策·秦策一》：“种树不处者，人必害之。”而“木”所指的范围要大得多。可以指树木。《庄子·山木》：“庄子行山中，见大木枝叶盛茂。”还可以指木材和木材的制成品，甚至包括与树木有关的东西。《左传·僖公二十三年》：“我二十五年矣，又如是而嫁，则就木焉，请待子。”《礼记·檀弓下》：“原壤登木。”这两例的“木”指棺木。司马迁《报任安书》：“魏其，大将也，衣赭衣，关三木。”（赭衣：囚犯穿的衣服。）指木制刑具。谢灵运《石门岩上宿》：“乌鸣识夜栖，木落知风发。”杜甫《登高》：“无边落木萧萧下，不尽长江滚滚来。”这两例的“木”指树叶。

(3) 有些同义词表示的程度有深浅。例如，“疾”和“病”是同义词，但“疾”为生病的统称，后指生一般的病，“病”指病重。《说文》释“疾”为“病也”，释“病”为“疾加也”。段玉裁注：“析言之则病为疾加，浑言之则疾亦病也。”就是这个意思。《论语·子罕》：“子疾病，子路使门人为臣。”何晏《集解》：“包曰：疾甚曰病。”《左传·宣公十五年》：“初，魏武子有嬖妾，无子，武子疾，命颗曰：‘必嫁是。’疾病，则曰：‘必以为殉。’及卒，颗嫁之，曰：‘疾病则乱，吾从其治也。’”这个例子最有启发性。前面说武子生病了，但还不太重，头脑还清楚，因此，作出了一个明智的决定，要儿子在自己死后将宠妾改嫁。到“疾病”了，头脑就糊涂了，又命儿子将宠妾殉葬。结果他儿子认为病重时说的胡话是“乱命”，不能算数，还是把宠妾嫁出去了。

又如，“饥”和“饿”也有程度的不同。“饥”相当于现代汉语的“饿”。《孟子·离娄下》：“稷思天下有饥者，由己饥之也。”陶渊明《饮酒》：“此行谁使然？似为饥所驱。”“饿”则是饿坏了。《左传·宣公二年》：“初，宣子田于首山，舍于翳桑，见灵辄饿，问其病。”（田：打猎。）正因为是“饿坏”了，所以后面才“问其病”。《孟子·梁惠王上》：“民有饥色，野有饿莩。”（莩：音 piǎo，通“殍”，饿死的人。）前面只是一般的饥饿，所以说“饥色”，后面是因严重的饥饿而死去，所以说“饿莩”。《战国策·燕策一》：“饿而死于首阳之山。”又《中山策》：“臣有父，尝饿且死。”正因为是严重的饥饿，所以才跟死连在一起。《淮南子·说山》：“宁一月饥，无一旬饿。”“饥”与“饿”对举，二者的不同更为明显。

（二）色彩上的差别。有些同义词表现了爱憎褒贬等方面的不同感情色彩。例如，“临”“过”都有访问、看望的意思，但是，“临”一般用为敬辞，是对别人来访的客气说法。《史记·淮阴侯列传》：

“信尝过樊将军哙，哙跪拜送迎，言称臣，曰：‘大王乃肯临臣！’”“过”则用于一般情况。《史记·魏公子列传》：“臣有客在市屠中，愿枉车骑过之。”

又如，“赏”“赐”“献”“赠”都有赠送的意思，但“赏”“赐”指上给予下。《荀子·王制》：“无功不赏。”《史记·留侯世家》：“汉王赐良金百溢。”“献”则指下给予上。《列子·杨朱》：“负日之暄，人莫知者，以献吾君，当有重赏也。”《左传·隐公元年》：“颍考叔为颍谷封人，闻之，有献于君，公赐之食。”“有献于君”是下给予上，所以用“献”，“公赐之食”是上给予下，所以用“赐”。至于“赠”，则多用于平辈之间。《诗经·郑风·女曰鸡鸣》：“知子之来兮，杂佩以赠之。”《礼记·檀弓下》：“子路去鲁，谓颜渊曰：‘何以赠我？’”

（三）用法上的差别。有些同义词使用的对象不一样。例如“尔”“汝”和“君”“子”，在古代汉语中都用为第二人称，“尔”“汝”是正式的第二人称代词，但一般只用于上对下，尊对卑。《论语》里凡孔子用“尔”“汝”的地方，几乎都是对弟子而言。如《为政》“诲女（汝）知之乎”，指子路；《公冶长》“盍各言尔志”，指颜回、子路；《雍也》“力不足者中道而废，今女（汝）画”，指冉求；《先进》“如或知尔，则何以哉”，指子路、曾皙、冉有、公西华；《季氏》“无乃尔是过与”，指冉求。如果下对上称“尔”“汝”，有时甚至平辈之间称“尔”“汝”，都是不礼貌的表示。《晋书·姚弋仲载记》谓姚弋仲性情鲁莽，“俗无尊卑皆汝之“，常以“汝”称其君石虎，石虎不责怪他。古人对人表示轻蔑，看不起，就用“尔”“汝”称呼他。《孟子·尽心下》：“人能充无欲害人之心，而仁不可胜用也；……人能充无受尔汝之实，无所往而不为义也。”这里的“无受尔汝之实”，是指不接受别人用

“尔”“汝”称呼自己的侮辱。《北史·陈奇传》谓游雅常常当众侮辱陈奇，“或尔汝之”，把“尔”“汝”直接与“侮辱”联系在一起，就更能说明问题了。也有这种情况，如果同辈之间或长辈与晚辈之间的关系特别好，那么互相之间用“尔”“汝”称呼就表示亲热和不拘形迹。杜甫《醉时歌》：“忘形到尔汝，痛饮真吾师。”古人还指不拘形迹的亲密友谊为“尔汝交”，也就是说互相之间可以不用讲客套，直接以“尔”“汝”相称。《世说新语·言语》“祢衡被魏武谪为鼓吏”注引《文士传》：“少与孔融作尔汝之交，时衡未满二十，融已五十。”

“君”和“子”是对人的尊称，用法较宽。在先秦，如果国君与臣子对话时，一般说来，臣子对国君尊称“君”，国君对臣子尊称“子”。《左传·僖公三十年》：“越国以鄙远，君知其难也。”（鄙远：以辽远的地方作为边邑。）这是臣子对别国国君的尊称。又《隐公元年》：“今京不度，非制也，君将不堪。”（不度：不合法度。）这是臣子对本国国君的尊称。又：“多行不义必自毙，子姑待子。”（毙：倒下去。）这是国君对本国臣子的尊称。又《成公三年》：“王送知罃曰：‘子其怨我乎？’”这是国君对别国臣子的尊称。这种用法的“君”，与“国君”这个身份有关。到了战国时代，一国之主被尊称为“王”或“大王”，不再称“君”。“君”字渐渐成为对一般在上位者的尊称。《战国策·齐策四》：“今君有一窟，未得高枕而卧也。”这里的“君”指孟尝君。后来又发展为平辈之间、甚至上下之间的称呼。《史记·张仪列传》：“臣非知君，知君乃苏君。”这是平辈彼此相称。又《魏其武安侯列传》：“上乃曰：‘君除吏尽未？吾亦欲除吏。’”（除吏：任命官吏。）这是皇帝对臣子称“君”。至于“子”，不限于君称臣，平辈之间也可用“子”相称，如《左传·成公二年》：“自始合，苟有险，余必下推车，子岂识之？然子病矣。”（合：指交战。）至于《论语》里孔子的弟子以“子”称孔子，那是另一种含义。如《子路》“卫君待子而为政，子将奚先”，这里的“子”等于说“老师”。

又如，“奔”、“走”和“赴”在古代汉语里都有跑的意思：《庄子·田子方》“夫子奔逸绝尘”（绝尘：脚不沾尘土，形容神速）；《战国策·楚策一》“兽见之皆走”；《孟子·梁惠王上》“天下之欲疾其君者，皆欲赴愬于王”（愬：通“诉”，诉苦）。但是，“奔”“赴”还可以用于一些特殊场合。如“奔”特指逃亡到外国去避难：《左传·僖公三十三年》“杞子奔齐，逢孙、杨孙奔宋”；又《庄公八年》“管夷吾、召忽奉公子纠来奔”。“赴”特指奔告丧事：《左传·隐公三年》“平王崩，赴以庚戌，故书”；《战国策·赵策三》“周烈王崩，诸侯皆吊，齐后往。周怒，赴于齐曰……”

7. 反义词

7.1 反义词的分类

7.1.1 两个词的某一意义相反或相对，就构成了反义词。学术界根据反义词的内部关系，一般把它们分为反义、互补、反向三大类。

7.1.2 反义类是指反义词的意义处在两个极限，具有极性的对立关系，它们之间存在着中间状态。例如：

大—小：《左传·庄公十年》："小大之狱，虽不能察，必以情。"（狱：讼诉。情：实际情况。）《列子·说符》："吾官益大，吾志益小。"

长—短：《孟子·滕文公上》："布帛长短同，则贾相若。"（贾："价"的古字，价格。）《史记·魏其武安侯列传》："公平生数言魏其、武安长短。"

高—下：《老子》："高者抑之，下者举之。"《国语·楚语》："地有高下。"

多—少：《墨子·非攻》："今有人于此，少见黑曰黑，多见黑曰白。"《韩非子·五蠹》："言战者多，被甲者少也。"

新—故：《论语·为政》："温故而知新，可以为师矣。"《乐府诗集·上山采蘼芜》："将缣来比素，新人不如故。"

轻—重：《孟子·梁惠王上》："权，然后知轻重。"《汉书·灌夫传》："（灌）夫与长乐卫尉窦甫饮，轻重不得，夫醉搏甫。"

远—近：《论语·卫灵公》："人无远虑，必有近忧。"《吕氏春秋·大乐》："乐君臣，知远近。"

愚—智：《论语·公冶长》："邦有道则知（智），邦无道则愚。"《史记·淮阴侯列传》："非愚于虞而智于秦也。"

巧—拙：韩愈《进学解》："登明选公，杂进巧拙。"

工—拙：《吕氏春秋·内篇问上第三》："任人之工，不彊其拙。"又《知度》："若此，则工拙愚智勇惧可得以故易官。"

功—苦：《吕氏春秋·诬徒》："从师苦而欲学之功也。""苦"，粗劣；"功"，精良。

强—弱：《孟子·梁惠王上》："弱固不可以敌强。"《淮南子·兵略》："谋虑足以知强弱之势。"

勇—怯：《吕氏春秋·侈乐》："勇者凌怯。"司马迁《报任安书》："且勇者不必死节，怯夫慕义，何处不勉焉？"

甘—苦：《墨子·非攻》："则必以此人为不知甘苦之辩矣。"《淮南子·脩务》："尝百草之滋味，水泉之甘苦。"

晦—明：《国语·楚语上》："天有晦明。"欧阳修《醉翁亭记》："若夫日出而林霏开，云归而岩穴暝，晦明变化者，山间之朝暮也。"

尊—卑：《国语·越语下》："辞愈卑，礼愈尊。"《孟子·梁惠王下》："将使卑逾尊，疏逾戚，可不慎与？"

贵—贱：《晏子春秋·内篇问下第四》："贵不凌贱。"杜甫《岁晏行》："去年米贵阙军食，今年米贱大伤农。"

贫—富：《国语·吴语》："越国之中，富者吾安之，贫者吾与之。"扬雄《解嘲》："得士者富，失士者贫。"

穷—达:《庄子·德充符》:"穷达贫富。"《吕氏春秋·慎大览》:"故贤主于安思危,于达思穷。"

褒—贬:韩愈《答李翊书》:"非敢褒其可褒而贬其可贬也。"

爱—憎:《战国策·赵策三》:"夺其所憎而与其所爱。"

好—恶:《论语·里仁》:"唯仁者能好人,能恶人。"《礼记·大学》:"如恶恶臭,如好好色。"

笑—哭:王实甫《西厢记》四本三折:"笑吟吟一处来,哭啼啼独自归。"

贺—吊:《战国策·燕策一》:"再拜而贺,因仰而吊。"《史记·魏其武安侯列传》:"籍福贺魏其侯,因吊曰。"

毁—誉:《孟子·离娄上》:"有不虞之誉,有求全之毁。"《吕氏春秋·离谓》:"务以相毁,务以相誉,毁誉成党。"

7.1.3 互补类是指反义词的意义之间具有互补关系,即逻辑学中的矛盾关系,否定此一方即意味着肯定彼一方,它们之间不存在中间状态。例如:

名—实:《吕氏春秋·召类》:"名实不得,国虽彊大,则无为攻矣。"柳宗元《答韦中立论师道书》:"取其实去其名。"

经—纬:《文心雕龙·情采》:"故情者文之经,辞者理之纬;经正而后纬成。"

源—流:《荀子·富国》:"是无它故焉,知本末源流之谓也。"

福—祸:《老子》:"祸兮福之所倚,福兮祸之所伏。"枚乘《上书谏吴王》:"福生有基,祸生有胎。"

义—利:《论语·里仁》:"君子喻于义,小人喻于利。"

从—横:《战国策·韩策三》:"一从一横,此其说何也?"从,

"纵"的古字。

是—非:《淮南子·原道》:"无非无是。"

曲—直:《韩非子·五蠹》:"以为直于君而曲于父。"

阴—阳:《庄子·天运》:"一清一浊,阴阳调和。"《战国策·赵策一》:"夫知伯之为人,阳亲而阴疏。"

男—女:《吕氏春秋·先识览》:"男女切倚,固无休息。"《礼记·礼运》:"男有分,女有归。"(分:职务。)

生—死:《庄子·秋水》:"宁其死为留骨而贵乎? 宁其生而曳尾于涂中乎?"《战国策·齐策一》:"夫为人子而不欺死父,岂为人臣欺生君哉?"

存—亡:《吕氏春秋·异用》:"此治乱存亡死生之原。"

得—失:《史记·淮阴侯列传》:"时者难得而易失也。"

成—败:《韩非子·五蠹》:"事成则以权长重,事败则以富退处。"

动—静:《周易·系辞上》:"动静有常,刚柔断矣。"《淮南子·兵略》:"静而法天地,动而顺日月。"

有—无:《老子》:"故有无相生。"《论语·卫灵公》:"人无远虑,必有近忧。"

行—止:《吕氏春秋·审分览》:"止者不行,行者不止。"白居易《长恨歌》:"翠华摇摇行复止,西出都门百余里。"

寤—寐:《诗经·周南·关雎》:"求之不得,寤寐思服。"(思服:想念。)"寤",音 wù,睡醒。"寐",音 mèi,睡着。

真—伪:《隋书·经籍志一》:"战国纵横,真伪莫辨。"

治—乱:《吕氏春秋·适音》:"故治世之音安以乐,其政平也;

乱世之音怨以怒，其政乖也。”扬雄《解嘲》：“故世乱则圣哲驰骛而不足，世治则庸夫高枕而有余。”

彼—此：《孟子·公孙丑上》：“彼一时，此一时也。”韩愈《柳子厚墓志铭》：“虽使子厚得所愿，为将相于一时，以彼易此，孰得孰失，必有能辨之者。”

主—客：李华《吊古战场文》：“主客相搏，山川震眩。”

7.1.4 反向是指反义词的意义之间形成反向的对立关系，它们在意义上并不相反，而且也不存在互补关系。这类反义词可以分为三小类。

（一）自然、方位或时间上的反向对立。例如：

天—地：《国语·楚语下》：“于是乎有天地神民类物之官。”《战国策·楚策四》：“飞翔乎天地之间。”

日—月：《周易·系辞上》：“日月运行，一寒一暑。”

东—西：《左传·僖公四年》：“东至于海，西至于河。”《战国策·齐策四》：“东西南北，莫敢不服。”

南—北：《左传·僖公四年》：“南至于穆陵，北至于无棣。”《墨子·贵义》：“南之人不得北，北之人不得南。”

上—下：《国语·楚语下》：“其智能上下比义。”《战国策·齐策四》：“上不臣于王，下不治其家。”

左—右：《诗经·周南·关雎》：“参差荇菜，左右采之。”又《大雅·文王》：“文王陟降，在帝左右。”

表—里：《左传·僖公二十八年》：“表里山河，必无害也。”《荀子·大略》：“相为内外表里。”

内—外：《韩非子·五蠹》：“外内称恶，以待强敌，不亦殆乎？”

（称：举，行。）“外”，指国外；“内”，指国内。《三国志·蜀书·诸葛亮传》：“今将军外托服从之名，而内怀犹豫之计。”“外”，外表；“内”，内心。

前—后：《老子》：“前后相随。”《论语·子罕》：“瞻之在前，忽焉在后。”

古—今：司马迁《报任安书》：“古今一体，安在其不辱也？”

今—昔：孔稚珪《北山移文》：“昔闻投簪逸海岸，今见解兰缚尘缨。”

旦—暮：《战国策·齐策一》：“旦暮进食。”《史记·淮阴侯列传》：“旦暮望若来佐我。”

日—夜：《国语·吴语》：“日夜相继。”《庄子·秋水》：“于是惠子恐，搜于国中，三日三夜。”

昼—夜：《吕氏春秋·先识览》：“中山之俗，以昼为夜，以夜继日。”《淮南子·脩务》：“今夫盲者目不能别昼夜。”

朝—夕：《国语·楚语上》：“朝夕以交戒我。”《论语·里仁》：“朝闻道，夕死可也。”

（二）社会关系上的反向对立。例如：

夫—妇：《国语·楚语下》：“百姓夫妇，择其令辰。”《礼记·礼运》：“以和夫妇。”

夫—妻：《周易·小畜》：“夫妻反目。”

父—子：《战国策·秦策三》：“父慈子孝。”《礼记·礼运》：“以笃父子。”（笃：纯厚，使动用法。）

君—臣：《国语·楚语上》：“民有君臣。”《论语·微子》：“君臣之义，如之何其废之？”

兵—将:《史记·淮阴侯列传》:“陛下不能将兵,而善将将。”

君子—小人:《左传·僖公二十六年》:“小人恐矣,君子则否。”“君子”,地位高的贵族大官;“小人”,地位低的平民百姓。《论语·为政》:“君子周而不比,小人比而不周。”“君子”,道德高尚的人;“小人”,人格卑劣的人。

君子—野人:《孟子·滕文公上》:“无君子,莫治野人;无野人,莫养君子。”“君子”,指统治者;“野人”,指劳动者。

(三)动作行为的反向对立。例如:

取—舍:《韩非子·奸劫弑臣》:“凡人之大体,取舍同者则相是也。”《吕氏春秋·诬徒》:“取舍数变,国无恒心。”

去—从:《楚辞·卜居》:“此孰吉孰凶?何去何从?”

去—就:《孟子·告子下》:“所就三,所去三。”《吕氏春秋·知分》:“故命也者,就之未得,去之未失。”

出—入:《楚辞·国殇》:“出不入兮往不反。”(反:“返”的古字。)

进—退:《左传·成公二年》:“师之耳目,在吾旗鼓,进退从之。”《国语·越语上》:“进则思赏,退则思刑。”

俯—仰:《战国策·楚策四》:“俯噣白粒,仰栖茂树。”(噣:通“啄”。)《史记·魏其武安侯列传》:“不仰视天而俯画地。”

消—息:《周易·噬嗑》:“君子尚消息盈虚天行也。”《列子·天瑞》:“自知自力,自消自息。”

损—益:《老子》:“故物或损之而益,或益之而损。”《论语·为政》:“殷因于夏礼,所损益,可知也。”

开—闭:《老子》:“善闭无关楗不可开。”《淮南子·精神》:“开闭张歙，各有经纪。”

呼—吸：《庄子·刻意》：“吹呴呼吸。”（呴：音 xǔ，吐出。）郭璞《江赋》：“呼吸万里。”

吐—纳：《庄子·刻意》：“吐故纳新。”

迎—送：《史记·淮阴侯列传》：“信尝过樊将军哙，哙跪拜送迎，言称臣。”

取—与：司马迁《报任安书》：“临财廉，取与义。”《淮南子·精神》：“人亦有取与喜怒。”

夺—与(予)：《老子》：“将欲夺之，必固与之。”《淮南子·本经》：“予之与夺也。”

教—学：《礼记·学记》：“故曰教学相长也。”

嫁—娶：《韩诗外传》：“嫁娶相谋，渔猎分得。”

7.1.5　有些词语的意义之间没有相反或相对的关系，但由于修辞的需要而经常对举运用，形成了鲜明的对比。这种在一定语言环境中形成对比关系的词语虽然不是反义词，但应看成是具有反义词性质的对比组合。例如：

尧—跖：李白《大车扬飞尘》：“世无洗耳翁，谁知尧与跖。”“跖”，古代传说中的大盗。

尧舜—桀纣：《楚辞·离骚》：“彼尧舜之耿介兮，既遵道而得路；何桀纣之猖披兮，夫唯捷径以窘步。”（耿介：正大光明。猖披：穿衣不系带的样子，比喻狂乱。）

汤武—桀纣：《战国策·楚策四》：“臣闻昔汤武以百里昌，桀纣以天下亡。”

伯夷—盗跖：《孟子·滕文公下》：“仲子所居之室，伯夷之所筑与？抑亦盗跖之所筑与？”

嫫母—西施：《淮南子·说山》：“嫫母有所美，西施有所丑。”李白《鸣皋歌送岑征君》：“嫫母衣锦，西施负薪。”“嫫母”，相传为黄帝的妃子，貌丑，后来成为丑女的代称。

鸾凤—鸱枭：贾谊《吊屈原赋》：“鸾凤伏窜兮，鸱枭翱翔。”

燕雀—鸿鹄：《史记·陈涉世家》：“嗟乎，燕雀安知鸿鹄之志哉！”

骐骥—驽马：《荀子·劝学》：“骐骥一跃，不能十步；驽马十驾，功在不舍。”（十驾：马拉车十天所走的路程。）

莫邪—铅刀：贾谊《吊屈原赋》：“莫邪为钝兮，铅刀为铦。”

犬（狗）—兔：《战国策·楚策四》：“见兔而顾犬，未为晚也。”《史记·淮阴侯列传》：“狡兔死，良狗亨。”（亨：“烹”的古字。）

羊—狼：《史记·留侯世家》：“今使太子将之，此无异使羊将狼也。”

7.2 反义词的特点

7.2.1 反义词的形成与组合，往往随着词义的发展演变而发生变化，这种情况与同义词是相同的。例如，“利”的本义是锋利，它的反义词是“钝”：《荀子·性恶》“钝金必将待砻厉然后利”（砻：音 lóng，磨）。后来，“利”引申为利益，便与“害”构成一对反义词：韩愈《柳子厚墓志铭》“一旦临小利害，仅如毛发比，反眼若不相识”。“少”本义为数量少，它的反义词是“多”：《孟子·梁惠王上》“邻国之民不加少，寡人之民不加多”。“少”引申为年少，又与“老”构成反义词：《论语·公冶长》“老者安之，朋友信之，少者怀之”；又与“长”构成反义词：韩愈《进学解》“少始知学，勇于敢为；长通于方，左右具宜”。“恶”本义是罪恶，跟“善”相对：《周易·大有》“君子以遏恶扬善，顺天休命”。引申为丑陋，与“好”“美”相对：《战国策·赵策三》“鬼侯有子而好，故入之于纣，纣以为恶”，《左传·昭公二十八年》“昔贾大夫恶，取妻而美。”“恶”又引申为动词，念 wù，有讨厌的意思，跟“好”(hào)、“爱”相对：《论语·子路》“子贡问曰：‘乡人皆好之，何如?’子曰：‘未可也。’‘乡人皆恶之，何如?’子曰：‘未可也。未若乡人之善者好之，其不善者恶之’”；《左传·隐公元年》“庄公寤生，惊姜氏，故名曰寤生，遂恶之，爱共叔段，欲立之”。

7.2.2　反义词并非只是一对一的关系，有时候，一个词可能有几个反义词。例如，“穷”的反义词可以是“通”：《周易·系辞下》“穷则变，变则通”；也可以是“达”：《庄子·德充符》“穷达贫富”。“入”的反义词可以是“出”：《左传·隐公元年》“公入而赋：‘大隧之中，其乐也融融。’姜出而赋：‘大隧之外，其乐也洩洩’”；也可以是“去”：《乐府诗集·上山采蘼芜》“新人从门入，故人从阁去”。“新”的反义词可以是“旧”：苏轼《贾谊论》“欲使其一朝之间，尽弃其旧而谋其新”；也可以是“故”：王勃《滕王阁序》“豫章故郡，洪都新府”。

当然，在一个词的几个反义词之间，往往并不同等重要，而存在着级的差别。一级反义词是最佳反义词，二级、三级就差一些了。这种现象的产生与语言的实际运用情况有关。例如，“赏”的反义词是“罚”：《汉书·艺文志·诸子略》“信赏必罚”；另有一个“刑”也是反义词：韩愈《送李愿归盘谷序》“喜有赏，怒有刑”。这两个反义词比较起来,“罚”应该是一级反义词。“暖”的反义词有“冷”:《景德传灯录·道明禅师》“如人饮水,冷暖自知”;还有“寒”:韩愈《进学解》“冬暖而儿号寒”。“冷”是最佳反义词。“喜”的反义词有“悲”:韩愈《送孟东野序》“其在上也奚以喜?其在下也奚以悲”;还有“怒”:韩愈《送李愿归盘谷序》“喜有赏,怒有刑”;还有“忧”:《史记·淮阴侯列传》“忧喜在于容色”;还有“惧”:扬雄《解嘲》“五羖入而秦喜,乐毅出而燕惧”。可以说“悲”“怒”“忧”“惧”都是“喜”的最佳反义词,因为它们反映了“喜”的反面的各种感情。在古书中,“喜”还可以与“愠”“憎”构成反义词:沈约《谢灵运传论》“喜愠情分”,杜甫《天末怀李白》“文章憎命达,魑魅喜人过”。然而,“愠”和“憎”却算不上“喜”的最佳反义词,因为古书中“喜”多与“怒”相对,少与“愠”相对;而“憎”的最佳反义词应该是“爱”而不是“喜”:《韩非子·说难》“论其所爱,则以为藉资;论其所憎,则以为尝己也”。今成语有“爱憎分明”。“夕”的反义词有“旦”:柳宗元《段太尉逸事状》“旦夕自哺农者然后食”;有“朝”:李密《陈情表》“朝不虑夕”。“旦”“朝”都是最佳反义词。另外,古书中“夕”还可以与“晨”“晓”构成反义词:江淹《别赋》“同琼佩之晨照兮,共金炉之夕香”,陶弘景《答谢中书书》“晓雾将歇,猿鸟乱鸣。夕日欲颓,沉鳞竞跃”。然而“晨”的最佳反义词是“昏”:《礼记·曲礼上》“昏定而晨省”,王勃《滕王阁序》“奉晨昏于万里”。“晓”的最佳反义词是“夜”:孔稚珪《北山移文》“蕙帐空兮夜鹤怨,山人去兮晓猿惊”,李商隐《无题》“晓镜但愁云鬓改,夜吟应觉月光寒”。

7.2.3 两个词只能在某一个意义上形成相反或相对的关系。因此,一般地说,如果一个词有几个意义,那么每一个意义都可能有它自己的反义词。例如,“疏”有空隙大的意思,又有关系远的意思。第一义的反义词是“密”:《文心雕龙·镕裁》“句有可削,足见其疏,字不得减,乃知其密”。第二义的反义词是“戚”:《孟子·梁惠王下》“国君进贤,如不得已,将使卑逾尊,疏逾戚,可不慎与”,曹操《度关山》“兼爱尚同,疏者为戚”。或是“亲”:贾谊《治安策》“故疏者必危,亲者必乱”。“前”有往前走的意思,又有次序在前的意思。第一义的反义词是“退”:《史记·淮阴侯列传》“彼前不得斗,退不得还”。第二义的反义词是“后”:《老子》“前后相随”。“长”有年长、长辈的意思,又有长度大的意思。前者的反义词是“幼”:《论语·微子》“长幼之节,不可废也”。后者的反义词是“短“:《战国策·楚策四》“今楚国虽小,绝长续短,犹以数千里”。“亡”有逃亡的意思,又有灭亡的意思。前者的反义词是“反”(返):《左传·宣公二年》“亡不越竟,反不讨贼,非子而谁”(竟:“境”的古字)。或是“留”:《史记·淮阴侯列传》“能用信,信即留,不能用,信终亡耳”。后者的反义词是“存”:《史记·淮阴侯列传》“置之亡地而后存”。或者是“昌”:枚乘《上书谏吴王》“得全者昌,失全者亡”。“去”有离开的意思,又有去掉的意思。前者的反义词是“就”:司马迁《报任安书》“亦颇识去就之分”。或者是“还”:李白《梦游天姥吟留别》“别君去兮何时还”。或者是“来”:周邦彦《兰陵王·柳》“长亭路,年去岁来”。或者是“从”:《楚辞·卜居》“何去何从”。后者的反义词是“取”:柳宗元《答韦中立论师道书》“取其实而去其名”。

当然,并非每一个义项都一定有反义词。例如“生”,只在活着这个意义上有反义词“死”,而在生命、生活等意义上都没有反义词。“北”只在表示方位北方时有反义词“南”,而表示败逃的意义时没有反义词。“工”只在精巧这个意义上有反义词“拙”，而在工匠、工作等意义上没有反义词。“理”在太平这个意义上有反义词“乱”，而在治理这个意义上没有反义词。另外，有的义项反义词多，有的义项反义词少。如上面举的“去”，在离开的意义上有“就”“还”“来”“从”等反义词，而在去掉的意义上只有“取”一个反义词。

7.2.4　有些同义词和反义词之间存在着辩证关系，它们的“同”与“反”是对立的统一。在这一点上，古今汉语都是相同的。这是因为，反义词必须以共同的意义领域为前提。“多”是“少”的反义词，但它们在指物的数量这一点上是相同的，离开了数量这个前提，它们就不可能构成一对反义词。“多”为什么不能跟“瘦”构成反义词呢？因为它们分别属于不同的意义领域。反之，同义词也并非完全是“同”，在大“同”之中还含有小“异”，而这小异就往往包含了相对或相反的因素。《乐府诗集·上山采蘼芜》：“新人从门入，故人从阁去。”又：“新人工织缣，故人工织素。”“门”与“阁”是同义词，都指门，但前者指大门，后者指小门，从“大”“小”这一点上说，“门”与“阁”又可看成反义词。“缣”和“素”都是丝织品，是同义词，但前者色黄而价值低，后者色白而价值高，从这一点上说，它们又是反义词。在这首诗中，“门”与“阁”、“缣”与“素”正是作为反义词来运用的。《荀子·儒效》：“设规矩，陈绳墨，便备用，君子不如工人。”《淮南子·人间》：“仪表规矩，事之制也。”“规”是匠人用以画圆形的工具，“矩”是匠人用以画方形的工具，从都是画图形的标准这一点上说，它们是同义词，上两例就是作为同义词来用的。但从“圆”和“方”这一点上说，它们又可构成反义词。《墨子·天志下》：“今轮人以规，匠人以矩，以此知方员(圆)之别矣。”《淮南子·

原道》:"员(圆)不中规,方不中矩。"这两例以"规""矩"对举,正是作为反义词来用的。总之,研究古汉语反义词,应该与研究古汉语同义词结合起来,不能截然分开。

7.3 反义词的运用

7.3.1 根据反义词可以确定某些多义词的词义。例如,《诗经·小雅·隰桑》:"心乎爱矣,遐不谓矣。"这里的"爱"指喜欢。《孟子·梁惠王上》:"齐国虽褊小,吾何爱一牛?"这里的"爱"指吝惜、舍不得。"爱"的这两个意义是根据文意推断的。也可以根据反义词来推断:《战国策·赵策三》"夺其所憎而与其所爱";《老子》"是故甚爱必大费"。前者"爱"与"憎"构成反义词,因而它的意义是喜欢;后者"爱"与"费"构成反义词,因而它的意义是吝惜。又如,《孟子·公孙丑下》:"兵革非不坚利也。"这里的"利"指锋利。《战国策·秦策一》:"西有巴蜀汉中之利。"这里的"利"指利益。"利"的这两个意义也可以根据反义词来推断:《韩非子·显学》"水击鹄雁,陆断驹马,则臧获不疑钝利";《墨子·尚同中》"将以为万民兴利除害"。前者"利"与"钝"构成反义词,因而它的意义是锋利;后者"利"与"害"构成反义词,因而它的意义是利益。由于有反义词对照,确定的词义就具有更大的准确性。

7.3.2 根据反义词还可以确定某些同义词。例如,"坚""强""刚"常常连用:《老子》"人之生也柔弱,其死也坚强";《荀子·法行》"坚刚而不屈,义也";又《不苟》"刚强猛毅,靡所不信,非骄暴也"。同时,三者的反义词都可以是"柔":在第一例中"柔弱"与"坚强"相对,也就是"柔"与"坚"、"弱"与"强"相对;《荀子·劝学》"强自取柱，柔自取束”(柱：通“祝”，有折断的意思)，“强”与“柔”相对；沈约《谢灵运传论》“刚柔迭用”，“刚”与“柔”相对。由此可以看出，“坚”“强”“刚”是同义词。又如，《诗经·周南·关雎》：“求之不得，寤寐思服。”“寤”是睡醒的意思，“寐”是其反义词，有睡着的意思。《庄子·齐物论》：“其寐也魂交，其觉也形开。”“觉”也与“寐”相对，因而“觉”与“寤”是同义词。《庄子·刻意》：“其寝不梦，其觉无忧。”“寝”与“觉”相对，因而“寝”与“寐”是同义词。白居易《长恨歌》：“云髻半偏新睡觉。”“睡”与“觉”相对，因而“睡”与“寐”“寝”是同义词。

我们还可以利用反义词来辨析同义词，因为某些同义词的细微差别可以通过反义词看出来。例如上面举到的“坚”“强”“刚”，它们虽然都可以跟“柔”构成反义词，但情况是不一样的。“柔”是“刚”的最佳反义词，在古汉语中，“刚”“柔”常常对举。而“坚”的最佳反义词是“脆”，而不是“柔”。《管子·事语》：“无委致围，城脆致冲。”注：“脆，不坚也。”以“不坚”释“脆”，正好说明这一点。“强”的最佳反义词是“弱”。《庄子·盗跖》：“以强凌弱，以众暴寡。”从它们的最佳反义词可以看出，“坚”“刚”“强”虽然是同义词，但却有细微的差别：“坚”着重在结实，不易破碎；“刚”着重在坚硬，不易变形；“强”着重在有力。

7.3.3　反义词常常用于词义的诠释，用反义词来证明词义，叫作反证法。这种方法越来越多地运用于字、词典的编纂及古代典籍的注释。我国古代解释字词多用义训，特别喜欢用同义词相训。例如，《经籍籑诂》集录的关于“大”的解释有“大，巨也”“大者，大也”“大者，太也”“大，老也”“大，重也”“大，长也”等等；关于“古”

的解释有“古，往也”“古言久也”“古，始也”等等；关于“长”的解释有“长，常也”“长，久也”“长，远也”“长，多也”等等。这种方法虽然很简要，但弊病也不少，最主要的弊病就是含混，不确切，使人不得要领。后人为了弥补义训法的不足，常常辅之以反证法。例如，旧《辞海》“大”字音读“甲”的第三义项，就注为“小之对也”；“长”字音读“甲”的第一义项注为“短之对”；“重”字音读“甲”的第三义项注为“轻之对”。旧《辞海》这种直接用反义词来诠释字词的方法，叫“直解式”。最好的方法是“补足式”，即除了用文字诠释词义外，还用反证法加以补足。如《辞源》(修订本)“先”㊀“前，对后而言，指在前的时间”；“古”㊀“时代远久，一般分太古、上古、中古、近古。与今相对”；“内”㊀“里、中，与外相对”；“长”㊀“短之反。两线相较赢者为长”，又“长”㊆“幼之反，成人曰长”。

王力主编《古代汉语》(修订本)“常用词”部分，由于充分运用反义词作为辅助手段来帮助词义的解释和辨析，不仅把词义说明得很透彻，而且收到了举一反三的效果。下面略举一二，以见一斑：

[勤]

(一)疲劳，辛苦。跟“逸”相对。《论语·微子》：“四体不勤，五谷不分。”《孟子·滕文公上》：“将终岁勤动。”《庄子·天下》：“其生也勤。”

(二)努力工作，不偷懒，跟“怠”“惰”相对。《尚书·梓材》：“先王既勤用明德。”《(伪古文)尚书·蔡仲之命》：“克勤无怠。”

[去]

（一）离开。《左传·僖公三十年》："亦去之。"《孟子·公孙丑下》："孟子去齐。"注意：上古的"去"是"离开"，跟"就"相反，所以说"去就"。离开某地就是不停在某地，跟"留"相反，所以说"去留"。离开某人就是不从某人，所以说"去从"，今成语还有"何去何从"。……

（二）旧读 qǔ，上声。除掉，去掉，跟"取"相对。《论语·颜渊》："去兵。"《孟子·滕文公下》："什一，去关市之征。"

从这里可以看出，反义词的运用在确定义项、分析词义方面比一般的训释具有更大的优越性。由于使用了正反意义的对比，就比单纯的正面解说更能深刻地揭示词的准确含义。因此，借助反义词来研究词义，越来越得到学术界的重视。

7.3.4 反义词还常常运用于古汉语的修辞表达中。反义词的连用和对用，可以构成鲜明的对比，使文句具有更大的表现力。先看反义词连用的例子：

①阴阳合德而刚柔有体。（《周易·系辞下》）

②刚柔杂居而吉凶可见矣。（《周易·系辞下》）

③死生存亡，穷达贫富，贤与不肖毁誉，饥渴寒暑，是事之变也，命之行也。（《庄子·德充符》）

④楚子问鼎之大小轻重焉。（《左传·宣公三年》）

⑤废兴存亡昏明之术，皆兵之由也。（《左传·襄公二十七年》。昏：通"昏"，不明。）

⑥夫美也者，上下内外小大远近，皆无害也。（《国语·楚语上》）

这种反义词的连用，把事物矛盾的双方并列起来，使观点更鲜明、更全面，因而也就更具有说服人的逻辑力量。

下面再看反义词对用的例子：

①寒往则暑来，暑往则寒来。（《周易·系辞下》）

②是故君子安而不忘危，存而不忘亡，治而不忘乱。（《周易·系辞下》）

③吾闻国家之立也，本大而末小，是以能固。（《左传·桓公二年》。本：指公室。末：指卿大夫之家。）

④七年之中，一夺一与。（《左传·成公八年》）

⑤若晋君朝以入，则婢子夕以死；夕以入，则朝以死。唯君裁之。（《左传·僖公十五年》）

⑥进思尽忠，退思补过。（《左传·宣公十二年》）

⑦虽有天下易生之物，一日暴之，十日寒之，未有能生者也。（《孟子·告子上》。暴：音 pù，晒。）

前四例是本句对用，后三例是邻句对用。通过反义词的对用，使相反或相对的事物或现象彼此互相对照，达到对某种规律、结论，或某种态度、认识加以强调、夸张的目的。

7.4 反训词

7.4.1 反训词与反义词有一定的联系，不同的是：反义词是指两个词互相之间具有相反或相对的意义；反训词则指一个词具有两个相反的意义。

最早提出反训这一理论的是晋人郭璞。他在《尔雅·释诂》

“徂、在，存也”的注释中说：“以徂为存，犹以乱为治、以曩为曏、以故为今，此皆诂训义有反覆旁通，美恶不嫌同名。”又在《方言》二“逞、苦、了，快也”的注释中说：“苦而为快者，犹以臭为香、乱为治、徂为存，此训义之反覆用之是也。”郭璞虽然没有明确提出“反训”这个术语，但他的看法却已明白无误地表达了出来，即：某些词存在着正反两方面的训释。

历代训诂学家大都宗其说。唐代孔颖达多次在训释中用了反训。例如，《尚书·盘庚中》：“若乘舟，汝弗济，臭厥载。”孔疏：“臭是气之别名，古者香气秽气皆名为臭。《易》云：其臭如兰，谓香气为臭也。《晋语》云：惠公改葬申生，臭彻于外，谓秽气为臭也。下文复述此意云：无起秽以自臭，则此臭为秽气也。”《诗经·卫风·伯兮》：“愿言思伯，甘心首疾。”毛传：“甘，厌也。”孔疏：“凡人饮食，口甘遂至于厌足，故云甘厌也。”清代训诂学家王念孙、段玉裁等不仅赞成此说，而且在训释中多所阐发。例如，《广雅·释诂》：“敛，饮、匄、贷……予（与）也。”王念孙疏证：“……敛为欲而又为与，乞、匄为求而又为与，贷为借而又为与，禀为受而又为与，义有相反而相因者，皆此类也。”《说文》：“舍，市居曰舍。”段玉裁注：“……《释诂》曰：废税赦舍也。凡止于是曰舍，止而不为亦曰舍，其义异而同也。犹置之而不用曰废，置而用之亦曰废也。……”《说文》：“乱，不治也。”段玉裁注：“……乱本训不治，不治则欲其治，故其字从乙，乙以治之，谓诎者达之也。转注之法，乃训乱为治。如武王曰：予有乱十人是也。……”以上这些论述，结论不一定都对。但说明“反训”已成为训诂学的一种重要的理论和分析词义的方法。

7.4.2　反训词是否存在，学术界历来有不同的看法。我们认为，古汉语中是存在着反训词的，这不仅被古代训诂学家所提供的许多例证所证实，而且还被古代典籍所提供的大量材料所证实。古籍中就有“正反同词”的例子。例如，“落”有死亡义又有开始义：《尚书·舜典》“帝乃殂落”，“落”为死亡义；《诗经·周颂·访落》“访予落止”（毛传：“落，始也”），“落”为开始义。“藐”有小义又有广大义：《左传·僖公九年》“以是藐诸孤”，潘岳《寡妇赋序》“孤女藐焉始孩”，这两例的“藐”为小义；《楚辞·九章·悲回风》“藐蔓蔓之不可量兮”，这里的“藐”是广大义。“面”有面向义又有相背义：《列子·汤问》“面山而居”，“面”为面向；《汉书·项籍传》“顾见汉骑司马吕马童曰：‘若非吾故人乎？’马童面之”（颜师古注：“面谓背之，不面向也”），“面”为相背义。“废”有放弃义又有设置义：《论语·卫灵公》“君子不以言举人，不以人废言”，“废”为放弃；《庄子·徐无鬼》“于是调瑟，废一于堂，废一于室”（成玄英疏：“废，置也。置一瑟于堂中，置一瑟于室内”），“废”为设置义。古籍也有“施受同词”的例子。例如，“乞”有求、讨义又有给予义：《左传·僖公十三年》“冬晋荐饥，使乞籴于秦”，《论语·公冶长》“乞诸其邻而予之”，这两例的“乞”为求、讨义；《汉书·朱买臣传》“居一月，妻自经死，买臣乞其夫钱，令葬”，“乞”为给予义。“贾”有买义又有卖义：《左传·昭公二十九年》“平子每岁贾马”，“贾”为买义；《诗经·邶风·谷风》“既阻我德，贾用不售”，“贾”为卖义。“纳”既有进献义又有接受义：《春秋·庄公二十二年》“冬，公如齐纳币”，“纳”为进献义；《左传·文公十六年》“诸侯谁纳我”，“纳”为接受义。

7.4.3 古籍中虽然存在反训词，但数量并不很多。许多学者认为应该把反训词限定在一定范围之内，不能无限扩大，我们认为这种意见是对的。从理论上说，反训词是由词义演变而造成的一种正反词义共存的现象，因此，首先就必须限制在“词”的范围内，某些因字义通假而产生的正反意义，不应包括在内；其次，由于反训词的正反意义是共存的，这就决定了反训词的“共时性”，某些词先后产生而未能同时存在下来的正反意义，不应包括在内。训诂学家提出的“相反为训”的例证之所以有不少不能成立，主要就是违背了上述的原则。例如，《尔雅・释诂》：“介，大也。”《周易・晋》：“受兹介福。”王弼注：“受兹大福。”又有小义。《周易・系辞上》：“忧悔吝者存乎介。”韩康伯注：“介，纤介也。”“介”的小义是由于假借为“芥”而产生的，根本不是反训。钱绎在《方言笺疏》中说：“介训为大，又训为小。”[①]显然是不对的。再如，《诗经・大雅・文王》：“有周不显。”毛传：“不显，显也。”后代有些学者根据毛传认为这是正反为训。其实，“不”为“丕”的通假字，“丕”有大义，“不显”即“丕显”。《诗经・周颂・清庙》：“不显不承”，《孟子・滕文公下》作“丕显”“丕承”，是其证。

当然，有些“相反为训”的例证，完全是属于理解的错误。例如，《尔雅・释诂》：“治、肆、古，故也。”又：“肆、故，今也。”郭璞注：“肆既为故，又为今，今亦为故，故亦为今，此义相反而兼通者。”不少训诂学家支持郭璞的看法。实则，《尔雅》先以“故”释“治、肆、古”，这里的“故”兼有虚实二义，虚词为连词，是解释“肆”的；实词为久故义，是解释“古”的（至于“治”，郭注称“不详”，不必加以讨论）。这种分释的方式，《尔雅》别处亦有。如“台、朕、赉、畀、卜、

① 见该书第23页。中华书局1991年11月版。

阳,予也”,“予”也有两义,一为给予义,是解释“赉”“畀”“卜”的;一是第一人称代词,是解释“台”“朕”的。可见,《尔雅》说“肆”有“故”义,是指连词“故”,不是久故之“故”。至于《尔雅》的“肆、故,今也”,这里的“今”也是连词,古汉语中“今”常常用作连词。这里还有一个断句的问题。《诗经·大雅·緜》:“肆不殄厥愠。”毛传:“肆,故今也。”朱熹注:“肆,故今也,犹言遂也,承上起下之辞。”因此,“故”“今”是同义词连用,都是连词。可以推断,《尔雅》“肆、故,今也”当为“肆,故今也”。郭璞把连词“故”“今”误认为实词“故”“今”,才得出了“今亦为故,故亦为今,此义相反而兼通者”的错误结论。“今亦为故,故亦为今”是对的(因为“故”“今”都是连词,相当于“遂”),只不过它们不是“义相反而兼通”,而是“义相同而兼通”。

7.4.4 反训词形成的原因一直是学术界感兴趣的问题。大家比较一致的看法是:反训词形成的主要原因是词义的引申。陆宗达、王宁在《训诂方法论》一书中论述了词义的“反正引申”,认为这是词义引申的一种重要形式。如“特”原为独特义,即无偶、无双义。《诗经·秦风·黄鸟》:“唯此奄息,百夫之特。”引申为配偶,即成双之义。《诗经·鄘风·柏舟》:“髧彼两髦,实维我特。”这表明,相反或相对立的两个意义,可以在同一个词形上互相引申出来。[①]这就从词义引申规律方面为反训词的产生找到了根据。

其次,词义的分化也是反训词形成的一个原因。例如,“臭”为气味的总称。《诗经·大雅·文王》:“无声无臭。”分化为香气和臭

① 见该书151页。中国社会科学出版社1983年12月版。

气二义:《史记·礼书》"载侧臭茝"(《索隐》引刘氏云:"臭,香也"),这是香气;曹植《与杨德祖书》"兰茝荪蕙之芳众人之所好,而海畔有逐臭之夫",这是臭气。"祥"本为征兆的总称。《吕氏春秋·应同》:"凡帝王者之将兴也,天必先见祥乎下民。"注:"祥,征应也。"分化为凶兆和吉兆二义:《左传·昭公十八年》"郑之未灾也,里析告子产曰:'将有大祥,民震动,国几亡,吾身泯焉,弗食及也"(杜预注:"祥,变异之气"),这是凶兆;《周礼·春官·眡祲》"以观妖祥,辨吉凶"(贾公彦疏:"祥是善之征,妖是恶之征"),这是吉兆。

第三,有些词本身就隐含着方向性。这种方向性单从字面上是看不出来的,必须通过具体的语言环境表现出来。也就是说,古汉语中有些词天然就存在着反训。例如,"借"有借入、借出二义:《左传·定公九年》"尽借邑人之车",这是借入;《韩非子·内储说下》"权势不可以借人",这是借出。"售"有买进、卖出二义:柳宗元《钴鉧潭西小丘记》"丘之小不能一亩,可以笼而有之。问其主,曰:'唐氏之弃地,货而不售。'问其价,曰:'止四百。'余怜而售之",前一"售"为卖出,后一"售"为买进。

8. 同音词、同形词和多音词

8.1 同音词

8.1.1 读音相同而意义各不相干的词叫作同音词。古汉语的同音词基本上可以分为两类：一类是同形同音词，即字形、读音相同而意义各不相关；一种是异形同音词，即字形不同、意义各不相关而读音相同。有的语言学家把前者称为同音词，把后者称为等音词。

8.1.2 同形同音词主要是由字义的假借造成的。例如，“胡”的本义为牛脖子下垂的肉，后又泛指兽类脖子下垂的肉。《说文》：“胡，牛𩕳垂也。”段玉裁注：“牛自颐至颈下垂肥者也。引申之凡物皆曰胡，如老狼有胡。……”《诗经·豳风·狼跋》：“狼跋其胡。”（跋：音 bá，践踏。）后来假借为疑问代词。《战国策·齐策四》：“是皆率民而出于孝情者也，胡为至今不朝也？”又假借为指北方少数民族。司马迁《报任安书》：“垂饵虎口，横挑强胡。”（横挑：四处挑战。）这三个“胡”字虽然字形、读音完全一样，但意义各不相涉，因而它们是同形同音词。“肯”的本义是紧附在骨上的肉。《说文》释为“骨肉肯肯着也”，“肯肯”，附着难解之貌。《庄子·养生主》：“技经肯綮之未尝。”（綮：音 qìng，筋肉聚结处。）后来假借为能愿动词，表示许可、愿意。《史记·魏其武安侯列传》：“籍福起为谢，案灌夫项令谢。夫愈怒,不肯谢。"这两个"肯"就形成了同形同音词。"须"的本义是胡须。《说文》:"须,颐下毛也。"《史记·高祖本纪》:"高祖为人,隆准而龙颜,美须髯。"(隆:高。准:鼻子。)假借为等待。《左传·成公十二年》:"日云暮矣,寡人须矣,吾子其入。"又假借为需要。《南史·蔡廓传》:"知须夏服,计给事自应相供无容别寄。"这三个"须"形成了同形同音词。"郎"本义为鲁地名。《礼记·檀弓下》:"战于郎。"假借为少年的通称。《世说新语·雅量》:"王家诸郎亦皆可嘉。"这两个"郎"在意义上毫无关系。

我们在前面讲过,一个词有本义、引申义,因而形成了一词多义,这就是多义词。多义词跟同形同音词是根本不同的,因为它们的几个意义之间是有联系的。但是,如果本义与引申义的关系非常远,几乎让人察觉不出来,那么,也可以认为它们是同形同音词。例如,"顾"的本义是回头看,辗转引申为虚词。《战国策·燕策一》:"子之南面行王事而哙老不听政,顾为臣。"《淮南子·说山》:"故决指而身死,或断臂而顾活。"这两例的"顾"有"反而"的意思。《后汉书·马援传》:"卿非刺客,顾说客耳。"这里的"顾"有"不过"的意思。虚词"顾"与本义的关系非常远,因此,宁可把它们看成同形同音词。其他如,表示往而复来的"复"与副词"复";表示追赶上的"及"与连词"及";表示走近的"即"与副词"即";表示跟随的"从"与介词"从";表示坚固的"固"与副词"固"等等,虽然在意义上都有引申关系,但这种关系却很远,基本上可按照上述原则处理。

8.1.3 在古汉语中,异形同音词很多,其中一部分是由于语音演变而形成的。如果对现存的异形同音词进行分析,就会发现有很多在上古并不同音。例如,"帝""旦"属清声纽端母,"弟""但"

属浊声纽定母;“博”“辈”属清声纽帮母,“勃”“被”属浊声纽并母;“见”属见母,“件”属群母;“希”属晓母,“兮”属匣母;“讳”“卉”属晓母,“绘”“惠”属匣母;“四”属心母,“寺”属邪母。以上是从“声”的角度说的。再从“韵”的角度说,“市”“吏”属阴声韵之部,“式”“力”属入声韵职部;“兆”属阴声韵宵部,“罩”则属入声韵药部;“遇”属阴声韵侯部,“玉”则属入声韵屋部;“布”属阴声韵鱼部,“步”则属入声韵铎部。另外,有些现代不同音的,在古代却是同音的,我们从唐陆德明的《经典释文》的注音中可以找到不少的例证。如“陂”现在音 pí,而陆注为“音秘”(见卷四),“秘”现在音 mì 或 bì,与“陂”不同音。“坏”现在音 huài,陆注为“音怪”(卷四),可见“坏”“怪”古同音。另外,如“背音佩”(卷四)、“过音戈”(卷五)、“畿音祈”(卷五)、“栗音列”(卷六)、“苛音河”(卷七)、“街音佳”(卷十一)、“袒音诞”(卷十二)、“某音母”(卷十二)、“完音桓”(卷十五)、“靡音美”(卷十五)等等。陆德明用来注音的字与被注的字,现在都不同音,但在古代,至少在陆德明生活的唐代是同音的。因此,古汉语中异形同音词的情况很复杂,而造成这种复杂情况的主要原因就是语音的演变。音韵学家研究古代的语音,除了运用古代诗歌的韵部、汉字的谐声偏旁、通假字、古书的异文以及反切材料外,也运用了古人留下的同音字注音的材料。因此,深入研究同音词,在音韵学上也是有很重要的意义的。

8.1.4 同音词在古代典籍中的运用相当广泛。古人除了用同音词注音外,有时还利用同音词互相替代,形成了古汉语中一个很重要的现象——古音通假。当然,古音通假的范围要比同音替代宽得多,不限于同音词,音近词也可以互相通假。因为古音通假的问题后面有专章讨论，这里就不详述了。

古汉语中的双关语，是古人运用同音词构成的一种修辞表达方式。所谓“双关”，是言在此而意在彼，表面上说甲而实际上说乙。双关主要有借助字音和不借助字音两种形式。借助字音的双关是利用同音词表示一种相关的意义，也可以分为“异形同音”的双关和“同形同音”的双关两种形式。下面先讨论“异形同音”的双关。例如：

①隋河间刘焯与从侄炫，并有儒学，俱犯法被禁。县吏不知其大儒也，咸与枷着。焯曰：“终日枷中坐而不见家。”炫曰：“亦终日负枷坐而不见妇。”（朱揆《谐噱录》）

②宣和间乐部焦德，一日从幸禁苑。上指花竹草木以询其名。德曰：“皆芭蕉也。”上诘之，对曰：“禁苑花竹，皆取于四方，道里远涉，巴至上林，则已焦矣。”（曹臣《舌华录·谐语》。巴：巴望，盼望。）

③王平甫学士躯干魁硕，盛夏入馆中，下马，流汗浃衣。刘贡父曰：“君所谓汗淋学士也。”（钟伯敬《谐丛》）

④昔有一官，须发俱白，有一吏，须发亦白。吏唤漆匠，都将油黑。官问曰：“你的须如何黑了？”吏曰：“前唤漆匠油黑。”官云：“我的也把油一油。”吏曰：“只油得吏，怎油得官？”（《笑海千金·笑老吏专权》）

例①的“枷”相关着“家”，“负枷”相关着“妇家”。例②“芭蕉”相关着“巴”“焦”。例③的“汗淋”相关着“翰林”。例④的“油”相关着“由”。这种双关语具有幽默风趣的特点。

我国古代表现爱情的民歌，由于常常运用“异形同音”双关的手法，因而形成了委婉曲折、缠绵悱恻的独特风格。例如：

①伏龟语石板，方作千岁碑。(《乐府诗集·读曲歌》)

②芙蓉始结叶，花艳未成莲。(《乐府诗集·子夜四时歌·夏歌》)

③理丝入残机，何悟不成匹。(《乐府诗集·子夜歌》)

④不爱独枝莲，只惜同心藕。(《乐府诗集·读曲歌》)

例①的"碑"谐"悲"。例②的"莲"谐"怜"，"怜"就是爱的意思。例③的"丝"谐"思"，"匹"是"同形同音"双关，表示匹配的意思。例④的"莲"谐"怜"，"藕"谐"偶"，意为配偶。

下面再讨论"同形同音"的双关。例如：

①谢公始有东山之志，后严命屡臻，势不获已，始就桓公司马。于时，人有饷公药草，中有远志，公取以问谢："此药又名小草，何一物而有二称？"谢未及答。时郝隆在坐，应声答曰："此甚易解：处则为远志，出则为小草。"谢有愧色。(《世说新语·排调》。谢公：谢安。桓公：桓温。东山之志：隐居东山的志向。处：指隐居。出：指从政。)

②有御史台令史将入室，值里行、御史数人聚立门内。令史下驴冲过其间，诸御史大怒，将仗之。令史曰："今日之过，实在此驴，乞先数之，然后受罚。"御史许之。谓驴曰："汝技艺可知，精神极钝，何物驴畜，敢于御史里行。"于是羞而止。(刘𫗧《隋唐嘉话下》。值：碰上。数：责骂。)

③武陵王晕多材艺而疏悻，亦无宠于帝。尝侍宴，醉伏地，貂抄肉柈。帝笑曰："肉污貂。"对曰："陛下爱羽毛而疏骨

肉。”帝不悦。（《资治通鉴·齐武帝永明二年》。疏悻：懒散而任性。抄：以匙箸取食物。柈：盘。貂抄肉柈：指帽子上的貂毛插进了肉盘。）

④刘贡父觞客，苏子瞻有事欲起。刘以三果一药调之，曰：“幸早里且从容。”坡答曰：“奈这事须当归。”满座大笑。（曹臣《舌华录·谐语》。三果：指杏、枣、李。一药：指肉苁蓉。调：戏弄，开玩笑。）

例①郝隆借用中药“远志”的字面意思对谢安进行了讽刺，说他当初隐居东山时尚有远大志向，现在出来做官，只能算微不足道的小草。例②的“里行”又是官名，唐代有“御史里行使”“侍御史里行使”“殿中里行使”“监察里行使”等。简称时可去掉“使”，单说“里行”，就是泛指这些官员。令史指桑骂槐，说驴不该在御史里行走，就是讽刺那些官员不配当御史里行。例③武陵王借用盘中的“骨肉”讽刺齐武帝疏远自己，不委以重任。例④的“幸早里”与三种果品“杏”“枣”“李”谐音，是“异形同音”双关语，意思是还早呢。“从容”与药名“苁蓉”谐音，也是“异形同音”双关语，意思是不要忙于回家去。“当归”表面上是中药名，而实际上表示应当归去的意思。

8.2 同形词和多音词

8.2.1 同形词是指形体相同、读音不同而意义又不相关的词。例如，“降$_1$”音 jiàng，从高处走下来的意思。《诗经·大雅·公刘》：“复降在原。”“降$_2$”音 xiáng，投降。司马迁《报任安书》：“李陵既生降。”“重$_1$”音 zhòng，表示分量大。《孟子·滕文公上》：

“麻缕丝絮轻重同，则贾相若。”“重$_2$”音 chóng，表示重叠。《周易·系辞下》：“重门击柝，以待暴客。”（击柝：打更。）“盛$_1$”音 chéng，把东西装入器皿。《庄子·逍遥游》：“以盛酒浆，其坚不能自举也。”“盛$_2$”音 shèng，兴盛。《孟子·公孙丑上》：“夏后殷周之盛，地未有过千里者也。”“省$_1$”音 xǐng，视察、察看。《礼记·月令》：“命有司省囹圄，去桎梏。”（囹圄：音 líng yǔ，监狱。）引申为反省。《论语·学而》：“吾日三省吾身。”“省$_2$”音 shěng，减少。《左传·僖公二十一年》：“贬食省用。”

8.2.2　同形词大多也是由字义的假借造成的。例如上面举的“降$_1$”“盛$_1$”“省$_1$”都是本义，而“降$_2$”“盛$_2$”“省$_2$”都是假借义。由于这个原因，再加上古汉语单音词占优势这个因素，使得同形词常常与同音词交织在一起。例如，“卒$_1$”音 zú，有步兵的意思。《左传·隐公元年》：“具卒乘。”又有死亡的意思。《左传·僖公三十二年》：“晋文公卒。”表示步兵的“卒”与表示死亡的“卒”，是同形同音词。“卒$_2$”音 cù，有匆忙的意思。《孟子·梁惠王上》：“卒然问曰：‘天下恶乎定？’”“卒$_2$”与“卒$_1$”形成了同形词的关系。“亡$_1$”音 wáng，有逃跑的意思。《左传·宣公二年》：“问其名居，不告而退，遂自亡也。”又有死的意思。《论语·雍也》：“亡之，命矣夫。”表示逃跑的“亡”与表示死亡的“亡”，是同形同音词。而“亡$_2$”音 wú，是没有的意思。《论语·颜渊》：“人皆有兄弟，我独亡。”“亡$_2$”又与“亡$_1$”构成了同形词的关系。“行$_1$”音 háng，道路。《诗经·豳风·七月》：“遵彼微行。”又有行列的意思。《楚辞·国殇》：“凌余阵兮躐余行。”表示道路的“行”与表示行列的“行”是同形同音词。“行$_2$”音 xíng，有行走的意思。《论语·述而》：“三人行必有我师焉。"又有将要、快要的意思。曹丕《与吴质书》:"别来行复四年。"表示行走的"行"与表示将要的"行"是同形同音词。而"$行_2$"与"$行_1$"又是同形词。这种错综复杂的关系,就需要仔细进行分析。

8.2.3 同形词还与区别字交织在一起。例如,"$说_1$"音 shuō,有说明解释的意思。《论语·八佾》:"成事不说。""$说_2$"音 yuè,有喜悦的意思。《左传·僖公三十年》:"秦伯说,与郑人盟。"可是在这个意义上又产生了区别字"悦"。"$女_1$"音 nǚ,妇女,特指未嫁的妇女。《诗经·邶风·静女》:"静女其姝,俟我于城隅。""$女_2$"音 rǔ,你,你们,第二人称代词。《左传·僖公四年》:"五侯九伯,女实征之。"这个意义后来又写作"汝"。"$衰_1$"音 shuāi,力量减退。《左传·庄公十年》:"一鼓作气,再而衰,三而竭。""$衰_2$"音 cuī,丧服名。《论语·子罕》:"子见齐衰者。"这个意义后来写作"縗"。增加区别字,是古人减少同形词的一个重要方法。这可使字、词的分工更加精密,从而大大减少阅读古书的困难。区别字又叫古今字。古今字是一个很复杂的问题。包括的范围比较广,本书将有专章讨论,这里不再赘述。

8.2.4 必须分清同形词和多音词的区别。多音词指的是一个词有几个读音,大概有这样几种情况:

一是异读。如表示多次的"三"(《论语·公冶长》"季文子三思而后行")读 sān,又读 sàn。又如四声中"上声"的"上"读 shàng,又读 shǎng。陆德明《经典释文》就分别注出了很多字的异读。如:"虹,音洪,一音绛"(卷五)、"涖,音利,又音类"(卷七)、"捕,音步,又音博"(卷十五)、"祠,音辞,又音祀"(卷十六)、"佯,音阳,一音祥"(卷十六)等。这反映了古汉语单音词当时存在的不同读音。

二是旧读。如“仇敌”之“仇”今读 chóu，旧读 qiú；“估计”的“估”今读 gū，旧读 gǔ；“慰劳”的“劳”今读 láo，旧读 lào ；表示让、叫的“令”，今读 lìng，旧读 líng；“衣”表示自己穿衣时读 yī，表示给别人衣服穿时旧读 yì，今一律读 yī；“食”表示吃东西时读 shí，表示给别人东西吃时旧读 sì，今一律读 shí，等等。这反映了某些词古今读法的不同。

最值得注意的是一个词的不同意义的不同读音。例如，《左传・僖公十三年》：“冬晋荐饥，使乞籴于秦。”这里的“乞”是向人乞求，读 qǐ；《汉书・朱买臣传》：“妻自经死，买臣乞其夫钱，令葬。”这里的“乞”是给予，读 qì。《史记・司马相如列传》：“应声而倒。”这里的“倒”是倒下，读 dǎo；《孟子・公孙丑上》：“民之悦之，犹解倒悬也。”这里的“倒”是倒转、颠倒，读 dào。读音的不同，还常常表示词性的不同，这就是说，有些词有名词、形容词或动词的用法，这种不同的用法往往在读音上反映出来。例如，“畜”当喂养讲时读 xù，《孟子・梁惠王上》：“鸡豚狗彘之畜，无失其时。”当名词讲时读 chù，指喂养的家禽家畜，《左传・昭公二十五年》：“为六畜五牲三牺，以奉五味。”“六畜”，指马牛羊鸡犬豕。“好”，形容词读 hǎo，是美好、良好。《论语・公冶长》：“窥见室家之好。”动词读 hào，是爱好、喜欢。《论语・公冶长》：“敏而好学。”“恶”，名词读 è，是罪恶。《论语・颜渊》：“君子成人之美，不成人之恶。”动词读 wù，是讨厌。《孟子・告子上》：“死亦我所恶，所恶有甚于死者，故患有所不辟也。”“处”，动词读 chǔ，是居住。《左传・僖公四年》：“君处北海，寡人处南海。”名词读 chù，是居住的地方。《史记・五帝本纪》：“迁徙往来无常处。”“难”，形容词读 nán，意思是困难。

《老子》:“难易相成。”动词读 nàn,意思是责问。《孟子·离娄下》:“于禽兽又何难焉?”“骑”,名词读 jì,骑兵。《史记·魏其武安侯列传》:“独二人及从奴十数骑驰入吴军。”动词读 qí,骑马。《史记·项羽本纪》:“骏马名骓,常骑之。”“弹”,名词读 dàn,意思是弹弓。《战国策·楚策四》:“左挟弹,右摄丸。”动词读 tán,意思是用弹弓射。《左传·宣公二年》:“从台上弹人,而观其辟丸也。”“冠”名词读 guān,意思是帽子。《左传·哀公十五年》:“君子死,冠不免。”动词读 guàn,意思是戴帽子。《庄子·盗跖》:“冠枝木之冠。”“王”,名词读 wáng,帝王。《左传·僖公四年》:“尔贡包茅不入,王祭不共。”动词读 wàng,意思是统一全中国。《孟子·梁惠王上》:“德何如则可以王矣?”有些词在现代汉语中已不存在两种读法了,如“骑”“王”等;有些则一直保存着两种读法,如“畜”“好”“恶”“处”等。

8.2.5 多音词是就一个词的范围内不同意义的不同读音而言,不同音读的意义之间是有一定联系的,属于词义的引申;同形词是就不同词的不同读音而言,不同音读的意义之间没有什么联系,属于字义的假借。因此,尽管多音词与同形词都具有形体相同的特点,但根本不是一回事。人们对古汉语中的多音词与同形词常常分不清,根本原因就在于没有从意义上加以区分,仅仅局限于字形,看到两者字形都相同,就以为是同一类型了,这是极大的误解。另一个原因是不能正确把握意义的引申与意义的假借之间的界限,把同形词的不同意义误认为引申关系,因而把一部分同形词当成了多音词;或者把多音词的不同意义误认为假借关系,因而又把一部分多音词当成了同形词。第三个原因是由于多音词有些意义与本义相去甚远，让人看不出它们在意义上的联系，甚至有的连词性都变了。因而有些语言学家就把它们看成不同的词，如弹弓的"弹"(dàn)和弹射的"弹"(tán)，居处的"处"(chǔ)和处所的"处"(chù)，实际上把它们归入了同形词。如果按照这种观点，同形词就应该有两类：一类是意义有联系的，一类是意义没有联系的。这实际上混淆了同形词与多音词之间的界限。

把本章谈到的同音词、同形词、多音词及前面谈到的多义词加以比较，它们的区别可用下表表示：

同音词—┌同形同音词：读音相同、形体相同、意义不相关。
　　　　└异形同音词：读音相同、形体不同、意义不相关。

同形词—读音不同、形体相同、意义不相关。

多义词—┌同音多义词：读音相同、形体相同、意义相关。
　　　　└多音多义词：简称多音词。读音不同、形体相同、意义相关。

9. 因声求义

9.1 声训

9.1.1 我国历代训诂学家在探求音义关系上做了不少工作，也取得了很大成绩。早在先秦，就有了因声求义的萌芽。例如，《周易·说卦》："乾，健也；坤，顺也；……坎，陷也；离，丽也；兑，说也。"《礼记·中庸》："仁者，人也。"又："义者，宜也。"《论语·颜渊》："政者，正也。"《孟子·滕文公上》："庠者，养也；校者，教也。"等等。这种用同音或音近字训释词义的办法，训诂学家称之为声训。汉代的训释中，声训用得很广泛，如《春秋繁露》《白虎通》《诗经》的毛传、郑笺等都或多或少用了声训。《说文》十之七、八是用声训解释字义。汉代全部使用声训的训诂学专著，则为刘熙的《释名》，可算得声训的集大成之作。

9.1.2 声训不是一般地训释词义，主要是根据声音来推求语源。刘熙在《自序》中说明了他编纂《释名》一书的宗旨："夫名之于实，各有义类，百姓日称而不知其所以之意。故纂天地、阴阳、四时、邦国、都鄙、车服、丧纪，下及民庶应用之器，论叙指归，谓之《释名》，凡二十七篇。至于事类，未能究备。凡所不载，亦欲智者以类求之。"这就是说，刘熙认为，事物如何叫名，全跟表示这个事物的词的读音有关系。他就是要根据声音来探求事物叫名的由来。因声以求语源就是声训这种训释方法的最根本最核心的东西。下面略举《释名》声训的一些典型例子，以见一斑：

“日，实也，光明盛实也。”
“月，缺也，满则缺也。”
“星，散也，列位布散也。”
“夏，假也，宽假万物使生长也。”
“冬，终也，物终成也。”
（以上《释天》）
“土，吐也，吐生万物也。”
“已耕者曰田，田，填也，五稼填满其中也。”
“广平曰原，原，元也，如元气广大也。”
（以上《释地》）
“山，产也，产生物也。”
（以上《释山》）
“川，穿也，穿地而流也。”
“山夹水曰涧，涧，间也，言在两山之间也。”
（以上《释水》）
“道一达曰道路。道，蹈也，路，露也，人所践蹈而露见也。”
“径，经也，人所经由也。”
（以上《释道》）
“身，伸也，可屈伸也。”
“毛，貌也、冒也，在表所以别形貌且以自覆冒也。”
“头，独也，于体高而独也。”
（以上《释形体》）
“男，任也，典任事也。”

“女，如也，妇人外成如人也。故三从之义，少如父教，嫁如夫命，老如子言。”

（以上《释长幼》）

“父，甫也，甫，始也，始生己也。”

“母，冒也，冒，含也，含生己也。”

“弟，第也，相次第而生也。”

（以上《释亲属》）

“仁，忍也，好生恶杀善含忍也。”

“义，宜也，裁制事物使合宜也。”

“礼，体也，得事体也。”

“智，知也，无所不知也。”

（以上《释言语》）

“冠，贯也，所以贯韬发也。”

“巾，谨也，二十成人，士冠庶人巾，当自谨修于四教也。”

（以上《释首饰》）

“室，实也，人物实满其中也。”

“户，护也，所以谨护闭塞也。”

（以上《释宫室》）

“斧，甫也，甫，始也，凡将制器，始用斧伐木，已乃制之也。”

“锄，助也，去秽助苗长也。”

（以上《释器用》）

“钟，空也，内空受气多故声大也。”

“箫，肃也，其声肃肃而清也。”

（以上《释乐器》）

从以上例句看，被释字与训释字或为同音关系，如“田，填也”

“原,元也”“川,穿也”“弟,第也”“户,护也”等;或为双声关系,如“星,散也”“头,独也”“母,冒也”“箫,肃也”等;或为叠韵关系,如“日,实也”“月,缺也”“冬,终也”“山,产也”等。另外还有不少声韵相同只是声调不同,不一一列举。

声训的产生,说明古代训诂学家开始注意到了语义与语音的关系,声训的成果则反映了他们在这个问题上的初步的、朦胧的认识,可看成“因声求义”这种训诂方法发展的最初阶段。从这一点说,声训对于古汉语词义的研究也是有一定积极意义的。

9.1.3 由于声训特别是早期声训主要凭个人主观推断,只根据音同或音近这一点来猜测,没有任何古籍的材料作为依据,因此,所得出的结论,除了极少数以外,都难以令人信服。

要搞清声训的主要问题,首先就要了解它的性质。声训虽然被训诂学家称之为训释方法,但从根本上说它并非“释义”而是“探源”,即探求事物的命名之由。“释义”与“探源”是两回事。《释名》的某些声训既有释义,又有探源。例如,“已耕者曰田,田,填也”,“广平曰原,原,元也”,“山夹水曰涧,涧,间也”,前面的一部分是释义,后面的一部分是探源。多数声训只有探源,没有释义。应该强调的是,“探源”不等于“释义”。很明显,“日,实也”,“月,缺也”,“实”“缺”并非“日”“月”的词义,只是企图说明“日”“月”为什么叫“日”“月”而不叫别的名称,是与“实”“缺”二字所表示出的特征有关:“日”的特征是“光明盛实”,所以叫“日”;“月”的特征是“满则缺”,所以叫“月”。有些文章认为声训的主要问题是解释词义不准确或根本错误,因而这种方法被后代的字、词书所拒绝。我们认为,这种批评没有抓住声训的真正要害。声训的真正要害在于通过音同或音近字来“探源”的做法是根本错误的。名称与事物的关系，或者说语音与语义的关系，是没有必然联系的，最初完全是社会约定俗成的结果。这个道理，早在二千多年以前，荀子就已经认识到了。他在《荀子·正名》中说：“名无固宜，约之以命，约定俗成谓之宜，异于约则谓之不宜。名无固实，约之以命实，约定俗成，谓之实名。”这就是说，名称与事物的关系不是天然的、必然的，社会约定用一个称呼，这约定的称呼变成了习惯，就是合适的，不合于约定的名称就是不合适的。现代语言学认为，一个事物怎么称呼，或者某一语音形式表达某一意义，最初完全是偶然的，是没有什么道理可讲的。这是语言学的一个重要原理。声训恰恰就是要揭示“名”与“实”关系的奥秘，从而违背了语音与语义关系的科学规律，因而就站不住脚了。正因为声训缺乏科学的依据，是主观臆测的产物，所以很多训释不仅荒诞离奇，而且随意性极大，往往同一字而声训不同，或者不同字而声训完全一样，让人莫衷一是，难以捉摸。例如，“地”的声训，《释名》有“底也”“谛也”两种，《春秋元命包》为“易也”，《春秋说题辞》为“媲也”，《淮南子·地形》许慎间诂为“丽也”，一共五种。又如，“冒也”既为“木”的声训（《说文》），又为“母”的声训（《释名》），“甫也”既为“父”的声训（《释名》），又为“斧”的声训（《释名》），“实也”既为“日”的声训（《释名》），又为“室”的声训（《释名》）。

声训的有些内容还是有道理的，如“政，正也”、“智，知也”、“涧，间也”、“弟，第也”等。这是因为，在词汇发展中产生的新词，多半是在已有的词或概念的基础上形成的，它们的音义关系就不完全是偶然的了。因为一定事物之间有共同点，人们既然通过约定俗成确定某种事物的名称，那么对与之有关的事物，也可能用与此名称相近的音来表示。声训解说对了的，大约就是这一类词。

9.2 右文说和亦声字

9.2.1 继声训之后，又有所谓右文说。首创右文说的是宋代王圣美。他的系统理论已亡佚，我们只能在《梦溪笔谈》卷十四里看到简略的记载："王圣美治字学，演其义以为右文。古之字书皆从左文。凡字，其类在左，其义在右。如木类，其左皆从'木'。所谓右文者，如'戋'，小也。水之小者曰浅，金之小者曰钱，歹而小者曰残，贝之小者曰贱，如此之类，皆以'戋'为义也。"据此，可以看到，右文说是对形声字的形符和声符的功能的一种新见解。形声字的结构一般是形符在左，声符在右，"右文"即指声符而言。王圣美认为形声字的形符只表"类"，而声符才具有表义作用，也就是说，声符具有表声和表义的双重作用。

在南宋，还有王观国和张世南也提出了与王圣美右文说相类似的说法。王观国的说法见于他的笔记书《字林》卷五："盧者，字母也。加金则为鑪，加火则为爐，加瓦则为甗，加黑则为黸。凡有文者，省其所加之偏旁，但用字母，则众义竣矣。又如田者，字母也，或为畋猎之畋，或为佃田之佃。若用省文，惟以田字该之。他皆类此。"王观国不说"右文"，而说"字母"。声符大多数在右，但也有在左边的，甚至还有在上边、下边、中间或外边的，因此，"字母"比"右文"似乎更概括、更确切。张世南的说法见于《游宦纪闻》卷九："自《说文》以字画左旁为类，而《玉篇》从之，不知右旁亦多以类相从。如'戋'有浅小之义，故水之可涉者为浅，疾而有所不足者为残，货而不足贵重者为贱，木而轻薄者为栈。‘青’字有精明之义，故日之无障蔽者为晴，水之无溷浊者为清，目之能明见者为睛，米之去粗皮者为精。凡此皆可类求，聊述两端，以见其凡。”张世南的说法也与王圣美略有差别，例如他不说“其义在右”，而说右旁“以类相从”，就是认为声符与形符一样，都只具有表示字的意义类别的作用，而不具有表义作用。把“义”改为“类”，虽然只一字之差，却对某些右文的功能的表述更接近实际，从而对王圣美的理论作了重大的修正。另外，张世南不说“凡”而说“多”，这就把声符表义作用限制在一定的范围，不能不说是一个进步。因此，王观国和张世南的论述，使右文说的理论渐趋完善。

9.2.2 右文说的理论在后世得到了广泛的运用。段玉裁在注释《说文》时，就有不少地方运用了右文说，例如：

《艸部》：“芋，大叶实根骇人，故谓之芋也。”段注：“口部曰：吁惊也。毛传曰：訏，大也。凡于声字多训大。……”

又：“藟，艸也。”段注：“按凡藤者谓之藟，系之艸则有藟字，系之木则有櫐字，其实一也。”

又：“萧，艾蒿也。”段注：“杜子春读萧为肃，萧墙、萧斧皆训肃。”

又：“蔈，一曰末也。”段注：“金部之鏢，木部之標，皆训末，蔈当训草末。”

《口部》：“唐，大言也。”段注：“引申为大也。如说《尚书》者云，唐之为言荡荡也。见《论衡》。又为空也，如梵书云，福不唐捐。凡陂塘字古皆作唐，取虚而多受之意。”

《言部》：“诐，辨论也。”段注：“此诐字正义。皮，剥取兽革也。披，析也。凡从皮之字皆有分析之意。故诐为辨论也。”

《食部》："饎，酒食也。从食，喜声。"段注："酒食者，可喜之物也，故其字从食喜。……"

《矢部》："短，有所长短，以矢为正，从矢，豆声。"段注："按《考工记》曰：豆中悬。谓县绳正豆之柄也。然则豆声当作从豆，从豆之意与从矢同也。"

《衣部》："襛，衣厚貌。"段注："凡农声之字皆训厚。醲，酒厚也；浓，露多也。"

《马部》："騢，马赤白杂毛。从马，叚声。谓色似鰕鱼也。"段注："……鰕鱼谓今之虾，亦鱼属也。虾略有红色。凡叚声字多有红义，是以瑕为玉小赤色。"

《火部》："熄，畜火也，从火息声。"段注："畜当从艸，积也。熄取滋息之意。"

王念孙疏证《广雅》，也有不少地方运用右文说训释词义，例如：

《释诂》："般，大也。"王疏证："般者，《方言》曰：般，大也。郭璞音盘桓之盘。《大学》曰：心广体胖，郑注：胖犹大也。《士冠礼》注：介名出于槃，槃，大也，言所以目光大也。槃胖并与般通。《说文》：幋，覆布大巾也。鞶，大带也。《讼》上九：或锡之鞶带。马融注云，鞶，大也。《文选·啸赋》注引《声类》云：磐，大石也。义并与般同。"

又："桻，末也。"王疏证："桻者，《玉篇》：桻，木上也。兵耑谓之锋，山耑谓之峯，义并同也。"

又："䊨，杂也。"王疏证："《玉篇》：䊨，杂糅食也。䊨与沙砾之砾声义并同。"

又："搈，动也。"王疏证："搈之言踊也。《说文》：搈，动搈也。《楚辞·九章》云：悲秋风之动容兮，《韩子·扬搉》篇云：动之溶之，搈、容、溶并通。《说文》：傛，不安也。义与搈亦相近。”

又：“莸，小也。”王疏证：“《方言》：莸，杪，小也。凡草生而初达谓之莸，木细枝谓之杪。注云：莸音锐，锋萌始出也。左思《吴都赋》云：郁兮莸茂，莸之言锐也。昭十六年《左传》：不亦锐乎。杜预注：锐，细小也。《说文》：锐，芒也。《尔雅》：再成锐上为融邱。注云：铁顶者。义并与莸同。《说文》：锐，小餟也，锐与莸亦声近义同。”

又：“幔，覆也。”王疏证：“幔者，《说文》：幔，幕也。《释名》云：幔，漫也，漫漫相连缀言也。司马相如《长门赋》云：张罗绮之幔帐兮。《尔雅》：镘谓之杇。李巡注曰：涂工之作具也。……”

段王二人运用右文说的合理部分对词义进行诠释，找出了一系列声符相同的字，也就是音近或音同的词在意义上的联系，为训诂学“因声求义”的训释方法的确立，做出了很大的贡献。

9.2.3 右文说是受声训影响而产生的一种因声求义的训诂方法。两者的目的一样，都是“探源”；但方法却截然不同。右文说摒弃了声训的主观臆测，根据声符来探求语源，并且不局限于单个声符，而是将具有相同声符的字系联在一起来探讨其意义的内在联系，给后世同源词的研究很大的启迪，因此，右文说无论在研究方法上和科学性上都要比声训高得多。

然而，右文说也有它的局限性。

首先就是以偏赅全。王圣美的“凡字，其类在左，其义在右”，一个“凡”字，就将所有形声字的声符都赋予了表义功能。张世南的“自《说文》以字画左旁为类，而《玉篇》从之，不知右旁亦多以类相从”，将“凡”改为“多”，在程度上减轻了一些，但也表明了声符的表义功能带有普遍性。因此，随着右文说的不断发展以及它在训诂学领域里的地位越来越显赫，王、张的理论对后世训诂学家的影响就非常之大，不少人将声符表义看成了普遍规律。实际上，右文说的一部分只实用于后起形声字。随着汉字的发展，产生了大量的后起形声字。这些形声字的特点是，利用原来的字形为声符，再增加新的意符。后起形声字大体有两类：一类是只借音不借义，如“捨”“慼”“欤”等；一类是既借其音又用其义，如“暮”“曝”“燃”“溢”等。很显然，第二类形声字的声符当然与意义有关。右文说的另一部分只实用于同源字。汉语里的同源字有不少是声符相同的，这就正好符合了右文说的条件。如“狗”“豿”“驹”、“决”“玦”“缺”、“钩”“枸”“笱”“拘”“痀”“朐”等。

其次就是拘泥于字形。右文说虽然意在探求语源及词在意义上的联系，但未能打破字形的束缚，从同源的高度来分析问题，因而也就无法完全达到“因声求义”的目的。王力先生指出了右文说的缺点，认为：“造字的人采用同一声符也仅仅是把它当做声符来使用；反过来说，不用同一声符的字所代表的词却不一定没有亲属关系。所以我们研究‘词族’的时候，应该摆脱字形的束缚，从声音和意义两方面找它们的亲属关系。”[①]

9.2.4　亦声字首见于《说文》，是指会意字的一个偏旁兼有表声的作用。例如：

---

① 见《汉语史稿》(下)第543页。中华书局1980年版。

《齿部》:"**齨**,老人齿如臼也。从齿臼,臼亦声。"

《句部》:"拘,止也。从手句,句亦声。"

又:"笱,曲竹捕鱼笱也。从竹句,句亦声。"

又:"**鉤**,曲**鉤**也。从金句,句亦声。"

《丩部》:"纠,绳三合也。从糸丩,丩亦声。"

《言部》:"警,言之戒也。从言敬,敬亦声。"

又:"谊,人所宜也,从言宜,宜亦声。"

《革部》:"鞣,柔革也,从革柔,柔亦声。"

《隹部》:"雊,雄雉鸣也,雷始动,雉乃鸣而句其颈,从隹句,句亦声。"

《食部》:"餽,吴人谓祭曰餽,从食鬼,鬼亦声。"

有些字,《说文》定为形声字,段玉裁认为是"形声包会意字"。例如:

《艸部》:"苷,甘艸也,从艸,甘声。"段注:"此以形声包会意。"

《辵部》:"**延**,正行也。从辵,正声。"段注:"形声包会意。"

《攴部》:"**攽**,分也。从攴,分声。"段注:"此形声包会意。"

《目部》:"盼,白黑分也,……从目,分声。"段注:"此形声包会意。"

在段玉裁看来,形声包会意字与亦声字是不同的。他在《言部》"论,议也,从言,仑声"的注中说:"当云从言仑,仑亦声。"没有用"形声包会意"的说法。"亦声字"首先是会意字,"形声包会意字"首先是形声字,这大概是它们的区别。我们认为,两者性质上是一样的。

那么，亦声字与右文说有什么关系呢？很明显，右文说不仅是受声训的影响，也是受《说文》亦声字启发而创造出来的，只不过亦声字只是单个的、毫无联系的现象罗列；而右文说则是一种理论的阐述，而且是把相同声符的字系联起来进行分析，并且提到了语源的高度。因此可以说，右文说是亦声字的继承、发展和提高。

9.3 音近义通

9.3.1 从声训、右文说到音近义通理论的建立，反映了训诂学家对音义关系的认识从萌芽到渐趋成熟的三个阶段。

汉字产生以后，人们最初是通过字形来了解字义的，因为汉字是属于表意体系的文字，形与义有直接关系，而音与义没有直接关系。汉字表达意义，最初都只涉及形与义的关系。正因为音与义之间的关系完全是偶然的，所以才会出现同一个声音表示很多意义，形成了大量的同音词；相同或相近的意义又可用不同的声音来表示，形成了大量的同义词或近义词。随着词汇的演变和发展，在某些方面的情况就发生了变化。首先，汉字的孳乳繁衍促使大量新字的产生，这些新字或以原字形为基础构成，某些后起形声字就是这一种；或由原字分化成若干新的字群，它们与原字或音同或音近，而意义相通，这就是同源字。其次，由于汉字存在着摆脱字形束缚，以“音”代“形”的趋势，产生了借用与某字读音相同或相近的字来表示这个字的意义的现象，这就是古音通假。古音通假，在实质上也是音近义通，只不过这个“义”是借来的。总之，同源字与通假字的产生，使音与义之间发生了关系，也就成了“因声求义”这个训诂方法的重要依据。

9.3.2 清代学者在声训和右文说的基础上，逐渐建立了系统的“音近义通”的理论和训诂条例，把训诂学推进到一个崭新的历史阶段。王力先生称之为“训诂学上的革命”①。

声训和右文说可以称为早期的词源学，但由于声训凭借臆测，右文说拘泥字形，其成就远远不及清代。清代的戴震首创“转语”的理论。他在《转语十二章序》中说：“凡同位则同声，同声则可以通乎其义；位同则声变而同，声变而同则其义亦可以比之而通。”②所谓“同位”是指声纽的发音部位相同，“位同”是指声纽的发音方法相同。戴震写有《转语十二章》，根据字的声纽来推求词语的通转，只可惜这部书后代没有见到，只留下了《转语十二章序》。段玉裁、王念孙继承戴震的学说，他们的研究方向不限于词源学，把古音学的研究成果运用于词义的探求，建立起了清代的语义学的理论。段玉裁在《广雅疏证·序》中说：“小学有形、有音、有义，三者互相求，举一可得其二；有古形，有今形，有古音，有今音，有古义，有今义，六者互相求，举一可得其五。……圣人之制字，有义而后有音，有音而后有形。学者之考字，因形以得其音，因音以得其义，治经莫重于得义，得义莫切于得音。”王念孙在《广雅疏证·叙》中说：“窃以训诂之旨本于声音，故有声同字异，声近义同，虽或类聚群分，实亦同条共贯，譬如振裘必提其领，举网必挈其纲，故曰本立而道生。知天下之至啧而不可乱也。此之不寤，则有字别为音，音

① 见《中国语言学史》第157页。山西人民出版社1981年版。
② 见《戴东原集》(上)第73页。万有文库本。

别为义，或望文虚造而违古义，或墨守成训而尠会通。易简之理既失，而大道多歧矣。今则就古音以求古义，引伸触类，不限形体，苟可以发明前训，斯凌杂之讥，亦所不辞。”段玉裁提出了“因音以得其义”，王念孙提出了“就古音以求古义”，这就是清代语义学理论的核心。王念孙还明确指出“以声求义”要“引伸触类，不限形体”，目的就是要解决“或望文虚造而违古义，或墨守成训而尠会通”的问题，这就把“因声求义”的范围从词源学扩大到了语义学。这就是说，“因声求义”不仅要解决同源字的问题，而且要解决古音通假的问题。关于后者，王引之阐述得更清楚，他在《经义述闻·序》中说：“大人（指其父王念孙）曰：诂训之指，存乎声音。字之声同声近者，经传往往假借，学者以声求义，破其假借之字而读以本字，则涣然冰释，如其假借之字而强为之解，则诘𫐐为病矣。”

9.3.3 简要地说，清代“因声求义”的理论及实践，主要包括两个内容：一是同源字，这是属于词源学的范畴；一是古音通假，这是属于语义学的范畴。

关于同源字的研究，清代学者吸取了早期声训特别是右文说的研究成果，无论在理论上或实践中都有不少建树。王念孙在这方面的成就尤为突出，他不仅对《广雅》一书中用为同训的同源字加以标示，而且触类旁通，以“声近义通”为纲，广为系联，建立了不少同源字的系统，为同源字的研究提供了不少宝贵的材料。下面以《广雅释诂》为例：

“巛、巽、顺也。”王疏证：“巛、顺声相近。《系辞》云：夫坤，天下之至顺也。《说卦》传云：坤，顺也。《坤》释文云：坤本又作巛、巽、顺，声亦相近。《说文》：愻，顺也。引《唐书》五品不愻，今本作逊，字或作孙，又作巽，并同。”

“斯，分也。”王疏证：“斯者，《尔雅》：斯，离也。《方言》云：齐陈曰斯，《陈风·墓门》篇：斧以斯之。毛传云：斯，析也。《庄子·则阳》篇云：斯而析之。《史记·河渠书》：乃厮二渠以引其河。《集解》引《汉书音义》云：厮，分也，厮与斯通。今俗语犹呼裂物为斯。《楚辞·九歌》：流澌纷兮将来下。王逸注云：澌，解冰也。《方言》：澌，散也，东齐声散曰廝，秦晋声变曰廝，器破而不殊，其音亦谓之廝。《集韵》引《字林》云：甐，瓮破也。义并与斯通。”

“弯，引也。”王疏证：“《说文》：弯，持弓关矢也。昭二十一年《左传》：豹则关矣。杜预注云：关，引弓也。《史记·陈涉世家》：士不敢贯弓而报怨，《汉书》作弯。弯、关、贯并通。”

“般，痛也。”王疏证：“般者，《说文》：慇，痛也，《小雅·正月》篇：忧心慇慇。毛传云：慇慇然痛也。《邶风·北门》篇作殷。《释文》：慇，又音隐。《邶风·柏舟》篇：如有隐忧。毛传云：隐，痛也。隐与殷，声义并同。”

“僄，轻也。”王疏证：“僄之言飘也，《说文》：僄，轻也。又云：嫖，轻也。《周官·草人》云：轻票用犬。《考工记·弓人》云：则其为兽必剽。《荀子·议兵》篇云：轻利僄遬。《史记·贾谊传》云：风漂漂其高逝。《汉书》作缥。《司马相如传》云：飘飘有凌云之气。并字异而义同。”

“歉，少也。”王疏证：“歉者，《说文》：歉，食不满也。襄二十四年《穀梁传》：一谷不升谓之嗛。范甯注云：嗛，不足貌，《韩诗外传》作鎌，《广雅·释天》作歉。《孟子·公孙丑》篇：吾何慊乎哉。赵岐注云：慊，少也。《逸周书·武称解》曰：爵位不谦，田宅不亏。并字异而义同。”

段玉裁在《说文解字注》中，也有不少这方面的论述。例如：

《艸部》："蔈，苕之黄华也，……一曰末也。"段注："金部之镖，木部之標皆训末，蔈当训艸末。禾部云：秒，禾芒也，秋分而秒定，按《淮南子·天文训》作秋分蔈定。此蔈为末之证也。"

《牛部》："犥，牛黄白色。"段注："黄马发白色曰驃，票麃同声。然则犥者，黄牛发白色也。《内则》：鸟皫色，亦谓发白色。"

《羽部》："翯，鸟白肥泽皃。"段注："《大雅》：白鸟翯翯。毛传曰：翯翯，肥泽也。《释文》引《字林》亦云：鸟白肥泽曰翯，毛则言肥泽，而白在其中也。《白部》曰：皠鸟之白也。何晏赋：皠皠白鸟。翯与皠音义皆同。贾谊书作皜皜，《孟子》作鹤鹤，赵注与毛传合。"

《口部》："吁，惊语也。"段注："按于有大义，故从于之字多训大者。'芋'下云：大叶实根骇人。吁训惊语，故从于口。"

《人部》："侊，小皃。"段注："小当作大，字之误也。凡光声之字多训光大，无训小者。《越语》句践曰：谚有之曰：觥饭不及壶飧。韦云：觥，大也。……《韩诗》云：觥，廓也。许所据《国语》作侊侊，与觥音义同。"

《人部》："佚，佚民也。"段注："……佚从人，故为逸民字也。《孟子》曰：遗佚而不怨。又以为劳逸字，如以佚道使民是也。古失、佚、逸、泆多通用。石经今文《尚书》毋逸字作劮，则许所不取，《广雅》录之。"

古音通假是清代学者"因声求义"理论的另一个重要内容。古书中有很多字不是本字，而是通假字，古代注释家常常拘泥于字形强为之解，往往得出了错误的结论。清代学者由于建立了“古音通假”的理论，运用“音近义通”的原则去破假借字，使很多问题涣然冰释。王念孙的《广雅疏证》有不少精彩的论述。例如：

①《礼记·乐记》：“獶杂子女，不知父子。”郑注：“獶，猕猴也。言舞者如猕猴戏也，乱男女之尊卑。”王念孙认为“獶”与“糅”通，“獶杂”即“糅杂”，也就是“杂糅”的意思。

②《尔雅·释亲》：“仍孙之子为雲孙。”郭璞注：“言轻远如浮雲。”王念孙认为“雲”“云”古同字，“云”有远的意思。“雲孙”即远孙，并非以“浮雲”为喻。

③《国语·吴语》：“请王厉士以奋其朋势。”韦昭注：“朋，群也。勉励士卒，以奋激其群党之势，使有斗心。”王念孙认为“朋”通“冯”，“冯”有怒的意思。

④《庄子·秋水》：“井蛙不可以语于海者，拘于虚也。”崔譔注：“拘于井中之空也。”王念孙曰：“邱谓之虚，虚与墟同。……邱、墟皆故所居之地。”他认为“拘于虚”是“囿于所居”的意思。

王念孙之子王引之，在他所著《经义述闻》中，广泛应用古音通假的原则，解决了很多疑难问题。例如：

①《诗经·魏风·硕鼠》：“逝将去女，适彼乐土。乐土乐土，爰得我所。”又：“逝将去女，适彼乐国。乐国乐国，爰得我直。”孔颖达解“爰得我所”曰：“我所以之彼乐土者，以此乐土若往则曰得我所宜故也。”毛传解释“爰得我直”曰：“直，得其直道也。”孔颖达将“所”看成虚词，毛传将“直”释为直道，都不

对。王引之认为“直”当为“职”的通假字，而“职”也有处所的意思。《汉书·赵广汉传》:“广汉为京兆尹廉明，威制豪强，小民得职。”颜师古注:“得职，各得其常所也。”

②《礼记·礼运》:“大道之行也，天下为公。选贤与能，讲信脩睦。”孔颖达疏:“此明不世诸侯也。国不传世，唯选贤与能也。”把“与”看成了连词。王引之认为，“与”当为“举”的通假字，即举荐、提拔的意思。古书中“与”和“举”常通用。再从文章本身来看，这篇文章多偶句，“选贤与能”与“讲信脩睦”为对偶，都是两个动宾结构相对。

③《左传·隐公六年》:“《商书》曰，恶之易也，如火之燎于原，不可乡迩，其犹可扑灭。”(乡:面对。迩:靠近。)杜预把“恶之易”解释为“恶易长”，认为“易”为难易之易。王引之认为，“易”当为“施”的通假字，而“施”有蔓延的意思。《诗经·大雅·皇矣》:“施于子孙。”郑笺:“施犹易也，延也。”又《周南·葛覃》:“施于中谷。”毛传:“施，移也。”陆德明《经典释文》:“施，毛以豉反。”可见“施”当与“易”读音相同。正因为“恶之易”指恶之蔓延，所以下文才用“火之燎于原，不可乡迩”来比喻它。

10. 通假字

10.1 假借概说

10.1.1 什么是假借？许慎在《说文解字·叙》中说："本无其字，依声托事，令长是也。""本无其字"是说本来没有表示这个事物的字，"依声托事"是说依赖音同或音近的条件来寄托这个事物。例如，本没有表示第三人称代词"之"这个字，于是借用本义表示出的"之"作为第三人称代词；本没有表示连词"而"这个字，于是借用本义为胡须的"而"来作为连词"而"。许慎的定义没有错，然而所举例字"令""长"有问题。由命令的"令"表示县令的"令"，由长久的"长"表示县长的"长"，是引申，不是假借。所以朱骏声改"令""长"为"朋""来"。那么，许慎是不是偶然的疏忽呢？不是的。因为，在许慎看来，假借除了音同音近的条件外，意义上也可以有联系。在《说文》中，很多假借字，许慎都给它们找出了意义上的联系。朱骏声用以代替"令""长"的"朋""来"可说是典型的假借字了。"朋"是"凤"的古文，假借为朋党的"朋"；"来"本义是麦子，假借为来去的"来"，本义与假借义之间应当说毫无联系。可是许慎却在意义上把两者联系了起来：

《鸟部》："朋，古文凤，象形。凤飞从鸟以万数，故以为朋党字。”

《来部》:“来,周所受瑞麦来麰也,二麦一夆,象其芒朿之形。天所来也,故为行来之来。”

由于受许慎的影响,后代有些文字学家也认为本义与借义之间可以有联系。可以清代段玉裁为代表。他在《说文》“来”字条下注曰:“自天而降之麦,谓之来麰,亦单谓之来。因而凡物之至者皆谓之来,许意如是。犹之相背韦之为皮韦,朋鸟之为朋攩,乌西之为东西之西,子月之为称,乌之为乌呼之乌,皆引申之义行而本义废矣。”很明显,段玉裁所举的例子,本义与借义之间都没有联系。“朋”“来”不用说了,其他如,“西”本义为鸟在巢上,假借为西方之“西”;“韦”本义为相背,假借为皮革之“韦”;“乌”本义为乌鸦,假借为语气词乌呼之“乌”,“子”本义为孩子,假借为人称代词(“月”字不详)。段玉裁一律称为引申。可见,他并没有把“假借”与“引申”严格区别开来。段注中经常出现“引申假借”的提法。例如,《止部》的“止”字条注:“此引申假借之法也。”《丶部》的“主”字条注:“……引申假借为臣主,宾主之主。”《犬部》的“独”字条注:“犬好斗,好斗则独而不群,引申假借为专一之称。”又“類”字条注:“说从犬之意也。類本谓犬相似,引申假借为凡相似之称。”这也反映了他对“假借”的看法与许慎是一脉相承的。

10.1.2 近现代学者对“假借”也存在着不同的看法。一派学者认为本义与借义之间是可以有联系的。比较有代表性的是周大璞先生的意见:“我们知道,训诂学家有所谓音近义通之说,虽不可尽信,但是字的音义之间有一定的关系却是不能抹杀的。……懂得这个道理，就可以知道假借字与其本字在意义上的关系了，那就是并不全有联系，但也往往有一定的联系。”他认为意义有联系的，除了许慎举的“令”“长”“来”“朋”“西”等外，还有“借淫为婬”、“借阴为荫”、“借美为媄”、“借昏为婚”、“借羊为祥”等①，这就是说，不仅“本无其字”的假借意义上可以有联系，“本有其字”的假借意义上也可以有联系。

另一派学者认为，本义与借义之间不能有联系。洪诚先生说：“古代汉语中的某一个词，起初没有替它造出本字，或虽造有本字却不常使用；却依照它的声音，假借一个与意义无关的音同或音近的字，来寄托这个词的意义，这个字对于所标记的词来说，叫做文字的假借。”②他所说的“没有替它造出本字”，是指“本无其字”的假借；“虽造有本字却不常使用”，是指“本有其字”的假借。也就是说，洪诚认为这两种假借，本义与借义都是没有联系的。齐佩瑢先生把字义分为“本义”“引申义”和“借义”三种，认为：“借义，当记载语言时，如果没有适当的文字形式（本字）或有而仓卒忘记用它来表示语言，常常用一个同音字来代替。所表之义与本义全无关涉，只是依声托事而已，在六书里叫做假借，是一种纯音符的文字，因此借义可由声音（当时的）和文法上研究出来。”③

我们认为，主张“假借”的本义与借义之间可以有联系的观点是不可取的。因为，这种说法混淆了引申与假借的界限，造成了混乱。引申是一种词汇现象，假借是一种文字现象，不应该把两个不

① 见《训诂学要略》第200页至201页。湖北人民出版社1984年第2版。

② 见《训诂学》第29页。江苏古籍出版社1984年版。

③ 见《训诂学概论》第82页。中华书局1984年版。

同平面、或者说不同范畴的事物混同在一起。另外，认为某些“假借”可以以意义上有联系作为条件，实际上等于否定了“假借”的存在，否定了“假借”在汉字发展中的历史作用。

10.1.3 “假借”在汉字的历史发展中起过巨大的作用。汉字是属于表意体系的文字，是形、音、义的结合体。但是，以形表义总是有局限性的。再加上语言的发展与文字的发展不一致，造字与用字的不一致，就使得形、音、义三者的关系变得越来越复杂了。要为每一个意义造一个专门的字根本不可能，因为，很多意义无法用字形来表示，例如人称代词“我”“汝”、连词“而”“然”，语气词“耳”“焉”等，这就只好借用已有的同音字来表示，于是，原来表示兵器的“我”、表示水名的“汝”、表示胡须的“而”、表示燃烧的“然”、表示耳朵的“耳”、表示焉鸟的“焉”，就承担了新的表义任务。这是一种借用，借的不是“义”，而是“音”，被借用的字只是一种纯粹的表音符号。这样一种“借音表义”的方法就叫做“假借”。

汉字是有限的，概念是无穷的，要用有限的汉字的形体来表现无穷的概念是不可能的。但是，假借方法的产生，却使这种不可能变成了可能。因为，凡是不能用字形来表达的概念都可以用“借音表义”的方法来解决。假借虽然不是造“字”之法，但“借音表义”却赋予了它神奇的造“词”功能，因为，根据假借的原则能造出很多的同形同音词。因此，假借的产生实际上是汉字表音趋势的体现，是汉字发展过程中的一个飞跃。如果没有假借这种方法，汉字的表义功能将永远被字形所束缚，汉字也就永远不能成为真正的、完善的语言交际工具。

10.2 “本无其字”的假借

10.2.1 “本无其字”的假借又称为“六书的假借”，是指本来没有正字，一开始就借用某一个与之声音相同或相近的字，并依照它的声音来表达一定的意义，就字形来说是“本无其字”，就意义来说是“依声托事”。例如。

何——《说文》：“何，儋也，从人可声。”本义是背负。《国语·齐语》：“负任儋何。”《诗经·小雅·无羊》：“何蓑何笠。”前例是四个动词并列，后例是两个动宾结构并列。后来，“何”又假借为疑问代词。《战国策·齐策四》：“客何好？”《论语·颜渊》：“内省不疚，夫何忧何惧。”

之——《说文》：“之，出也。”可见“之”的本义是出，但“出”这个意义古籍中罕见，而它的引申义“往”则常见。例如，《战国策·齐策四》：“驱而之薛。”《孟子·梁惠王上》：“牛何之？”假借为指示代词。《诗经·周南·桃夭》：“之子于归。”又假借为第三人称代词。《左传·宣公二年》：“晋侯饮赵盾酒，伏甲将攻之。”又假借为助词。《左传·隐公元年》：“小人有母，皆尝小人之食也。”《战国策·楚策一》：“吾闻北方之畏昭奚恤也，果诚何如？”

然——《说文》：“然，烧也。”本义为燃烧。《孟子·公孙丑上》：“若火之始然。”《淮南子·原道》：“两木相摩而然。”假借为代词。《孟子·梁惠王上》：“河东凶亦然。”又假借为表示然诺的副词。《孟子·滕文公上》：“孟子曰：‘许子必种粟而后食乎？’曰：‘然。’”又假借为形容词词尾。《论语·先进》：“夫子喟然叹曰：‘吾与点也。’”（点：曾皙的名，孔子弟子。）

夫——本义是男人。《诗经·秦风·黄鸟》：“维此奄息，百夫之特。”(特:匹敌。)贾谊《论积贮疏》:“一夫不耕,或受之饥。”假借为指示代词。《战国策·楚策四》:“不知夫公子王孙,左挟弹,右摄丸,将加己乎十仞之上。”又假借为句尾语气词。《论语·子罕》:“逝者如斯夫,不舍昼夜。”

匡——本义是盛饭的器具。《说文》:“匡,饮器,筥也。”《周易·归妹》:“女承筐,无实。”陆德明《经典释文》所据本为“匡”,曰:“匡,郑作筐。”《太玄·从》:“有女承其血,匡亡。”司马光集注:“匡,与筐同。”假借为纠正。《诗经·小雅·六月》:“王于出征,以匡王国。”又假借为亏损。《国语·越语下》:“日困而还,月盈而匡。”又假借为弯曲。《周礼·冬官·考工记·轮人》:“则轮虽敝不匡。”

匪——本义为盛东西的竹器。《说文》:“匪,器,似竹筐。”《周礼·春官·肆师》:“共设匪瓮之礼。”假借为否定词。《诗经·卫风·木瓜》:“匪报也,永以为好也。”

伐——本义为击。《说文》:“伐,击也。”《诗经·大雅·皇矣》:“是伐是肆。”郑玄笺:“伐,谓击刺之。”引申为征伐。《左传·隐公元年》:“公伐诸鄢。”假借为功劳。《左传·庄公二十八年》:“且旌君伐。”又假借为夸耀。《论语·公冶长》:“愿无伐善,无施劳。”

与——本义为党与。《说文》:“与,党与也。”《战国策·东周策》:“是君以合齐与强楚吏产子。”鲍彪注:“与,党与也。”又有亲附义。《国语·齐语》:“桓公知天下诸侯多与己也,故又大施忠焉。”假借为连词。《论语·公冶长》:“夫子之言性与天道,不可得而闻也。”又假借为语气词。《论语·宪问》:“管仲非仁者与?”

为——本义是做,造作。《庄子·人间世》:“散木也,以为舟则沉,以为棺椁则速腐。”《战国策·齐策四》:“王使人为冠。”《论语·

微子》:“杀鸡为黍而食之。”《论语·先进》:“为国以礼。”“为舟”,造舟;“为棺椁”,制作棺木;“为冠”,制冠;“为黍”,做饭;“为国”,治国。假借为虚假。《左传·定公十二年》:“子为不知。”《礼记·檀弓下》:“夫子为弗闻也者而过之。”

就字形来说,字义假借以后产生两种情况:一种情况是本义与假借义共用同一字形,如上面举到的“之”“夫”“伐”。另一种情况是字义的假借促使字形发生了分化。或为假借义另造新字,如上面举到的“与”“为”,后来又产生了“欤”“伪”;或为本义另造新字,如上面举到的“然”“何”“匡”“匪”,后来又产生了“燃”“荷”“筐”“篚”。如果从产生的时间先后来说,“与”“为”“然”“何”“匡”“匪”称为古字,“欤”“伪”“燃”“荷”“筐”“篚”称为今字。关于这个问题,我们将在十二章“古今字”中详细讨论。

10.2.2 根据什么来辨别假借义呢?仍然要从分析字形入手。根据字形找到本义,与本义有关系的意义是引申义,与本义没有关系的,那就是假借义了。例如,《仪礼·乡饮酒》:“设酒于堂廉东上。”“廉”指堂的侧边。《老子》:“是以圣人方而不割,廉而不刿。”(刿:音 guì,这里指刺伤。)“廉”指棱角。《孟子·离娄下》:“可以取可以勿取,取伤廉。”“廉”指廉洁。《汉书·何武传》:“(何)武使从事廉得其罪。”“廉”指查访。王禹偁《黄冈竹楼记》:“以其价廉而工省也。”“廉”指价格低。“廉”字从广,兼声。“广”音 yán,意思是就山岩架成的房屋。“堂的侧边”与房屋有关,因而是本义;既为侧边,必有角落,因而“棱角”是引申义;“廉洁”“查访”“价格低”都与本义无关,因而是假借义。又如,《左传·成公十六年》:“王召养由基,与之两矢,使射吕锜,中项。”“项”指脖子的后部。《诗经·

小雅·节南山》："驾彼四牡，四牡项领。"（牡：雄性的兽，这里指公马。领：脖子。）"项"指肥大。《仪礼·士冠礼》："宾右手执项。""项"指冠的后部。《宋史·兵志七》："愿应募为部领人者，依逐项名目，权摄部领。""项"为条目。根据字形，"项"从"页"，"页"音xié，本义是人头。"脖子的后部"与人头有关，因而是本义，"冠的后部"与"脖子的后部"意义相通，是引申义。其他与本义无关，是假借义。再如，《尚书·禹贡》："咸则三壤，成赋中邦。""则"指划分等级。《管子·形势》："地不易其则。""则"指规律。《周礼·天官·大宰》："以八则治都鄙。""则"指法度。《诗经·大雅·抑》："敬慎威仪，为民之则。""则"为楷模。《周礼·春官·大宗伯》："五命赐则。""则"指采邑。《韩非子·显学》："故明据先王，必定尧舜者，非愚则诬也。""则"有就义。范仲淹《岳阳楼记》："此则岳阳楼之大观也。""则"有就是义。《史记·高祖本纪》："今则来，沛公恐不得有此。""则"有假若义。"则"字从刀从贝，《说文》："则，等画物也。"即按等级区分物体，因此，"划分等级"是本义；划分等级必依照一定的准则，因而"规律""法度"是引申义，合乎法度规律的事物必为大家的榜样，因而"楷模"是其远引申义。"采邑""就""就是""假若"与本义无关，都是假借义。

10.3 "本有其字"的假借

10.3.1 通假字本来属于文字学的范畴，几乎所有的文字学专著都要讨论这个问题。但是，古音通假的原则被训诂学家广泛用来探讨古汉语词义，因而又成为我国古代语义学的一个重要组成部分。通假字虽然也属于假借的范围，但却是另外一种情况：本来就有一个本字或正字，却写成了与之音同或音近的另外一个字，也就是“本有其字”的通用和假借。例如：

倨——《说文》：“倨，不逊也。”本义为傲慢。《战国策·秦策一》：“嫂何前倨而后卑也？”假借为“踞”，意为蹲坐。《庄子·天运》：“老聃方将倨堂。”疏：“倨，踞也。”

仞——本义为长度单位，八尺为仞（一说七尺）。《说文》：“仞，伸臂一寻八尺。”意思是人伸开双臂，有一寻长，一寻就是八尺。《庄子·逍遥游》：“彼且奚适也？我腾跃而上，不过数仞而下。”假借为“牣”，意为充满。《史记·司马相如列传》：“实陂池而勿禁，虚宫观而勿仞。”

任——本义是保举，担保。《周礼·秋官·大司寇》：“使州里任之，则宥而舍之。”《淮南子·说山》：“所不能任其必孝也。”假借为“妊”，意为怀孕。《汉书·元后传》：“李亲任政君在身。”又《叙传上》：“刘媪任高祖而梦与神遇。”

剥——《说文》：“剥，裂也。”本义为割裂。《诗经·小雅·楚茨》：“或剥或亨。”（亨：“烹”的古字。）假借为“扑”，意为扑打。《诗经·豳风·七月》：“八月剥枣，十月获稻。”

务——《说文》：“务，趣也。”段玉裁注：“趣者，疾走也；务者，言其促疾于事也。”本义为专力以赴。《论语·学而》：“君子务本。”朱熹集注：“务，专力也。”《国语·周语上》：“三时务农而一时讲武。”假借为“侮”，意为欺侮。《诗经·小雅·常棣》：“外御其务。”

劳——《说文》：“劳，剧也。”本义为劳苦。《诗经·邶风·凯风》：“棘心夭夭，母氏劬劳。”假借为“辽”，意为遥远。《诗经·小雅·渐渐之石》：“山川悠远，维其劳也。”

陵——《说文》:"陵,大阜也。"本义为大土山。《左传·僖公三十二年》:"殽有二陵焉。"《孙子·军争》:"用兵之法,高陵勿向。"假借为"凌",意为侵犯。《左传·定公四年》:"违强陵弱,非勇也。"《晏子春秋·内篇杂上第五》:"君民者,岂以陵民。"

错——《说文》:"错,金涂也。"本义为用金涂饰、镶嵌。《潜夫论·浮侈》:"金银错镂。"陆游《金错刀行》:"黄金错刀白玉装,夜穿窗扉出光芒。"假借为"措",意为放置、安置。《战国策·齐策三》"其错之勿言也。"《史记·屈原贾生列传》:"人生禀命兮,各有所错兮。"

得——《说文》:"得,行有所得也。"本义为获得,得到。《诗经·周南·关雎》:"求之不得,寤寐思服。"假借为"德",意为感激。《孟子·告子上》:"为宫室之美,妻妾之奉,所识穷乏者得我与?"

还——《说文》:"还,复也。"本义为返回。《诗经·小雅·何人斯》:"尔还而入,我心易也。"假借为"旋",意为旋转。《淮南子·兵略》:"况以三军之众,赴水火而不还踵乎?"

钧——《说文》:"钧,三十斤也。"本义为重量单位,三十斤为钧。《孟子·梁惠王上》:"吾力足以举百钧,而不足以举一羽。"假借为"均",意为等同、平均。《孟子·告子上》:"钧是人也,或为大人,或为小人。"《史记·魏其武安侯列传》:"诸士在己之左,愈贫贱,尤益敬,与钧。"

从上述例子可以看到,通假字都有一个与之对应的本字或正字。如"倨""切""任""务""劳""陵""错""得""还""钧"是通假字,"踞""砌""妊""侮""辽""凌""措""德""旋""均"是本字或正字。

10.3.2 什么是本字?文字学专著对本字有多种不同的解

释。或曰本字指“初文”,即一个字的最初写法;或曰本字对今字而言,指古字;或曰本字对通假字而言,指被通假的字。我们这里要讨论的本字,是指最后一种。

很多本字是表示了本义的。例如,《韩非子·和氏》:“官行法则浮萌趋于耕农。”“萌”通“氓”,“氓”的本义是老百姓(《说文》:“氓,民也”)。张衡《思玄赋》:“卉既雕而已育。”“雕”通“凋”,“凋”的本义是凋谢。《论语·阳货》:“遇诸涂。”“涂”通“途”,“途”的本义是道路。《论衡·物势》:“顿刀短矛。”“顿”通“钝”,“钝”的本义是不锋利。《论语·雍也》:“井有仁焉。”“仁”通“人”,“人”的本义即指人。虽然很多本字表示了本义,但并不等于说本字只是表示了本义的字。有些本字也表示了引申义。例如,《汉书·高帝纪下》:“填国家,抚百姓,给饷馈,不绝粮道,吾不如萧何。”“填”通“镇”,意为安定、安抚,但“镇”的本义是镇压,即以金或玉压在他物上,“安定”“安抚”只是其引申义。《管子·法法》:“皋陶为李。”“李”通“理”,意为法官,但“理”的本义是治玉,“法官”只是其引申义。还有一些本字表示了假借义。例如,《后汉书·张酺传》:“左中郎将何敞及言事者多讼酺公忠,帝亦雅重之。”“讼”通“颂”,意为颂扬,但“颂”的本义是容貌,“颂扬”只是其假借义。更为有趣的是,“讼”是颂扬的本字。《说文》:“讼,争也,从言公声。曰歌讼。”段玉裁注:“讼、颂古今字,古作讼,后人假颂皃字为之。”本字本义的字成了通假字,表示假借义的字反而成了本字。《孟子·梁惠王下》:“今之乐由古之乐也。”“由”通“犹”,意为“像……一样”,而“犹”的本义是指像猴子一类的动物。《说文》:“犹,玃属。……一曰陇西谓犬子为猷。”因而,作为本字的“犹”只表示了假借义。

由上述情况可以看到，很多本字从字形上表示了本义，但也有不少本字并没有表示本义，只表示了引申义或假借义。因此，所谓本字，不仅指字形表示了本义的字，而且也指古籍中经常或始终用来表示某一意义的字，一旦这些字被另一些音同、音近字所取代，都可看成古音通假。

10.3.3 本字与通假字并非都是一对一的关系，有时候，一个本字在不同典籍中可以有不同的通假字。这说明，本字与通假字的关系是比较自由的。例如（例字中加括号的为本字，其余为通假字）：

〔烙〕雒、格——“烙”的本义是以火烧烤；“雒”的本义是鸟名；“格”的本义是木长貌。在古籍中，烧烤的意思可由“雒”“格”来表示。《庄子·马蹄》：“烧之剔之，刻之雒之。”王先谦《集解》引郭嵩焘云：“雒同烙，谓印烙。”《吕氏春秋·过理》：“内圃为格。”高诱注：“格以铜为之，布火其下，以人置上，人烂堕火而死。”这就是所谓“炮烙之刑”。朱骏声认为“格”即“烙”之通假字。《吕氏春秋·顺民》：“愿为民请炮烙之刑。”用的是本字。《史记·殷本纪》：“西伯出而献洛西之地，以请除炮格之刑。”用的则是通假字。

〔佻〕窕、挑——“佻”的本义为轻薄放纵。“窕”的本义为深邃。“挑”的本义为拨动。在古籍中，轻薄放纵的意思可由“窕”“挑”来表示。《左传·成公十六年》：“楚师轻窕，固垒而待之，三日必退。”“轻窕”即“轻佻”。《荀子·强国》：“入境观其风俗，其百姓朴，其声乐不流污，其服不挑。”“挑”即轻佻。

〔耄〕旄、眊——“耄”的本义指年老，八十、九十曰耄；“旄”的本义指用牦牛尾为饰的旗帜；“眊”的本义指眼睛昏花看不清。在古籍中，耄老的意思可由“旄”“眊”来表示。《史记·春申君列传》：“初，春申君之说秦昭王及出身遣楚太子归，何其智之明也。后制于李园，旄矣。”“旄”假借为“耄”。《汉书·武帝纪》：“朕嘉孝弟力田，哀夫老眊孤寡鳏独。”“老眊”即“老耄”。

〔禅〕擅、嬗——“禅”的本义是祭祀名，祭天为禅(《说文》“禅，祭天也”)，假借为禅让，遂成为表示禅让义的本字。“擅”的本义为专任专行(《说文》“擅，专也”)；“嬗”的本义为宽缓(《说文》“嬗，缓也”)。在古籍中，禅让的意思可由“擅”“嬗”来表示。《荀子·正论》：“尧舜擅让。”“擅让”即“禅让”。《汉书·文帝纪》：“今纵不能博求天下贤圣有德之人而嬗天下焉，而豫建太子，是重吾不德也。”“嬗天下”即“禅天下”。

〔崛〕倔、掘——“崛”的本义是山短而高，《说文》：“崛，山短高也。”引申为突出。“倔”的本义是倔强、固执。“掘”的本义是挖。在古籍中，“突出”的意思可由“倔”“掘”来表示。贾谊《过秦论》：“蹑足行伍之间，而倔起什伯之中。”《汉书·扬雄传上》：“洪台掘其独出兮，揿北极之嶟嶟。”

也有相反的情况，一个通假字在不同的典籍中可以代表不同的本字。例如(例字中第一字为通假字，加括号的为本字)：

矢〔誓、屎〕——“矢”的本义是箭；“誓”的本义是誓言，又为动词发誓；“屎”的本义是粪便。在古籍中，常常用“矢”来表示“誓”或“屎”。《诗经·鄘风·柏舟》：“之死矢靡它。”(靡：没有。它：指二心。)“矢”即“誓”。《史记·廉颇蔺相如列传》：“顷之，三遗矢矣。”(顷之：一会儿。三遗矢：拉了三次屎。)“矢”即“屎”。

归〔馈、愧〕——“归”的本义是女子出嫁；“馈”的本义是赠送；

"愧"的本义是羞愧。在古籍中,"归"可以用来表示"馈"或"愧"的意思。《论语·阳货》:"归孔子豚。""归"即"馈"。《战国策·秦策一》:"形容枯槁,面目犁黑,状有归色。"高诱注:"归当作愧。"

適〔敵、嫡、谪〕——"適"的本义是往;"敵"的本义是相等,引申为仇敌(《说文》:"敌,仇也。"段玉裁注:"仇,雠也。《左传》曰:怨耦曰仇。仇者兼好恶之词,相等为敌,因之相角为敌");"嫡",《说文》认为其本义为谨慎,而经传多用为嫡庶之"嫡"(按:古代本借"適"为嫡庶之"嫡",后又借"嫡"为正字);"谪"本义为谪罚。古籍中,"適"常用来表示"仇敌"、"嫡庶"之"嫡"及"谪罚"的意思。《史记·范雎蔡泽列传》:"政適伐国,莫敢不听。""政適"即"征敌"。又《韩长孺列传》:"临江王,適长太子也。""適"即"嫡"。《史记·陈涉世家》:"发闾左適戍渔阳。""適"即"谪"。

伯〔百、陌〕——"伯"的本义是统领一方之长(《说文》:"伯,长也");"百"的本义是数词,一百;"陌"的本义是田间小路。古籍中,"伯"可以表示"百""陌"的意思。《汉书·食货志上》:"亡农夫之苦,有仟伯之得。""仟伯",千百。《汉书·地理志下》:"孝公用商君,制辕田,开仟伯,东雄诸侯。""仟伯"即"阡陌"。

邸〔底、抵〕——"邸"的本义是诸侯国设在京师的宾馆(《说文》:"邸,属国舍");"底"的本义是物体的下部(《说文》:"底,一曰下也");"抵"的本义是排挤(《说文》:"抵,挤也"),又有到达的意思。古籍中"邸"可表示底部或到达的意思。《周礼·春官·典瑞》:"四圭有邸,以祀天旅上帝。""邸"指底部。《史记·河渠书》:"令凿泾水自中山西邸瓠口为渠。""邸"指到达。

棘〔戟、瘠〕——"棘"的本义是荆棘;"戟"的本义是兵器;"瘠"

的本义是瘦。古籍中,“棘”常用来表示“戟”“瘠”的意思。《左传·隐公十一年》:“颍考叔挟车以走,子都拔棘以逐之。”《汉书·徐乐传》:“奋棘矜,偏袒大呼,天下从风。”“棘”即“戟”。《吕氏春秋·任地》:“棘者欲肥,肥者欲棘。”“棘”即“瘠”。

10.3.4 “本有其字”的假借究竟属于什么性质?这是必须弄清楚的。张守节《史记正义·论例·论音例》引郑玄云:“其始书之也,仓卒无字,或以音类比方假借为之,趣于近之而已。”认为通假字是由于人们仓促之间忘了本字而取音同、音近字代替造成的,因而,通假是一种偶然的现象。后代不少人认为,通假字的产生,是由于古人一时的笔误,等于现在的写别字,这就进一步发展了郑玄的观点。从表面上看,这种说法似乎不无道理。放着正字不用,却写了另一个音同或音近的字,不是写别字又是什么?但是从实质上看,却未必尽然。我们认为,“别字说”不能正确反映通假字的性质,至少不能全部反映通假字的性质。这是因为通假字中有一些值得注意的情况。

首先,很多通假字在古书中的写法比较一致,通假字与本字的对应关系也相当固定(例字中加括号的为通假字,后一个为本字):

〔爵〕雀——《孟子·离娄上》:“为丛驱爵者,鹯也。”《新序·杂事二》:“夫爵,俛啄白粒,仰栖茂树。”

〔罢〕疲——《战国策·秦策二》:“夫齐,罢国也。”又《齐策五》:“兵弱而好强敌,国罢而好众怨。”《史记·淮阴侯列传》:“今韩信兵号数万,其实不过数千,能千里而袭我,亦已罢极。”

〔畔〕叛——《国语·鲁语下》:“下人将畔,臣讨之,既得之矣。”《孟子·公孙丑下》:“寡助之至,亲戚畔之。”

〔信〕伸——《周易·系辞下》:"往者屈也,来者信也,屈信相感而利生焉。"《国语·晋语一》:"子欲报父之耻,而信其欲。"

〔矜〕鳏——《礼记·王制》:"老而无妻者谓之矜。"《诗经·大雅·烝民》:"不侮矜寡。"

〔离〕罹——《管子·重令》:"犯难离患而不辞死。""离患",遭受祸患。《韩非子·五蠹》:"夫离法者罪,而诸先生以文学取。""离法",触犯法律。

〔盖〕盍——《礼记·檀弓上》:"子蓋言子之志于公乎!"《孟子·梁惠王上》:"蓋亦反其本矣?"

〔距〕拒——《诗经·大雅·皇矣》:"密人不恭,敢距大帮。""距大帮",抗拒大帮。《韩非子·五蠹》:"富国以农,距敌恃卒。""距敌",抵御敌人。

〔均〕韵——成公绥《啸赋》:"音均不恒,曲无定制。"清段玉裁著有《六书音均表》,"音均"即"音韵"。

〔幕〕漠——《史记·匈奴列传》:"信教单于益北绝幕。"《汉书·武帝纪》:"四月,卫青将六将军绝幕。""绝幕",横穿沙漠。

〔陪〕背——《战国策·燕策二》:"如齐王王之不信赵,而小人奉阳君也,因是而倍之。"《史记·淮阴侯列传》:"兵法'右陪山陵,前左水泽'。"潘岳《闲居赋》:"陪京泝伊,面郊后市。"

〔帑〕孥——《诗经·小雅·常棣》:"宜尔家室,乐尔妻帑。""妻帑",妻子儿女。《左传·文公六年》:"宣子使臾骈送其帑。"

〔锡〕赐——《庄子·列御寇》:"人有见宋王者,锡车十乘。"潘勗《册魏九锡文》:"乃使邵康公锡齐太公履。"

〔详〕佯——《楚辞·天问》:"箕子详狂。"《史记·淮阴侯列传》："诸将皆莫信，详应曰：'诺。'""详应"，假装答应。

〔翔〕详——《汉书·西域传上》："自宣元后，单于称藩臣，西域服从，土地山川、王侯户数、道里远近翔实矣。"

〔溢〕镒——《战国策·秦策一》："白璧百双，黄金万溢。"《汉书·张良传》："赐良金百溢。"

虽然每一个通假字我们只举了一个或两个例子，但古代典籍使用这些通假字的情况基本相同。这说明，很多通假字早已定型，并非出自某一个人的手笔，更不是随意的创造。

其次，有些通假字与本字几乎处于同等重要的地位，以至于在某些古籍中共存。例如，《汉书·黄霸传》："是时凤皇神爵数集郡国。……时京兆尹张敞舍鹖雀飞集丞相府，霸以为神雀。"前用通假字"爵"，后用本字"雀"。这是就一篇文章或是一段文章说的。如果就一本书而论，这种情况就更多了。例如，《论语·述而》"求仁而得仁，又何怨"，用本字"又"，而《为政》"吾十有五而志于学"，则用通假字"有"。《左传·昭公十六年》"取陵大国，罢民而无功"，用通假字"罢"，而《成公十六年》"奸时以动而疲民以逞"，则用本字"疲"。如果说通假字是古人写的别字，何以在同一篇文章中或同一个人写的专著中既写正字又写别字呢？

第三，有些通假字与本字使用的情况，或因人而异，或因书而异。例如，《论语》《孟子》用通假字"畔"而不用本字"叛"；《左传》则基本上用"叛"，而极少用"畔"，全书"叛"出现一百十六次，而"畔"仅出现一次。《诗经》《孟子》用通假字"蚤"，不用本字"早"；《左传》则基本上用"早"，极少用"蚤"，全书用"早"二十五次，用"蚤"仅一次。这说明，通假字的运用往往跟社会习惯或作者个人的喜好有关，而不单纯是因为一时的笔误而写成的别字。

基于上述情况，我们认为，通假字的出现不是偶然的，而是反映了汉字发展的趋势。汉字在其历史发展过程中，一方面存在着要求字形更加精密、分工更加细致的趋向，大量出现的正俗字、异体字、古今字，就是这个趋势的产物。另一方面也存在着摆脱字形的束缚、以“音”代“形”的趋势，通假字就是这个趋势的产物。如果单从“形”的角度看问题，通假字的产生的确造成了某些混乱。但是，如果把古代汉语当成有声语言的记录来看待，那么，通假字的以“音”代“形”，正是古人为改变汉字字形的繁难所作的努力，是一种以简驭繁的办法，亦即以声音之简来驭字形之繁，而这个趋势是与汉字发展的总趋势相适应的。从这点上看，通假字的产生，实际上是汉字演变和发展的必然结果。

10.4 通假字的确定

10.4.1 确定通假字的主要原则是读音相同或相近。上一节举的例字中，古今读音无多大变化的暂且不论，而其中读音相差很远的，几乎都可以从音韵学的角度加以分析，从而证明它们之间互相通用和假借是有道理的。例如，“信”和“伸”虽然不同韵部也不同声纽，但“信”所属的心母和“伸”所属的审母，古代都是齿音（现在叫舌音，心母是舌面音，审母是舌尖后音，发音部位十分靠近）。从韵的方面来说，“信”属震韵，“伸”属真韵，主要元音和韵尾都相同。“罢”“疲”上古为双声叠韵字，同属并母歌部；“適”“谪”叠韵，属陌韵。“嫡”属锡韵，虽与“適”“谪”不同韵部，但它们的谐声偏旁相同，当属同一声系。事实上，它们在上古都同属锡部。

10.4.2 读音相同或相近虽然是确定通假字的主要根据，但并不是唯一的根据。因此，在判断通假字时，还可以利用多方面的材料并采用其他的方法。最简便的方法就是利用古书的注解。古代注释家在注解古书时，对于通假字往往特别加以说明。例如，《汉书·疏广传》："子孙幾及君时颇立产业基址。"颜师古注："幾读曰冀。"意思是说，"幾"是"冀"的通假字，要按照"冀"来理解，"冀"是希望的意思。"读曰"是古书注解中用本字来说明通假字的术语。《史记·礼书》："万民和喜，瑞应辨至。"张守节正义："辨音遍。""音"也是古书注解中的一个术语，有时用来注解字的读音，叫直音法；有时用来说明通假字，作用与"读曰"相同。这里是说"辨"是"遍"的通假字，"遍"意为普遍。《史记·魏其武安侯列传》："武安者，貌侵。"《集解》引韦昭曰："侵音寝，短小也；又云丑恶也。"《汉书·于定国传》："君虽任职，何必颛焉？"颜师古注："颛与专同。""同"有时用来说明异体字，有时也用来说明通假字。《诗经·大雅·板》："天之牖民，如埙如篪。"毛亨传："牖，道也。"孔颖达疏："牖与诱古字通用。"这是说"牖"是"诱"的通假字，有诱导的意思。《荀子·非十二子》："佛然平世之俗起焉。"杨倞注："佛读为勃。勃然，兴起貌。""读为"与"读曰"一样，是用本字说明通假字。《礼记·儒行》："起居竟信其志。"郑玄注："信读如屈伸之伸，假借字也。""读如"一般是用来注音的，但有时也用来说明通假字。

10.4.3 古代不同典籍的异文，也是判断通假字的重要参考。例如，《汉书·邹阳传》："底厉名号者，不以利伤行。"颜师古注："底厉言其自修廉隅，若磨厉于石也。"《礼记·儒行》作"砥厉廉隅"。《史记·鲁仲连邹阳列传》、《文选》邹阳《狱中上书自明》"底"均作

"砥",说明"底"乃"砥"的通假字。"砥"和"厉"(后来又写作"砺")都是磨刀石,是名词用如动词,有磨炼的意思。《汉书·贾谊传》:"澹虖若深渊之靓。"(虖:同"乎"。)颜师古注:"靓与静同。"《文选》贾谊《鹏鸟赋》"靓"作"静",用的是本字。《楚辞·国殇》:"霾两轮兮絷四马,援玉枹兮击鸣鼓。"古书中常将"霾"用为"埋"的通假字。《礼记·月令》:"掩骼埋胔。"(胔:音 zǐ,腐烂的肉。)《吕氏春秋·孟春纪》作"霾"。《汉书·吴王濞传》:"它郡吏欲来捕亡人者,颂共禁不与。"颜师古注:"颂读曰容。""颂"的本义是容貌,所以从"页"。"容"的本义是容纳。《说文》:"容,盛也。"徐铉解释说:"屋与谷所以盛受也。"可见"颂"是容貌的本字;"容"的本义并非容貌,后当容貌讲是假借义。《汉书》的"颂"借为"容",意为收容、容受。"颂"借为"容"还可以由别的异文得到证实。《史记·鲁仲连邹阳列传》:"世以鲍焦为无从颂而死者,皆非也。"司马贞索隐:"从颂者,从容也。"《战国策·赵策三》正作"从容"。《文选》司马迁《报任少卿书》:"更张空拳。"李善注引李登《声类》云:"拳或作捲。此言兵已尽,但张空拳以击耳。"又引颜师古曰:"读为拳者谬矣。拳则屈指,不当言张。陵时矢尽,故张弩之空弓,非手拳也。"颜师古认为"拳"当为"弮"的通假字。比较李、颜二说,颜说似更有道理。颜认为人们攥紧拳头时,应当收拢手指,不应说"张空拳",这是很有说服力的。我们认为颜说正确,还有异文为证:《汉书·司马迁传》录司马迁此文时,正作"张空弮"。《吕氏春秋·仲春纪》:"上丁,命乐正入舞舍采。"高诱注:"初入学官,必礼先师,置采帛于前,以贽神也。"高注以"采帛"释"采"是错误的。古代入学,以芹藻之类致敬于先师,叫"祭菜",或"释菜"。《礼记·学记》:"大学始教,皮弁祭菜,示敬道也。”郑玄注：“菜谓芹藻之属。”又《文王世子》：“始立学者，既兴器用币，然后释菜，不舞不授器。”因此，“采”实际上是“菜”的通假字。“舍”又与“释”同义，“舍采”就是“释菜”。《吕氏春秋》之“命乐正入舞舍采”，《礼记·月令》作“命乐正习舞释菜”，这段异文，足以证明高诱的解释是错误的。

10.4.4　互证与类推，也是确定通假字的重要方法。例如，《诗经·大雅·大明》：“大邦有子，伣天之妹。”毛传：“伣，磬也。”《经典释文》：“《韩诗》作磬。”可见“磬”与“伣”乃一声之转，可以互相通假。由此可证明《韩非子·外储说左上》“夫犬马，人所知也，旦暮罄于前”之“罄”（“磬”“罄”古通用），当为“伣”之通假字。《说文》释“伣”曰：“譬喻也。一曰闻见。”“伣”有见义。“罄于前”就“见于前”的意思。又如，古人把全中国划为九州，常称中国为“九州”，或称“九域”“九土”，也称“九有”。《国语·鲁语上》“共工氏之伯九有也，其子曰后土，能平九土。”《诗经·商颂·玄鸟》“奄有九有”，《文选》潘勖《册魏公九锡文》“绥爰九域”李善注引《韩诗》作“奄有九域”，说明“有”为“域”的通假字。由此可以类推《老子》“执古之道，以御今之有”中的“有”也是“域”的通假字。所谓“御今之有”，即“治今之国”的意思。

10.4.5　用古书的材料作为确定通假字的旁证，往往具有更大的说服力。例如，《左传·隐公元年》：“庄公寤生，惊姜氏。”关于“寤生”，有各种各样的解释：一说“寤”为睡醒，“寤生”指姜氏在睡梦中不知不觉地生下了庄公，直到睡醒才发现，故而大吃一惊（杜预注：“寐寤而庄公已生，故惊而恶之”）。另一说“寤”必睁眼，“寤生”即生下来就睁着眼睛（《全上古三代秦汉三国六朝文》之《全后汉文》卷三十六引应劭《风俗通义》:“俗说儿堕地便能开目视者谓之寤生。”臧琳《经义杂记·寤生》同。《太平御览》卷三百六十一引应劭《风俗通》“能”作“未能”,恐有误)。初生婴儿都是闭着眼睛的,而庄公一生下来就睁着眼睛看人,这种极端反常的现象,把姜氏吓了一跳。这两种解释都拘泥于字形,显得牵强而不近情理。清人朱骏声在《说文通训定声》中认为,“寤”是“牾”的通假字,而“牾”有逆的意思,“寤生”等于说逆生,即胎儿的脚先出来,也就是通常所说的倒生。这种说法是有道理的。因为《史记·郑世家》载此事时说:“(武姜)生太子寤生,生之难,及生,夫人弗爱。后生少子叔段,段生易,夫人爱之。”所谓“生之难”就是难产。“生之难”这三个字正是“寤”通“牾”的令人信服的注脚。又如,《老子》:“俗人昭昭,我独昏昏;俗人察察,我独闷闷。”(察察:清洁。)如果以本字释“闷”,则文义不可通。实际上,“闷”当为“闵”的通假字,另一种本子即作“闵闵”。“闵”借为“**潣**”,《说文》:“**潣**,水流浼浼貌。”“浼”,污也。可见“闷闷”即“闵闵”,“闵闵”即“**潣潣**”,有污浊的意思。“俗人察察,我独闷闷”,是说俗人皆清我独浊。“闷”又作“汶”,因为“闷”、“闵”、“**潣**”、“汶”同属明母,读音相近,古代可相通。《楚辞·渔父》:“安能以身之察察,受物之汶汶者乎?”“察察”与“汶汶”相对,正如“察察”与“闷闷”相对。

11. 同源字

11.1　同源字的性质

11.1.1　什么是同源字？这是一个十分复杂的问题。简要地说，同源字是指那些读音相同或相近、意义相通并有同一来源的字。因为古代汉语以单音词为主，同源字就是同源词。由此看来，同源字必须包含三个要素：①读音相同或相近；②意义相通；③同一来源。王力先生在《同源字典·同源字论》里说得更透彻："为什么说它们是同源呢？因为它们在原始的时候本是一个词，完全同音，后来分化为两个以上的读音，才产生细微的意义差别，有时候连读音也没有分化（如"暗、闇"），只是字形不同，用途不完全相同罢了。"这就是说，同源字是在语言发展过程中，由于语音分化和字形分化，由一个词孳乳成的几个词。这就好像一个母亲生了几个儿女，形成了一个家庭。它们常常是以某一个意义为中心，而以语音的细微差别（或同音），表示相近或相关的几个概念的字。例如：

"张"，张开弓；"胀"，膨胀；"涨"，水涨。

"浓"，水厚；"脓"，汁厚；"醲"，酒厚；"襛"，衣厚；"秾"，花木厚。

"兼"，双禾拿在一起；"缣"，双线织成的丝织品；"鹣"，成双的鸟;“鳒”,成双的鱼。

“杰”,人之特立者;“楬”,木之特立者;“碣”,石之特立者。

“加”,把一物放在另一物上;“驾”,把车加在马上;“架”,放东西在上面的器具;“枷”,加在犯人脖子上的刑具。

“枯”,草木缺水;“涸”,江河湖缺水;“渴”,人缺水。

11.1.2 通假字与同源字常常容易相混,因为它们都是“因声求义”这一训诂方法的重要组成部分。实际上,在同源字被人们认识之前,训诂学家们是把同源字当通假字看待的。然而,两者除了在读音相同或相近这一点上完全一致外,其他没有任何共同之点。通假字的“因声求义”是解决语义问题;同源字的“因声求义”是解决词源问题。前者属于语义学范畴,后者属于词源学范畴。正因为如此,通假字应该排除在同源字的范围之外。

有人认为通假字与本字的关系有两种情况:有的不是同源字,有的是同源字。也有人认为本字与假借字之间的意义有时候是有联系的,这就是同源字假借。这两种说法虽然角度不同,意思则是一样的,即通假字的一部分是同源字;或曰有些通假字与本字在意义上是有联系的。关于通假字与本字在意义上是否有联系,本书第十章第一节已经讨论过了,这里不再赘述。关于同源字的互相通用,则是一个新课题。的确,这种现象是存在的。例如,《尸子·贵言》:“熛火始起,易息也。”“熛”为火星迸飞的意思;《尚书·武成》:“血流漂杵。”“漂”为浮起游动的意思;《老子》:“飘风不终朝,骤雨不终日。”“飘”为飘荡的意思。这三个字都含有飘浮义,因而是同源字。但它们互相可通用。“熛”可通“飘”。《史记·礼书》:

"卒如熛风。""漂"可通"飘"。杜甫《遣兴》诗五首之四:"蓬生非无根,漂荡随高风。""飘"可通"漂"。陆游《钱道人不饮酒食肉》:"万里飘如不系船,空囊短褐过年年。"又如,《老子》:"天之道,其犹张弓与?""张"为张开弓弦。《素问·调经论》:"形有余则腹胀。""胀"为皮肉鼓胀。班固《东都赋》:"供帐置乎云龙之庭。""帐"为张开的帷幕。这三个字都含有张开的意思,因而是同源字。但它们之间可以通用。"张"通"胀"。《左传·成公十年》:"将食,张,如厕,陷而卒。""张"可通"帐"。《汉书·高帝纪下》:"上留止,张饮三日。"然而,同源字的互相通用与通假字完全是性质不同的两种现象。通假字与本字之间在意义上毫无联系,而同源字互相通用的字在意义上都有一定的联系。我们只能说同源字存在通用现象,而不能把这些互相通用的同源字看成通假字的一部分。更不能由此得出假借字与本字之间的意义有时候是有联系的结论。划清通假字与同源字界限的重要标准是意义,如果认为是通假字,意义就不能有联系;如果意义有联系,那就不能是通假字,只能是同源字。因此,凡可以互相通用而一直被训诂学家当成通假字对待的、意义有联系而又有同一来源的字,都应划到同源字里面来。

11.2 同源字的确定

11.2.1 关于同源字的研究,可以说从声训时代就开始了。由于声训多臆测,大部分结论都是错误的,但也有一小部分结论符合某些词在语音和字形方面的分化情况,因而是正确的。例如,《释名·释水》:"涧,间也,言在两山之间也。"又《释形体》:"皮,被也,被覆体也。"又《释亲属》:"弟,第也,相次第而生也。"又《释语言》："智，知也，无所不知也。"又《释姿容》："负，背也，置项背也。"《说文》："古，故也。"又："家，居也。"又："捨，释也。"又："赦，舍也。"等等。因此，根据某些声训可以确定同源字。

右文说和亦声字都是训诂学家探求语源的重要依据，也是今天确定同源字的重要依据。凡符合右文说原理的，一般也可确定为同源字。如"鱼"（鱼类）"渔"（捕鱼）、"田"（田地）"佃"（耕田）、"卑"（卑贱）"婢"（卑贱的妇女）、"宾"（宾客）"傧"（引导宾客）、"句"（曲）"钩"（弯曲的工具）"軥"（弯曲的车轭）"痀"（曲脊）"朐"（屈曲的干肉）、"尨"（杂色）"牻"（白黑杂毛牛）"駹"（白黑杂毛马）"哤"（杂语），等等。另外，亦声字与兼有表义作用的声符之间，绝大部分是同源字。例如，《说文·句部》："笱，曲竹捕鱼笱也，从竹句，句亦声。"又《言部》："谊，人所宜也，从言宜，宜亦声。"又《革部》："鞣，柔革也，从革柔，柔亦声。""笱"与"句"、"谊"与"宜"、"鞣"与"柔"，都可视为同源字。

11.2.2　古代的训诂也是确定同源字的重要依据。由于同源字是意义相通的字，因此，凡是读音相同或相近，而又可以互训、同训、通训的字，都有可能是同源字。

（一）互训如：

《说文》："顶，颠也。"又："颠，顶也。"

又："更，改也。"又："改，更也。"

《吕氏春秋·离俗》注："徒，但也。"《汉书·王尊传》注："但，徒也，空也。"

《广韵》："处，所也。"《荀子·王霸》注："所，处也。"

《广雅·释言》："逆，迎也。"《史记·五帝本纪》注："迎，逆也。"

《左传·成公十六年》注:"注,属也。"《仪礼·士昏礼》注:"属,注也。"

(二)同训如:

《说文》:"谕,告也。"《广雅·释诂》:"喻,告也。""谕""喻"同训"告",因而同源。

《庄子·大宗师》释文引王注:"需,待也。"《管子·大匡》注:"胥,待也。""需""胥"同训"待",因而同源。

《说文》:"溢,器满也。"又:"盈,器满也。""溢""盈"同训"器满",因而同源。

《广韵》:"奥,深也。"《尔雅·释言》:"幽,深也。"《广雅·释诂》:"窈,深也。""奥""幽""窈"同训"深",因而同源。

《说文》:"幺,小也。"《楚辞·九章·橘颂》注:"幼,小也。""幺""幼"同训"小",因而同源。

《说文》:"超,跳也。"《广雅·释诂》:"躍,跳也。"《后汉书·马融传》注:"踔,跳也。""超""躍""踔"同训"跳",因而同源。

《广雅·释诂》:"超,远也。"又:"遥,远也。"《说文》:"遼,远也。"又:"逴,远也。""超""遥""遼""逴"同训"远",因而同源。

(三)通训,指在某字的训释中,有音义相关的字。以《说文》为例:

"飏,风所飞扬也。""飏""扬"同源。

“柴，烧柴燎以祭天神。”“柴”“柴”同源。

“婢，女之卑者也。”“婢”“卑”同源。

“诂，训故言也。”“诂”“故”同源。

“枯，槁木也。”“枯”“槁”同源。

“谚，传言也。”“谚”“言”同源。

“唬，虎声也。”“唬”“虎”同源。

“沚，小渚曰沚。”“沚”“渚”同源。

“与，赐予也。”“与”“予”同源。

“娶，取妇也。”“娶”“取”同源。

“馨，香之远闻者。”“馨”“香”同源。

“姓，人所生也。”“姓”“生”同源。

“仓，谷藏也。”“仓”“藏”同源。

当然，互训、同训、通训并不是灵丹妙药，还需要进行认真的分析。因为古人的训释有很多是就某个词在句子中的具体用法作出的，往往与根据很多语言材料归纳出来的词的概念有所不同。因此，不能认为读音相同或相近而又可互训、同训、通训的所有字都是同源字。

古今字也是确定同源字的重要依据。关于古今字与同源字的关系，本书将在下一章中加以论述。

11.2.3　同源字的一个重要条件是读音相同或相近。分析同源字的读音，必须以先秦古音为依据，因为，一般说来，同源字在先秦就已形成。很多同源字今天读起来声音并不相同或相近，那是因为语音演变的结果。例如，“质”“贽”同源。《说文》：“质，以物相贽也。”又：“贽，以物质钱也。”两字互为通训。从语音上说，两字在上古属照母，“质”属质部，“赘”属月部，“质”“月”旁转（旁转指主要元音相近、韵尾相同的韵部的相互转化）。“赖”“懒”同源。《孟子·告子上》：“富岁子弟多赖，凶岁子弟多暴。”焦循《正义》引阮元曰：“赖即嬾。……而子弟多赖，即是子弟多懈也。”从读音上说，两字同属来母，“赖”属月部，“懒”属元部，“月”“元”对转（对转指主要元音相同、韵尾的发音部位也相同或相近的韵部的相互转化）。“札”“牒”同源。《说文》：“札，牒也。”又：“牒，札也。”两字互训。从语音上说，“札”属庄母月部，“牒”属定母盍部。“庄”“定”邻纽（邻纽指声母中的喉音与牙音、舌音与齿音、鼻音与鼻音、鼻音与边音为相邻声纽，可以相互转化），“月”“盍”通转（通转指元音相同而韵尾发音部位不同的韵部的相互转化）。“赭”“赤”同源。《说文》：“赭，赤土也。”从语音上说，“赭”属照母鱼部，“赤”属穿母铎部，“照”“穿”旁纽（旁纽指发音部位相同的声纽。“赭”“赤”上古声母同为舌面音，故曰旁纽。旁纽的字可以相互转化），“鱼”“铎”对转。总之，同源字或者音同，或者音近。音近的，从声母方面说，必须符合双声、准双声、旁纽、邻纽等条件，同时在韵母方面必须符合叠韵、对转、旁转、通转等条件。[1] 如果声母相同而韵部相差很远，或者韵部相同或相近而声母相差很远，都不能算同源字。

11.3 研究同源字的意义

11.3.1 由于同源字的研究可以帮助人们从源上认识词与词之间的关系，这就突破了古代注释家单个地训释古书字、词的局限

① 参阅王力《同源字典》第12页至20页。

性，不仅对古汉语的词义体系的建立有重要的作用，而且对汉语词汇的历史研究也有极大的帮助。

11.3.2 同源字的研究有助于正确理解古汉语词义。例如，《左传·襄公二十五年》："今陈忘周之大德，蔑我大惠，弃我姻亲，介恃楚众以冯陵我敝邑，不可亿逞。"杜预注："亿，度也；逞，尽也。"按杜注，"不可亿逞"是说陈国的罪恶无法想象，无法说尽。这种解释迂曲难通。《诗经·小雅·楚茨》："我仓既盈，我庾维亿。"《易林·乾之师》："仓盈庾亿。""盈"与"亿"均为同义词对用，"亿""盈"同义，都有满的意思。"逞"又与"盈"同源，都可训满。《左传·昭公四年》："逞其心以厚其毒。"《新序·善谋》"逞"作"盈"，说明两字音近义通。因此，"不可亿逞"是不可满足的意思。又如，司马相如《上林赋》："长眉连娟，微睇緜藐。"李善注引郭璞曰："緜藐，远视貌。"其实，"藐"在这里并非远的意思。"藐"与"懇"同源。《说文》："懇，美也。"故而"藐"亦有美义。《尔雅·释诂》："藐藐，美也。"《诗经·大雅·崧高》："既成藐藐。"毛传："藐藐，美貌。"因此，"緜藐"当为好视貌，即目光美丽动人的样子。又如，《诗经·小雅·鱼丽》："物其旨矣，唯其偕矣。"郑笺："鱼既美又齐等。"以"齐等"释"偕"。《小雅·宾之初筵》："酒既和旨，饮酒孔偕。"郑笺："王之酒已调美，众宾之饮酒又威仪齐一。"以"齐一"释"偕"，都是缘词生义，不可从。《广雅·释言》："皆，嘉也。""偕"与"皆"同源，故"偕"也有嘉义。《小雅·宾之初筵》末章云："饮酒孔嘉，维其令仪。"上一章为"饮酒孔偕"，这一章为"饮酒孔嘉"，也可证明"偕"即嘉义。再如，《左传·桓公二年》："今灭德立违。"杜预注："谓立华督违命之臣。"杜注失之。"违"与"回"同源，经传中的"回"多训

"违"。《诗经·大雅·大明》:"厥德不回。"毛传:"回,违也。"《左传·昭公二十六年》:"厥德不回。"杜预注:"回,违也。"又"违""回"多通用。《尚书·尧典》:"静言用违。"《左传·文公十八年》作"靖谮庸回",《论衡·恢国》作"靖言庸回"。"回"的本义为"转"(见《说文》),引申为回旋,为迂回,为邪曲,为奸回。"灭德立违"即"灭德立回","立回"即立奸邪之臣。这段文章的上文有"昭德塞违","违"也是指奸邪之臣。孔颖达疏:"塞违谓背塞违邪,使违命止息也。"孔颖达以"邪"释"违"是对的,但又说"使违命止息也"以迁就杜注,使自己陷入矛盾之中。

11.3.3　同源字的研究还有助于从"源"上深入了解词义,不仅知其然,而且知其所以然。例如,"厦"为大屋,与一般的屋不同。如果单从字形上分析,根本看不出"厦"为什么会有大屋义。原来,"厦"从"夏"得声,其"大"的含义也是从"夏"得来的。"夏"有大义。《尔雅·释诂》:"夏,大也。"《方言》:"夏,大也。自关而西,秦晋之间,凡物之壮大者而爱伟之谓之夏。"《诗经·秦风·权舆》:"夏屋渠渠。"毛传:"夏,大。""夏"最初只有大义,并不一定指屋。后来,单用"夏"也可指大屋。《楚辞·九章·哀郢》:"曾不知夏之为丘兮,孰两东门之可芜?"王逸注:"夏,大殿也。"洪兴祖补注:"夏,大屋。"后来,为了把表示大屋的"夏"与表示华夏的"夏"区别开来,便造了一个"厦"字,于是"厦""夏"构成了同源字。又如,"赘"现在可构成"入赘""招赘""赘婿"等词语,"赘"究竟是什么意思呢?为什么男子到女子家做上门女婿叫"入赘"呢?要弄清"赘"的确切含义,还得从"源"上考察。本章第二节提到过,"赘"与"质"是同源字,关于两字同源在语音上的根据,那里已经作了说明,这里只从意义上加以探讨。《说文》:“赘,以物质钱。”段玉裁注:“若今人之抵押也。”《汉书·严助传》:“间者,数年岁不登,民待卖爵赘子以接衣食。”颜师古注:“如淳曰:淮南俗,卖子与人作奴婢,名为赘子,三年不能赎,遂为奴婢。”《汉书·贾谊传》:“家贫子壮则出赘。”颜师古注:“应劭曰:出作赘婿也。师古曰:谓之赘婿者,…… 一说,赘,质也。家贫无有聘财,以身为质也。”可见,“赘”本为“以物质钱”,发展为“以人质钱”,再发展为家贫出作赘婿。今天的“赘婿”当然不是人质,但却是由“以身为质”这个意义演变发展而来的。

12. 古今字

12.1 古今字概说

12.1.1 研究古今字，必须对“古”与“今”的含义有一个明确的认识。所谓“古”与“今”，只是一个相对的概念，周秦为“古”，则汉唐为“今”；春秋时代为“古”，则战国时代为“今”。因此，“古”与“今”不是指古代与今天的对比，这是首先应该弄清楚的。其次要弄清古今字的概念，古今字的概念并不是一成不变的，而是有一个发展过程。我国传统的训诂学家对古今字历来有不同的解释。有时，他们虽然都用“某某，古今字也”或“某字为某字之古字”等表述方式，但含义却往往不一样。

12.1.2 我们注意到了这种情况：汉唐训诂学家在注释古书字句时，很多地方使用了“古今字”或“古字”这些术语，但概念是不清的。最初是指古今用字的不同。例如“余”“予”本异字异义，较早的古籍如《尚书》《诗经》第一人称代词用“予”不用“余”，较晚的古籍如《左传》则用“余”不用“予”。古代注释家把“予”“余”称为古今字，意思就是按使用的时代先后来看，“予”较早，故为古字；“余”较晚，故为今字。《礼记·曲礼下》：“君天下曰天子，朝诸侯，分职授政任功曰予一人。”郑玄注：“《觐礼》曰：伯父实来，余一人嘉之。余、予古今字。”郑玄关于古今字的提法，在古书注解中可能是最早的。后来，很多注释家为了推寻字源，也常常使用这个术语，但却很混乱，使人不好掌握。因此，古代注释家所谓的古今字包括了好几种情况。现在仅以颜师古《汉书》注为例加以分析：

第一，一个字古今写法不同，读音、意义完全一样，实际上是异体字。例如，《文帝纪》："朕甚自媿。"注："媿，古愧字。"《武帝纪》："此子大夫之所睹闻也。"注："睹，古覩字。"《项籍传》："楚蠭起之将皆争附君者。"注："蠭，古蜂字。"《陈余传》："饟王离。"注："饟，古饷字，即馈运其军粮也。"《韩王信传》："成犇怀王。"注："犇，古奔字。"《楚元王传》："今二府奏佞讇不当在位。"注："讇，古谄字。"《曹参传》："以假丞相别与韩信东攻魏将孙遬东张。"注："遬，古速字。"《陈平传》："然大王资侮人。"注："资谓天性也。侮，古侮字。"《淮南王传》："即自褏金椎椎之。"注："褏，古袖字。"《江充传》："苟为奸讹。"注："讹，古讹字。"《贾谊传》："竢罪长沙。"注："竢，古俟字。"

第二，读音相同或相近的字的借用，实际上是通假字。例如，《文帝纪》："有司请蚤建太子。"注："蚤，古以为早晚字。"《彭越传》："而君不蚤定。"注："蚤，古早字。"《文帝纪》："今纵不能博求天下贤圣有德之人而嬗天下焉。"注引晋灼曰："嬗，古禅字。"《景帝纪》："斩御史大夫鼂错以谢七国。"注："鼂，古朝字。"《陈胜项籍传赞》："然后以六合为家。"注："后，古後字。"《息夫躬传》："见之仄目。"注："仄，古侧字。"《灌夫传》："婴去，戏夫。"注引晋灼曰："戏，古麾字。"《司马迁传》："澹足万物。"注："澹，古赡字。"颜师古对古今字与通假字的概念也不十分清楚。有时同一字，在此处时指为古字，在彼处时又指为通假字。如，《东方朔传》："以筦窥天。"注："筦，古管字。"《贾谊传》："筦子曰。"注："筦与管同，筦子，管仲也。"既说

"筦"是"管"的古字,又说"筦""管"是通假字。《贾山传》:"亲执酱而餽。"注:"餽,古馈字。"《武五子传》:"数相餽遗。"注:"餽亦馈也。"既说"餽"是"馈"的古字,又说"餽"与"馈"是通假字。

第三,古字与今字的意义交叉,今字取代了古字的某一意义。实际上是今天所谓的古今字。例如,《高帝纪上》:"沛公、项羽追北。"注引韦昭曰:"古背字也,背去而走也。"《高帝纪下》:"县隔千里。"注:"此本古之悬字耳。后人转用为州县字,乃更加心以别之,非当借音。"又:"南尉它居南方长治之。"注:"它,古佗字也。书本亦或作他。"《武帝纪》:"氐羌徕服。"注:"徕,古往来之字也。"《礼乐志》:"海内安宁,兴文匽武。"注:"匽,古偃字。"《公孙弘传》:"娄举贤良。"注:"娄,古屡字。"

12.1.3 清代训诂学家关于古今字的论述最充分,他们主要是结合解释《说文解字》谈到了古今字的各种情况。其中以段玉裁为最典型,他在《说文解字注》的很多地方都阐述了对古今字的见解。应该说,段玉裁对古今字的认识还是不太明确的。他承认上述第三点是古今字,如关于《说文》"气,云气也"的解释:"气氣古今字。自以氣为云气字,乃又作餼为廩氣字矣。"关于《说文》"或,邦也"的解释:"邑部曰:邦,國也。盖或國在周时为古今字,古文只有或字,乃复制國字,以凡人各有所守,皆得谓之或。各守其守,不能不相疑,故孔子曰:或之者,疑之也。而封建广,以为凡人所守之或字未足尽之,乃又加囗而为國,又加心为惑,以为疑惑当别于或,此孳乳寖多之理。"关于《说文》"但,裼也"的解释:"《释训》《毛传》皆曰,袒、裼,肉袒也。肉袒者,肉外见无衣也。引申为徒也。凡曰但曰徒曰唐,皆一声之转,空也。今人但谓为语辞而鲜知其本义。因以祖为其本义之字，古今字之不类如此。"关于《说文》"匪，器似竹匧"的解释："匪篚，古今字也。有借匪为斐者，如《诗》'有匪君子'是也。有借为分者，《周礼》'匪盼'郑司农云：'匪，分也'是也。有借为非者，如《诗》'我心匪鉴'、'我心匪石'是也。有借为彼者，如《左传》引《诗》'如匪行迈谋'，杜曰：匪，彼也。"这四例中，他论述了"气氣""或國""但祖""匪篚"成为古今字的道理，其所以产生，都是由于古字的意义发生了变化，从而孳乳出今字。但是，段玉裁的看法并不是一贯的，在许多地方，他又把与上述情况相同的字归入了"正俗字"。如关于《说文》"貨，贝声"的解释："聚小贝则多声，故其字从小贝。引申为细碎之称。今俗琐屑字当作此。琐行而貨废矣。"关于《说文》"队，从高队也"的解释："队坠正俗字。古书多作队，今则坠行而队废矣。"关于《说文》"餼，氣或从食"的解释："按从食而氣为声盖晚出俗字，在假气为氣之后。"另外，段玉裁还接受了汉唐传统训诂学关于古今字的看法，把古今用字的不同也算作古今字。例如他在《说文》"谊"字下注曰："《周礼·肆师》注：'古文书仪为义。'郑司农云：'义读为仪。'古者书仪但为义，今时所谓义为谊。'按此，则谊、义古今字。周时作谊，汉时作义，皆今之仁义字也。其威仪字，则周时作义，汉时作仪。凡读经传者，不可不知古今字。古今无定时，周为古则汉为今，汉为古则晋宋为今。随时异用者，谓之古今字。非如今人所言古文、籀文为古字，小篆、隶书为今字也。"这段话的意思很清楚，他认为"古今字"的范围很大，凡是表示同一意义的字，只要"随时异用者"，都可叫古今字。这样一来，古今字就漫无边际，很不好掌握了。

王筠对古今字的看法与段玉裁不大一样。他认为，古字的意义发生变化，才促使今字的产生，而今字必然是增加偏旁而产生的新字。他把这种新字叫作“分别文”或“累增字”。他在《说文释例》卷八《分别文、累增字》中说：“字有不须偏旁而义已足者，则其偏旁为后人递加也。其加偏旁而义遂异者，是为分别文，其种有二：一则正义为借义所夺，因加偏旁以别之者也；一则本字义多，既加偏旁，则只分其一义也。其加偏旁而义仍不异者，是谓累增字，其种有三：一则古义深曲，加偏旁以表之者也；一则既加偏旁即置古文不用者也；一则既加偏旁而世仍不用，所行用者反是古文也。”这段论述把什么是真正的古今字交代清楚了。概括地说，他认为古今字有两大类五小类。“分别文”是一大类，指加偏旁后字义发生了变化，里面包括两个小类；“累增字”是一大类，指加偏旁后字义仍不变化，里面包括三个小类。可以说，王筠这段话是清代训诂学家关于古今字的最精辟最完整的论述，对深入探讨古今字非常有用。

结论是，传统训诂学所说的古今字是广义的古今字；我们今天所要研究的古今字只是王筠叫作“分别文”“累增字”的那一种，是狭义的古今字。两者是既有联系又有区别的。

12.2 古今字的产生

12.2.1 古今字是汉字在其历史发展中产生的。上古时代，汉字的数量少，一个字常常表示几个意义。例如：

说——有说明、解释的意思。《论语·八佾》：“成事不说。”《礼记·檀弓下》：“而天下其孰能说之。”又有喜悦的意思，读 yuè。《国语·晋语一》：“公说，是故使申生伐东山。”《吕氏春秋·孟夏纪》：“还，乃行赏，封侯，庆赐，无不欢说。”

弟——指兄弟之弟。《左传·昭公二十五年》:“为父子兄弟。”《论语·颜渊》:“人皆有兄弟。”又指对兄弟友爱,即所谓“悌道”,读 tì。《论语·学而》:“弟子入则孝,出则弟。”《礼记·礼运》:“兄良,弟弟。”

贾——有商人的意思,读 gǔ。《大戴礼记·曾子制言上》:“良贾深藏如虚。”《孟子·梁惠王上》:“商贾皆欲藏于王之市。”(藏:指囤积货物。)又有价格的意思,读 jià。《孟子·滕文公上》:“布帛长短同,则贾相若。”《汉书·食货志上》:“以谷贱时增其贾而粜,以利农。”

责——有索取,要求的意思。《左传·桓公十三年》:“宋多责赂于郑。”《荀子·宥坐》:“不教而责成功,虐也。”又有债务的意思,读 zhài。《战国策·齐策四》:“问门下诸客,谁习计会,能为文收责于薛者乎?”《汉书·淮阳宪王刘钦传》:“负责数百万。”

女——有女子、女儿的意思。《诗经·豳风·七月》:“有女伤悲,殆及公子同归。”《周易·说卦》:“巽一索而得女,故谓之长女。”又为第二人称代词,读 rǔ。《左传·僖公四年》:“五侯九伯,女实征之,以夹辅周室。”《论语·为政》:“由,诲女知之乎?”(由:仲由,字子路,孔子弟子。)

卬——第一人称代词,读 áng。《诗经·邶风·匏有苦叶》:“人涉卬否。”(涉:渡水。)又有仰的意思,读 yǎng。《汉书·武五子传》:“王卬天叹曰。”还有激励的意思,读 áng。《汉书·王章传》:“今疾病困厄,不自激卬。”

保——有养育的意思。《尚书·康诰》:“若保赤子。”《国语·周语上》:“事神保民。”又有城堡的意思。《庄子·盗跖》:“大国守城，小国入保。”《礼记·檀弓下》：“战于郎，公叔禺人遇负杖入保者息。”又为婴儿的被子。《礼记·月令》：“保介之御間。”

从——有跟随的意思。《公羊传·庄公十三年》：“曹子手剑而从之。”《论语·微子》：“子路从而后。”又有直的意思，跟横相对，读zòng。《诗经·齐风·南山》：“衡从其亩。”又有踪迹的意思，读zōng。《汉书·张汤传》：“变事从迹安起？”

由于汉字的分工越来越精细，很多新的区别字（即王筠所谓的分别文和累增字）逐渐产生了：表示喜悦有“悦”；表示悌道有“悌”；表示价格有“價”（后简化为“价”）；表示债务有“债”；第二人称代词借用汝水的“汝”；表示仰有“仰”，表示激励有“昂”；表示城堡有“堡”，表示小儿被子有“褓”；表示直有“纵”，表示踪迹有“蹤”（后简化为“踪”）。于是“说悦”“弟悌”“贾價（价）”“责债”“女汝”“卬仰昂”“保堡褓”“从纵蹤（踪）”就形成了古今字。可以看出，古今字的基本特点是：古字和今字是在某一个意义上先后产生的两种字形。古字的字形简而今字的字形繁，古字所卸掉的，只是它所承担的几个职务中的一个或数个，还保留着其他的职务。这种情况在古书中极为常见。

12.2.2　古字与今字大多数是一对一的关系。有时候，一个古字也可以有两个或两个以上的今字与之对应，如上面举到的“卬”、“保”、“从”，与之对应的今字都有两个。或者与古字对应的今字又有与之对应的更晚的今字，形成了一环套一环的较为复杂的关系。下面举一些例子（例字中加括号的是古字）：

〔閒〕间、闲——“閒”，像月光从门缝里照进来，本义是间隙（《说文》：“閒，隙也。”段玉裁注：“隙者，壁际也。引申之，凡有两边有中者皆谓之隙。隙谓之閒，閒者，门开则中为际。”又曰：“会意也，门开而月入，门有缝而月光可入，皆其意也”）。《庄子·养生主》：“彼节者有閒而刀刃者无厚。”《史记·管晏列传》：“晏子为齐相，出，其御之妻从门閒窥其夫。”（御：车夫。）正是用的本义。引申为闲暇。《楚辞·九歌·湘君》：“期不信兮告余以不閒。”后来另造“间”表示其本义，又借用“闲”表示其引申义（《说文》：“闲，阑也。从门中有木。”则“闲”的本义是栅栏。段玉裁注：“古多借为清闲字”）。在闲暇这个意义上，先用“閒”，后又借用“闲”，两者都不是本字。这样，“閒”与“间”，“閒”与“闲”形成了古今字。

〔臭〕齅、嗅——“臭”的本义是用鼻子辨别气味（《说文》：“禽走臭而知其迹者犬也。”段玉裁注：“走臭犹言逐气。犬能行路踪迹前犬之所至，于其气知之也，故其字从犬自。自者，鼻也。引申假借为凡气息芳臭之称”）。《荀子·荣辱》：“彼臭之而无嗛于鼻。”又《礼论》：“成事之俎不尝也，三臭之不食也。”后来，引申为气味的总称。《孟子·尽心下》：“耳之于声也，鼻之于臭也。”《吕氏春秋·季夏纪》：“其味甘，其臭香。”由于本字被夺，便又造了个“齅”字表示本义，直以“鼻”为意符，表示用鼻子闻气味。《汉书·叙传》：“不齅骄君之饵。”《太平御览》卷八百十一引杨孚《异物志》：“狼𦛨民与汉人交关，常夜市，以鼻齅金，知其好恶。”大约因为“齅”字太繁，又造了一个“嗅”字。《韩非子·外储左下》：“树橘柚者，食之则甘，嗅之则香。”从字形上说，这是没有道理的，因为辨别气味须用鼻子，而“嗅”的意符却是“口”，但“嗅”却得到了社会的承认。

〔气〕氣、餼——“气”本是云气的本字（《说文》：“气，雲气也”），但古籍却写成“氣”，而“氣”的本义是赠送人的粮食或饲料，所以从

“米”(《说文》:“氣,馈客之刍米也。”段玉裁注:“今字假氣为雲氣字,而餼餼乃无作氣者”)。古代典籍中表示云气、空气时用“氣”而不用本字“气”,现代汉语又将“氣”简化为“气”,正好还其本来面目。由于“氣”假借为“气”,便又造了一个“餼”来表示“氣”的本义。《国语·周语中》:“廩人献餼。”《北史·王褒传》:“常从容上席,资餼甚厚。”这样,“气”和“氣”是古今字,“氣”和“餼”也是古今字。

〔采〕彩、綵、採——“采”,从爪木会意,本义是采摘(《说文》:“采,捋取也”)。《诗经·周南·关雎》:“参差荇菜,左右采之。”用的是本义。“采”又有彩色的意思,这是假借义。《孟子·梁惠王上》:“抑为采色不足视于目与?”这个意义后来写成“彩”。《晋书·夏侯湛传》:“缛彩雕焕。”李白《早发白帝城》:“朝辞白帝彩云间,千里江陵一日还。”“采”又有彩绸的意思,这是由“彩色”引申出来的。《汉书·货殖传》:“文采千匹。”后来这个意义写作“綵”。《后汉书·梁冀传》:“赏赐金钱、奴婢、綵帛、车马、衣服、甲第,比霍光。”《古诗为焦仲卿妻作》:“杂綵三百匹,交广市鲑珍。”古人为了区别,又造了一个“採”字表示本义。这样,“采”与“彩”,“采”与“綵”,“采”与“採”,形成了三对古今字。在较晚的古籍中,“採”“彩”“綵”有明确的分工:采摘用“採”,彩色用“彩”,彩绸用“綵”。至于“采”,除了表示采邑(《礼记·礼运》“大夫有采以处其子孙”)外,在先秦古籍中,多兼表“採”“彩”“綵”几个意思。

12.2.3 由古字产生今字的过程来看,一般有四种情况。

第一,古字因假借而产生新义,本字被假借义所夺,因而另造今字以表示本义。例如,“求”的本义为皮衣(《说文》:“裘,皮衣也……求,古文省衣。”段玉裁注:“此本古文裘字,后加衣为裘,而求专为干请之用”），假借为寻找。《孟子·梁惠王上》：“以若所为，求若所欲，犹缘木而求鱼也。”又为请求。《战国策·赵策四》：“赵太后新用事，秦急攻之。赵氏求救于齐。”又假借为终。《诗经·大雅·下武》：“王配于京，世德作求。”郑笺：“求，终也。……以其世世积德，庶为终成其大功。”后来另造“裘”字表示本义，而“求”反而专表假借义。又如“县”，本义是悬挂（《说文》：“县，系也。”段玉裁注：“古悬挂字皆如此”）。《左传·僖公二十六年》：“室如县罄，野无青草，何恃而不恐？”（罄：通“磬”。）假借为州县的县，于是另造“悬”字以表本义。

第二，古字因假借而产生新义，又孳乳出表示假借义的今字。例如，“舍”的本义是宾馆（《说文》：“市居曰舍。”“市居”就是指招待过往客人的地方。段玉裁注：“食部曰：馆，客舍也。客舍者何也？谓市居也。市居者何也？《周礼·遗人》曰：凡国野之道，十里有庐，庐有饮食，三十里有宿，宿有路室，路室有野，五十里有市，市有侯馆，侯馆有积。郑云：一市之间，有一庐一宿，侯馆及庐、宿皆所谓市居曰舍也。此市字非买卖所之，谓宾客所之也”）。《庄子·说剑》：“夫子休就舍。”“就舍”就是到宾馆去。“舍”当房舍讲是从这个意义引申出来的。“舍”又假借为放弃。《荀子·劝学》：“锲而舍之，朽木不折。”又为释放。《吕氏春秋·具备》：“见夜渔者，得则舍之。”这个意义后来写成“捨”，以区别本字“舍”。又如“戚”，本义是兵器，形状像大斧（《说文》：“戚，戉也。”又：“戉，大斧也。”）。《诗经·大雅·公刘》：“弓矢斯张，干戈戚扬。”假借为悲哀。《诗经·小雅·小明》：“心之忧矣，自诒伊戚。”这个意义后来写作“慼”或“慽”，以区别本字“戚”。

第三，古字因引申而产生新义，本字被引申义所夺，因而另造新字表示本义。例如“益”，本义指水漫出来(《说文》：“益，饶也。从水皿，水皿，益之意。”“饶”是有余的意思。这是说，用水漫出器皿来表示有余的意思)。《吕氏春秋·察今》：“澭水暴益。”引申为增加。《周易·谦》：“天道亏盈而益谦。”又为利益。《左传·僖公三十年》：“若亡郑而有益于君，敢以烦执事。”后来，本字专表引申义，另造“溢”表示本义。《国语·越语下》：“天道盈而不溢，今君王未盈而溢。”又如“暴”，本义为晒(《说文》：“暴，晞也。”段玉裁注：“日出而竦手举米晒之”)，音 pù。《孟子·滕文公上》：“秋阳以暴之。”引申为凶恶，音 bào。《史记·伯夷列传》：“以暴易暴兮，不知其非。”后来，另造“曝”表示本义。《东观汉纪·高凤传》：“妻尝之田，曝麦于田。”

第四，古字因引申而产生新义，又孳乳出表示引申义的今字。例如“赴”，本义为奔向(《说文》：“赴，趋也”)。《荀子·议兵》：“若赴水火，入焉焦没耳。”引申为奔告丧事。《国语·周语中》：“鲁宣公卒，赴者未及，东门氏来告乱。”《左传·襄公七年》：“子驷使贼夜弑僖公，而以疟疾赴于诸侯。”这个意义后来写成“讣”。《礼记·杂记》：“凡讣于其君，曰：君之臣某死。”又如“景”，本义是日光(《说文》：“景，日光也。”段玉裁注：“日字各本无，依《文选》张孟阳《七哀诗》注订”)曹植《名都篇》：“白日西南驰，光景不可攀。”张载《七哀诗二首》之二：“朱光驰北陆，浮景忽西沉。”引申为影子。《淮南子·原道》：“优游委纵，如响之与景。”曹植《杂诗六首》之一：“形景忽不见，翩翩伤我心。”这个意义后来写作“影”。《后汉书·朱浮传》：“引镜窥影，何施眉目？”

根据上面所谈的情况，古字与今字的关系可以用下表表示：

- 古今字
  - A. 由假借产生
    - a. 今字（表本义）——古字（表假借义）
    - b. 今字（表假借义）——古字（表本义）
  - B. 由引申产生
    - a. 今字（表本义）——古字（表引申义）
    - b. 今字（表引申义）——古字（表本义）

12.3 古今字与通假字、同源字、异体字的关系

12.3.1 古今字与通假字：上表A类的古今字，很容易与通假字混同。例如，“何”与“荷”是在背负的意义上先后产生的两个字，但在意义上却是假借关系。《诗经·小雅·无羊》：“尔牧来思，何蓑何笠。”如果认为“何”是“荷”的通假字，那就错了。因为“何”的本义就是负荷，只因为后来借为疑问代词，久假不归，才又造了一个“荷”字表示本义，说“何”通“荷”实际上是本末倒置了。像“戚”和“慼”属于另一类型。今字“慼”表示的是“戚”的假借义悲哀，而不是表示“戚”的本义兵器，从形式上看，有点像古音通假，说“戚”通“慼”，似乎没有什么错，但“戚”假借为悲哀时，“慼”字还没有造出来，最初只不过是“本无其字”的假借，而通假字应该是“本有其字”的假借，如“畔”假借为“叛”时，两个字是同时存在的，只不过古人在某些地方不写“叛”而要写成“畔”罢了。这与“戚”假借为悲哀后又产生了“慼”的情况是根本不相同的。因此，不能说“戚”通“慼”，而应该说“戚”是“慼”的古字。总之，从理论上说，通假字是一个共时的概念，而古今字则是一个历时的概念，这就决定了古字与今字只可能在意义上存在假借关系，而不可能在字形上存在通

用的关系。至于上表B类所包括的古今字，在有些古书注解和字词典中也当作通假字处理，那就更没有道理了。《汉书·贾谊传》："彼其所以道之者非其理故也。"颜师古注："道读曰導。"认为"道"是"導"的通假字。又如新《辞海》"道"⑩："通'导'。先导，疏导。《左传·隐公五年》：'请君释憾于宋，敝邑为道。'又《襄公三十一年》：'不如小决使道。'"实际上，"道""導"是古今字。"道"的本义是道路，引申为引导、疏导，后来又造了"導"字以示与本字的区别。从意义上说，"道"和"導"根本不是假借关系，硬把它们说成通假字是毫无道理的。

由于古今字既包含了假借的内容，又包含了不同的字形，在形式上就与通假字差不多，再加上古书注解和某些字词典的错误判断，因而把古今字与通假字的界限搞得很不清楚。其实，古今字的标志还是很明显的，只要我们稍加留意，大部分是可以分清的。当然，由于历史的原因，有些古籍经过后人篡改，已经不能保持原来的面貌，给我们判断古字或今字的时代造成了不少困难。因此，要把古今字一一与通假字明确分开，也是不大可能的。关于这一点，我们将在下一节里讨论，这里就不详述了。

12.3.2 古今字与同源字：古今字中的多数是同源字，少数不是同源字。由于同源字在意义上都有一定的联系，因此，上表B类所属的古今字，即由意义引申而产生的古今字，在意义上都属同一来源，读音大都相同或相近，它们都是同源字。除了前面所举的"益溢""暴曝""赴讣""景影"外，还有"昏婚""取娶""竟境""中仲""息媳""道導""反返""共供""贾價""见现""监鉴""解懈""免娩""内纳""扇搧""食蚀""受授""为伪""文纹""席蓆""臭嗅""厭饜"

“肴餚”“要腰”“阴荫”“右佑”“欲慾”“原源”“章彰”“争诤”“知智”“坐座”等。至于上表 A 类所属的古今字是不是同源字，那就要进行具体分析。A_a 类的古字与今字，由于今字表示了原来由古字表示的本义，意义是相通的，因而都是同源字。除了前面所举的“求裘”“县悬”外，还有“莫暮”“然燃”“采採”“队坠”“其箕”“匪篚”“孰熟”“衰缞”“鄉嚮”“羞馐”“须鬚”“止趾”“尊樽”等。至于 A_b 类的古今字，情况就很不一样，古字与今字在意义上毫无关系。如“舍”“捨”在放弃的意义上是古今字，但古字“舍”的本义是宾馆，而“捨”的意义是放弃，互不相关。因此，凡属 A_b 类的古今字都不是同源字。总起来说，$B_a B_b A_a$ 类的古今字都是同源字，只有 A_b 类的古今字不是同源字。

12.3.3　古今字与异体字：古今字与异体字是两个完全不同的概念。异体字的音义完全相同，在任何情况下都可以互相代替。如“泪”与“淚”、“歎”与“嘆”、“綫”与“線”、“夠”与“够”、“鵝”与“䳘”“鵞”等。但有些异体字产生的时间有先有后，这就很容易与古今字相混。例如“辠”本是“罪”的古字，秦始皇因“辠”似“皇”而改用“罪”（《说文》：“辠，犯法也。……秦以辠似皇字，改为罪”）。但在有些古书中，“辠”“罪”通用，实际上成了异体字。《汉书·晁错传》：“故辠大者罚重，辠轻者罚轻，如此民虽伏罪至死而不怨者，知罪罚之至自取之也。”前面用“辠”，后面用“罪”，意思完全一样。需要说明的是，《说文》释“罪”为“捕鱼竹网”，但这个用法不见于经传（《诗经·小雅·小明》：“畏此罪罟。”郑玄笺：“畏此刑罪罗网。”王筠《说文释例》则认为“罪罟”即“网罟”之意，此处的“罪”即用的本义，姑录以备考）。段玉裁说：“本形声之字，始皇改为会意字也。”意思是说，“罪”本从网（楷书作“罒”）非声，秦始皇改为“网”“非”会意，“网”即法网，“非”即犯罪行为，以之取代“辠”字。那么，“罪”的本义则另当别论了。因此，我们不必拘泥于《说文》对“罪”的本义所作的解释，应当把“罪”看成“辠”事实上的异体字。又如“犇”见于《玉篇》，《说文》未收，本义是牛惊，后成了“奔”的古字。古书中一般用“奔”，间或用“犇”。其他如“次”“涎”、“艸”“草”、“竝”“並”等，都是先后产生的，由于它们在古书中通用，意义又完全相等，因此实际上成了异体字。古人的注解中常称它们为古今字，当然，这只能算广义的古今字。

12.4 应该正确认识古今字

12.4.1 古今字是汉字孳乳繁衍的一个重要方面。由于形声是汉字最基本的结构形式，因而今字的构成绝大多数就是依照形声字的结构方式，以原有的古字作为声符，再加上意符组成的，如“栗慄”、“尸屍”、“耆嗜”、“田畋”、“反返”、“卒猝”、“仓苍”等。还有一些今字，虽然不是在古字的基础上增加意符构成，但大多数是形声字声符或意符的更换。或者换了声符，如“邪”与“耶”；或者换了意符，如“赴”与“讣”、“说”与“悦”、“但”与“袒”；或者声符和意符都变换了，如“战”与“颤”、“伯”与“霸”。不过，这一类古今字所占比重很小。

12.4.2 这些文字学家往往用后世常用的字去衡量古书中大量存在的古今字。他们或者认为某些今字是正字或本字，反而把古字看成后起字；或者把某些今字当成俗字加以排斥。这都表明他们对汉字的发展演变情况缺乏正确了解。《说文》对古今字的取舍无一定标准，也是造成上述情况的原因。例如，《说文》收“尸”的今字“屍”、“解”的今字“懈”、“辟”的今字“避”，却不收“赴”的今字“讣”、“县”的今字“悬”、“说”的今字“悦”。《说文》不收的这些今字，是不是在许慎的时代还未产生呢？恐怕不是。秦汉古籍虽多用“赴”“县”“说”，但也常常杂用“讣”“悬”“悦”。如《礼记·杂记上》：“君讣于他国之君。”（《礼记》在“奔告丧事”这个意义上多用今字“讣”。）《孟子·公孙丑上》：“民之悦之，犹解倒悬也。”这里不用古字“说”“县”而用了今字“悦”“悬”，《孟子》一书中，“说”和“悦”是杂用的。《梁惠王上》中的“王说，曰：‘诗云：“他人有心，予忖度之。”夫子之谓也’”，则用“说”不用“悦”。虽然不能排斥后人篡改古籍的可能性，但如此多的例证，足以说明秦汉古籍中古字、今字杂用的情况是确实存在的。许慎不收“讣”“悦”“悬”，也可能认为它们是俗字而故意排斥的。

古代某些文字学家对古今字的认识有时是混乱的。例如《说文》解释“说”曰：“说释也。从言兑声。一曰谈说。”按朱骏声的意见，“说释”即解释之义，后来“说”假借为“悦”。当然，把“说”看成“悦”的通假字亦欠妥当，但“悦”的确是“说”由于假借而产生“喜悦”这个新义后孳乳出来的今字。有些文字学家却因为《说文》未收“悦”，便硬说许慎的“说释”即“悦怿”。《说文系传》曰：“说之使悦怿。”《系传通论》更进一步解释说：“悦犹说也，拭也，解脱也。若人心有郁结，能解释之也。”段玉裁《说文解字注》说：“说释即悦怿，皆古今字，许书无悦怿二字，说释为开解之意，故为喜悦。”这就是说，《说文》所收的“说”，就是喜悦的意思。但既为喜悦，意符何以从“言”？为了解决这个疑难问题，他们又说，“说”也跟“解说”沾了边，因为心里不高兴，通过解说使之得到了解脱，因而高兴了。这样一来，“说”既有喜悦的意思，又有解说的意思。这就把“说”和“悦”这对古今字的关系搞乱了。

又如“止”，本义是足，甲骨文像脚形。可是《说文》却说：“止，下基也，象草木出有址，故以止为足。”把“止”的本义说成“下基”，又认为“足”是其引申义，显然弄颠倒了。段玉裁说：“此引申假借之法，凡以韦为皮韦，以朋为朋党，以来为行来之来，以西为东西之西，以子为人之称，皆是也。以止为人足之称与以子为人之称正同。许书无趾字，止即趾也。《诗》‘麟之止’，《易》‘贲其止’‘壮于前止’，《士昏礼》‘北止’，注曰‘止，足也’。古文止为趾，许同郑从今文，故不录趾字。”这段论述一方面阐发了许慎“止”由“下基”引申为“足”的错误论断，一方面又引用《诗经》《周易》《仪礼》的文字说明“止”就是足，并说古文“止”为“趾”，许慎从今文不录“趾”字。那么，许慎所录“止”与其所不录之“趾”显然是同一个字，只是今文作“止”，古文作“趾”罢了。既然“止”就是“趾”，那么，许慎所谓“止，下基也”的论断就站不住脚了。另外，段玉裁把“止”与“趾”的关系解释得不清楚，好像是今文经古文经造成的不同，而不是古今字的问题，这当然就不对了。实际情况很可能是这样的：上古只有一个“止”字，它的本义是足，后来又假借为停止或下基，便另造“趾”表示其本义足，“阯”（或“址”）表示假借义下基。于是“止”与“趾”、“止”与“阯”（或“址”）形成了古今字。

再如“監”（监）字，其字形像一个人伏在一盆水上照看自己的形象。实际上，“监”就是上古时代最原始的镜子。古人在发明真正的镜子以前，只能借水照形，只不过古书在“照形”这个意义上大都用其后起字“鉴”罢了。《说文》说“监”的本义是“临下”，显然是不正确的。古代典籍有材料说明，上古之人借水照形并非无稽之谈。《国语·吴语》：“王盍亦鉴于人，无鉴于水。”《庄子·德充符》：“仲尼曰：人莫鉴于流水，而鉴于止水。”《资治通鉴·唐太宗贞观十一年》：“夫鉴形莫如止水，鉴败莫如亡国。”“止水”，指静止不流动的水，水静止不动，照出的形貌才清晰。当然，并不是说春秋战国时代或者唐代还停留在以水照形的阶段，但至少说明古人是有过这种情况的。《尚书》里也有类似的话。《酒诰》：“人无于水监，当于民监。”这里不用“鉴”而用“监”，说明“鉴”在上古是写作“监”的。《说文》释“鉴”为“大盆”，实际上“鉴”是一种铜制的盛水器，里面有水，可以照人。《诗经·邶风·柏舟》：“我心匪鉴，不可以茹。”（茹：揣测。）毛传：“鉴所以察形也。”《庄子·德充符》：“鉴明则尘垢止，止则不明也。”段玉裁认为“鉴”的本义是镜子，但又说：“经传多用鉴字少用镜者，鉴亦假监为之。”这非但没有把“鉴”与“监”的关系说清楚，反而认为“鉴”是本字，“监”是通假字，岂不本末倒置了吗？至于“镜”和“鉴”的关系，文字学家说法不一。有的说“镜”是总称，“鉴”是“镜”的一种；有的说“镜”就是“鉴”，只不过叫法不同。根据古书的材料，“镜”字在先秦就产生了。《庄子·应帝王》：“至人之用心若镜。”《墨子·非攻中》：“君子不镜于水而镜于人。镜于水，见面之容；镜于人，则知吉与凶。”上面举的《国语》的例子作“鉴于水”“鉴于人”，《墨子》作“镜于水”“镜于人”，这说明“鉴”与“镜”没有什么区别。很可能是这样的：上古之人以盆水照形，叫“鉴”，后来又用铜制成照形器物，也叫“鉴”，又转声读为“镜”，便产生了“镜”字。因此，从这几个字的关系看，“监”和“鉴”是古今字，“鉴”

和“镜”是同源字。

12.4.3 词义的演变有先有后，但反映在古籍里，情况就比较复杂了。有时候较早的词义（很可能是本义），在较晚的古籍中出现，或者两者在同一时代出现。例如“解”，《说文》：“判也，从刀判牛角。”这个本义见于《庄子·养生主》“庖丁为文惠君解牛”，其引申义却见于《诗经·大雅·烝民》“夙夜匪解”。“说”的本义是说明、解释，假借为喜悦。但这两个意义同时出现在《诗经》中。《卫风·氓》：“士之耽兮犹可说也；女之耽兮，不可说也。”这里用的是“说”的本义。《小雅·都士人》：“我心不说。”这里用的是“说”的假借义。

这种情况也同样反映在古今字上。绝不要认为，凡是古字，在古籍中就一定会比今字出现得早。有时候，古字反而会比今字出现得晚。例如，“队”为“坠”的古字，“队”屡见于《左传》，《庄公八年》：“豕人立而啼，公惧，队于车。”而“坠”却见于《尚书·金滕》：“无坠天之降宝命。”《尚书·盘庚上》有“若火之燎于原，不可嚮迩，其犹可扑灭”，《左传·庄公十四年》引此文时，“嚮”作“鄉”，而“鄉”是“嚮”的古字。这种现象是不足为怪的。因为我国的古籍流传几千年，在传抄重印过程中，错讹在所难免。再加上古代有些文人喜欢擅自篡改古书，稍不如意，则加笔削。更重要的是，各时代或各本书的作者习尚爱好不同，有的喜用古字，有的偏爱今字。《汉书》比《史记》成书晚，但所用古字却比《史记》多，司马迁用今字者，班固往往改用古字。试以《史记》的《高祖本纪》和《项羽本纪》为例：“则见蛟龙于其上”，《汉书·高帝纪上》“蛟”作“交”；“已而有身”，《汉书·高帝纪上》“身”作“娠”；“喟然太息”，《汉书·高帝纪上》

“太”作“大”；“避仇从之客”，《汉书·高帝纪上》“避”作“辟”；“于是因东游以厭之”，《汉书·高帝纪上》“厭”作“猒”；“烹周苛”，《汉书·高帝纪上》“烹”作“亨”；“政由羽出，号为‘霸王’”，《汉书·项籍传》“霸”作“伯”；“此其所以为我擒”，《汉书·高帝纪下》“擒”作“禽”；“地势便利”，《汉书·高帝纪下》“势”作“埶”。因此，我们研究古今字时，既不能离开古籍，又不能完全拘泥于古籍。必须在字形字义分析的基础上，充分利用古籍所提供的例证，彼此参照，相互补充，才能得出比较正确的结论。

13. 古书材料及训诂学研究成果的运用

13.1　关于原始材料的运用

13.1.1　学习和研究古汉语词汇，要充分利用古代典籍所提供的原始材料。原始材料给我们提供了感性知识，只有依靠丰富的感性知识，经过分析和综合，才能使认识上升到理性阶段，对古汉语词汇的全貌及各方面的重要问题作出正确的评论。感性材料也为我们提供了对古汉语词汇进行历时的分析及共时的比较的重要依据。结论的错误往往是由于材料的错误或不足造成的；精辟的论断则往往是对丰富的正确材料进行研究的结果。因此，虽然古代典籍所提供的材料是不系统的，但却非常有用。

13.1.2　古代典籍浩如烟海，如果都把它们拿来作为研究古汉语词汇的语言材料，那是根本不可能的，而且也没有那个必要。这里所说的原始材料，主要是指那些作为各个时代书面语言代表的典范作品。如先秦以《尚书》《诗经》《礼记》《左传》《国语》《战国策》《孟子》《庄子》《荀子》《韩非子》《吕氏春秋》等为代表；汉以后以《史记》《汉书》《后汉书》《三国志》及曹植、陶渊明、李白、杜甫、韩愈、柳宗元、欧阳修、苏轼等人的作品为代表。首先要研究这些典范作品所提供的语言材料，如有不足，再旁及其他。我们认为，这是利用原始材料的基本方法，也是有利于古汉语词汇研究的有效方法。

有些现成的材料是可以利用的。例如像《艺文类聚》《初学记》《太平御览》《佩文韵府》《骈字类编》《经籍籑诂》《康熙字典》《辞源》《辞海》《汉语大字典》《汉语大词典》等各种类书和字词典，它们往往提供了有关古书的丰富例证，可供选用。但这毕竟是第二手材料，对于研究古汉语词汇是远不够用的。要真正取得成果，还必须从古籍中去挖掘第一手材料，从大量的第一手材料中去发现问题、总结规律、得出结论。总之，应以第一手材料为主，第二手材料为辅。使用第二手材料时，要注意核实原书，不然就容易出错。例如，上一章讲到，根据字形可以确定“监”是古代的镜子，但古籍中找不到例证。《尚书·酒诰》里有“人无于水监”这样的话，但“监”是动词，不是名词。新《辞海》引用《新书·胎教》“明监所以照影也”作为“监”当镜子讲的例证，但核查原书，“监”却作“鉴”。如果原书果真作“监”，那就是一个重大突破，说明“监”当镜子讲，不仅有字形的依据，而且有古书的例证。可惜，原文并不作“监”。这个错误是因袭旧《辞海》而未核对原书所致。又如，《辞源》（修订本）“采”字头第二音读第九义项：“采地、采邑，通‘埰’。”再看“埰”字条：“卿大夫的封地，称采地；葬地称埰。《方言》十三：‘冢，秦晋之间谓之坟，……或谓之埰。’”这条材料很重要，说明古字“采”不仅有今字“採”“彩”“綵”，而且还有第四个今字“埰”。但查阅《方言》原文却作“采”，并不作“埰”，那么，这个论断就不能成立了。这个错误产生的原因也与上条相同，是因袭旧《辞源》而未加核对所致。

13.1.3　运用原始材料还会碰到一个古书的真伪问题，对词义进行历时的分析，特别要注意这个问题。例如《尚书》，有《今文尚书》和《古文尚书》之分。《今文尚书》为汉代伏生所传，共二十八篇；《古文尚书》从孔子故宅壁中发现，比《今文尚书》多了十六篇。晋元帝时，梅赜又献孔安国传的《古文尚书》，比《今文尚书》多出了二十五篇。宋吴棫开始怀疑其为伪作，至清，阎若璩作《古文尚书疏证》，列举一百多条证据，证明梅赜所献二十五篇为伪作，丁晏作《尚书余论》，考订出于魏王肃之手。后代一般把这二十五篇称为《伪古文尚书》。这二十五篇的篇名是：《大禹谟》《五子之歌》《胤征》《仲虺之诰》《汤诰》《伊训》《太甲上》《太甲中》《太甲下》《咸有一德》《说命上》《说命中》《说命下》《泰誓上》《泰誓中》《泰誓下》《武成》《旅獒》《微子之命》《蔡仲之命》《周官》《君陈》《毕命》《君牙》《冏命》。在引用《十三经注疏》的《尚书》时，对这些篇就应当注意。

伪书的情况是多种多样的。有全伪的，如《连山》《归藏》《六韬》《七纬》《关尹子》《子华子》《庚桑子》之类。有伪书搀真的，如《鹖冠子》是伪书，而其中贾谊的《鵩鸟赋》是真的；《燕丹子》也属于这一类。有真书搀伪的，如《庄子》，内篇是庄子自己写的，外篇、杂篇则不是他自己写的，为后人所搀入。《韩非子》的《初见秦》也不是韩非子作的。有真伪相杂的，如《晏子》《管子》《文中子》，都是由后人根据他们本人的言行思想附会增益而成。在引用这些书时，就要加以考虑。当然，有不少书是不是伪书，尚有争论，而且也没有必要每引一种书都要先就其真伪作一番考证。即使公认的伪书，如果能说清问题，也可以引用，因为它们毕竟都是古人写的。

13.2 《尔雅》与《说文》

13.2.1　传统的训诂学与古汉语词汇的研究有密切的关系。我国成书最早、影响最大的训诂学专著，当首推《尔雅》与《说文》。人们一般把《尔雅》看成我国最早的词典，把《说文》看成我国最早的字典，这种看法是对的。的确，在回顾我国辞书事业的发展时，是不能忘掉《尔雅》和《说文》编纂者的筚路蓝缕之功的。但是，从训诂学的角度来看，这两部书的作用远远超出了辞书的范围。在内容方面，它们确立了以训释词义为中心的主攻方向，从而奠定了传统训诂学发展的基础。在形式方面，它们把分散的、零星的训诂材料集中起来并加以系统化，从而开创了系统地整理、挖掘训诂学成果的研究领域，为传统训诂学的蓬勃发展作出了巨大的贡献。

13.2.2　《尔雅》是一部集体创作的书。关于《尔雅》的作者，从前有三种说法：一说为孔门弟子或再传弟子，持这种看法的有郑玄（见《五经异义》）和扬雄（见《西京杂记》）；一说为周公，持这种看法的有张揖（见《上广雅表》）；一说为小学家辑录旧说，递相增补而成，持这种看法的有欧阳修（见其《诗本义》）、朱熹（见《朱子语类》）及《四库全书总目提要》。我们认为第三种说法比较可信。《尔雅》当由许多小学家集录汉代以前的古义古训、逐渐增补而成，大约完成于战国末或西汉初。《尔雅》全书可分为四部分：第一部分是专门诠释语词的，包括《释诂》《释言》《释训》；第二部分是专门解释人事和名物的，包括《释亲》《释宫》《释器》《释乐》；第三部分是专门解释天文和地理的，包括《释天》《释地》《释丘》《释山》《释水》；第四部分是专门解释动物、植物名称的，包括《释虫》《释鱼》《释鸟》《释兽》《释畜》《释草》《释木》。在这四部分中，第一部分与古汉语词汇研究的关系最为密切。《释诂》《释言》《释训》又各有不同的侧重点，一般说来，《释诂》是以今语释古语；《释言》主要是解释秦汉间的语言；《释训》主要是解释叠字、叠词。

《尔雅》的最大价值在于保存了很多古义古训，为研究词的古义或原始义提供了不少可贵的资料。例如"访"字，现在当访问讲，先秦却有咨询的意思。《左传·僖公三十二年》："穆公访诸蹇叔。"穆公是就出兵袭郑之事征求蹇叔的意见。《诗经·小雅·楚茨》："以介景福。""景"有大的意思，这是"景"的古义。《诗经·魏风·硕鼠》："三岁贯汝。""贯"有侍奉的意思，是"贯"的古义。《左传·僖公三十二年》："勤而无所，必有悖心。""勤"有劳苦的意思，是"勤"的古义。"访""景""贯""勤"的这些古义，在《尔雅》里都有反映。《释诂》释"访"为"谋也"，"谋"就是就某事向别人讨教，与别人商量；释"景"为"大也"；释"贯"为"事也"，"事"就是服侍、侍奉；释"勤"为"劳也"。又如"朕"，在秦以后是皇帝专用的第一人称代词，一般人是不能用的。但在先秦，"朕"却是通用的第一人称代词，一般人都可以用。《孟子·万章上》："干戈朕，琴朕。"这是舜的弟弟象的自称。《楚辞·离骚》："朕皇考曰伯庸。"这是屈原的自称。由于《尔雅》集录的是先秦的古义古训，因而也就反映了这种情况。《释诂》："卬、吾、台、予、朕、身、甫、言，我也。""朕"与"吾""予"等都有我的意思。郭璞注："古者贵贱皆自称朕。"

除了《释诂》《释言》《释训》保存了古义古训外，其他百科性的条目也保存了不少古义古训，对于古汉语词汇研究同样有价值。例如，《释宫》："宫谓之室，室谓之宫。"郭璞注："皆所以通古今之异语，明同实而两名。"邢昺疏："古者贵贱所居，皆得称宫，……秦汉以来，乃定为至尊所居之称。”这就是说，在先秦时代，“室”就是“宫”，“宫”就是“室”，没有什么区别。老百姓居住的房子可以称“室”，也可以称“宫”，所以说“宫谓之室，室谓之宫。”《诗经·豳风·七月》：“曰为改岁，入此室处。”（改岁：更年改岁，指过年。）这是称“室”的例子。《战国策·秦策一》：“父母闻之，清宫除道，张乐设饮，郊迎三十里。”这是称“宫”的例子。《周易·系辞下》：“上古穴居而野处，后世圣人易之以宫室。”这是“宫”“室”连用的例子。秦汉以后，一般人住的房子就不能称“宫”了，“宫”与“室”由“同实而两名”变成了“古今之异语”。《释天》：“谷不熟为饥，蔬不熟为馑。”“饥馑”在古书中常用，一般泛指荒年。《论语·先进》：“加之以师旅，因之以饥馑。”这里是泛指。《尔雅》揭示了“饥”与“馑”的差别，掌握了这个差别，有助于了解“饥馑”这个复音词变化发展的情况。

由于《尔雅》是汇集先秦故训的集体创作，因此它除了保存了大量古义古训外，也收录了大量的先秦词语。《诗经》的毛传、郑笺经常采用《尔雅》的训释材料。例如，《小雅·宾之初筵》：“有壬有林。”毛传：“林，君也。”《周颂·时迈》：“肆于时夏。”毛传：“夏，大也。”《大雅·既醉》：“介尔景福。”郑笺：“景，大也。”《魏风·硕鼠》：“三岁贯女。”毛传：“贯，事也。”《小雅·楚茨》：“卜尔百福。”郑笺：“卜，予也。”《小雅·桑扈》：“受福不那。”毛传：“那，多也。”《王风·兔爰》：“我生之初，尚无庸。”郑笺：“庸，劳也。”《周南·关雎》：“悠哉悠哉。”毛传：“悠，思也。”《周颂·武》：“无竞维烈。”毛传：“烈，业也。”《大雅·假乐》：“假乐君子。”毛传：“假，嘉也。”等等，都是采用《尔雅·释诂》的训释材料。这些材料既是故训，又是先秦古语。司马迁写《史记》，利用了很多《尚书》的材料，他往往根据《尔雅》将

《尚书》的古词语加以翻译，使之通俗易懂。清人陈澧在《东塾读书记》卷十一中谈到了这方面的情况："观于《史记》采《尚书》以训诂代正字而晓然矣。如'庶绩咸熙'，《史记》作'众功皆兴'。庶，众也；绩，功也；咸，皆也；熙，兴也。皆见《释诂》。其一二字以训诂代者，如'寅宾'作'敬道'，'方鸠'作'旁聚'。寅，敬也；鸠，聚也。亦见《释诂》。"由此可见，《尔雅》在辑录先秦古语方面是下了很大功夫的。这些古语对于我们了解先秦的词汇面貌是非常有用的。

《尔雅》虽然是极有用的训诂学专著，但释义过于简单，而且往往是把很多同义词或近义词罗列在一起，然后用一个词加以解释，又失之笼统，因而不容易读懂。使用《尔雅》最好参阅郭注和邢疏，因为他们花了很多考证诠释的工夫，对于理解《尔雅》的原意是很有帮助的。另外，还有清人邵晋涵的《尔雅正义》和郝懿行的《尔雅义疏》，也是重要的参考书。

《尔雅》的解释也有不正确的地方，下面仅举一例。《释草》："木谓之华，草谓之荣，不荣而实者谓之秀，荣而不实者谓之英。"整个意思是说，树开的花叫"华"，草开的花叫"荣"，不开花而结实叫作"秀"，开花而不结实叫作"英"。这样细致分别，是比较牵强的。实际上在先秦古籍中，草类植物开的花也可叫"华"，如《诗经·郑风·山有扶苏》"山有扶苏，隰有荷华"；树开花也可叫"荣"，《礼记·月令》"木堇荣"，"木堇"就是"木槿"。至于"不荣而实者谓之秀"更没有道理，《诗经·大雅·生民》："实发实秀。"这是谷类开花抽穗，当然是先开花而后抽穗（阮元《校勘记》说，陆德明《经典释文》认为"不荣而实者谓之秀"衍一"不"字，可别为一说）。

13.2.3 《说文》为东汉许慎著，是我国第一部重要的文字学专著。由于它通过分析汉字的形体结构来阐明字的本义,因而也是一部重要的训诂学专著。因此,研究古代汉语词汇离不开《说文》。《说文》分析字形的主要依据是"六书",即象形、指事、会意、形声、转注、假借,这就抓住了汉字的构造特点,在追溯字义的本源方面有很多发人深省的独到见解。例如,《卷二上》:"步,行也,从止𣥂相背。""止""𣥂"代表两脚方向相反,人走路时,一只脚在前,另一只脚必然在后,所以说"相背"。这样,就把"步"的本义之所以是"行走",作了形象的叙述。《卷三上》:"章,乐竟为一章,从音从十。十,数之终也。""乐曲终了"叫一章,这是"章"的本义。又说"十"是"数之终",在这里含有"终结"的意思,所以"章"从"音""十"会意。《卷三下》:"取,捕取也,从又从耳。《周礼》:获者取左耳。《司马法》曰:载献聝。聝者耳也。"许慎引用《周礼》和《司马法》指出古人在战争中截取敌人的左耳以计战功这一事实,说明了"取"的本义是"捕取"以及从"又""耳"会意的道理。"又"是手,以"手"割"耳",故为"取"。《卷十二下》:"或,邦也。从口从戈以守一。一,地也。"按许慎的意思,"或"就是"國"的本字,所以释为"邦"。这个字由三部分组成:口,戈,一。"口"是人口,"戈"是武器,"一"代表土地。有民众,有武装,又有土地,不就是国家吗?只是"或"的这个意义在古籍中找不到例证。《卷十二下》:"婚,妇家也。礼,娶妇以昏时,妇人阴也,故曰婚。从女昏,昏亦声。"又:"姻,婿家也。女之所因,故曰姻。从女因,因亦声。"古代把妻家叫"婚",把夫家叫"姻"。娶亲在黄昏时进行,所以就叫"婚","昏"既有表意作用,又是声符。夫家叫"姻",是因为夫家为女子所因,"因"是就的意思,既有表意作用,又是声符。"婚""姻"都是"亦声字",这样的字，《说文》里还有不少。

《说文》保存了不少古义古训，对研究词义的演变和发展很有帮助。例如，《卷六下》："贤，多财也。"指出"贤"最原始的意义是多财，与字形结构一致。这大概反映了远古社会的价值观念，不然，"贤"字为什么从"贝"就无法解释。这样看来，"贤能"的意思是由"多财"引申来的。有些文字学家认为这种说法不可靠，将"多财"改为"多才"，以至与"贤"字的"造字之本始"不相符合，所以段玉裁力斥其非："财各本作才，今正。贤本多财之称，引申之，凡多皆曰贤，人称贤能，因习其引申之义而废本义矣。"《卷七下》："宰，辠（罪）人在屋下执事者。从宀辛。辛，辠（罪）也。"在古代典籍中，"宰"都是大官的名称，《周礼》有"冢宰""大宰"，后代有"宰相"，都是辅佐天子治国的重臣，处在"一人之下，万人之上"的位置。但"宰"最初不过是在屋下服劳役的罪人。在奴隶社会里，奴隶主以囚犯、战俘作为奴隶，后来这一批人中有的变成了管家。发展到封建社会，管家就变成了臣子。《说文》揭示的本义，可以帮助我们认识"宰"的意义的发展演变与社会历史发展的密切关系。《卷十四下》："字，乳也，从子在宀下。"原来，"字"的本义是生子，在房子底下有一个"子"，就表示生子的意思。这个本义在古籍中得到了反映。《周易·屯》："女子贞不字，十年乃字。"《墨子·节用上》："若纯三年而字子，生可以二三年矣。"柳宗元《柳州复大云寺记》："故户易耗，田易荒，而畜字不孳。"都是这个意思。"字"的其他意义多与这个本义有关。如文字的"字"，许慎在《说文解字·叙》中说："仓颉之初作书，盖依类象形，故谓之文；其后形声相益即谓之字。字者，言孳乳而寖多也。"根据许慎的意见，"文"与"字"是有区别的，即文字学所说的“独体为文，合体为字”，“字”是由“文”孳乳出来的。又如古代男子初生时只起“名”，到了二十岁举行冠礼，再起一个“字”，意思是说男子到了二十岁就可以结婚生儿育女，有“为人父之道”了（《礼记·檀弓上》：“幼名，冠字。”疏：“人年二十，有为人父之道，朋友等类，不可复呼其名，故冠而加字”）。

《说文》对有些字的解释，不但正确，而且非常精练，可以说做到了言简意赅。例如，对“泉”的解释是：“水原也，象水流出成川形。”（见卷十一下）只十个字，既解释了字义，又分析了字形。对“料”的解释是：“量也，从斗，米在其中。”（见卷十四上）“量”指量多少，通过以斗量米的形象，说明了字的本义。对“友”的解释是：“友，同志为友，从二又相交友也。”（见卷三下）“又”就是手，两手相交表示志向相同，因而为“友”。对“戒”的解释是：“戒，警也。从廾持戈以戒不虞。”（见卷三上）“廾”音 gǒng，像两手捧物。两手持戈以防不测，也就是警戒。用字不多，形与义的关系交代得很清楚。对“剌”的解释是：“剌，戾也，从束从刀，刀束者（“束”字段玉裁所补），剌之也。”（见卷六下）“剌”音 là，有违背的意思，也就是许慎所说的“戾”。把柴捆了起来（束），却又用刀去挑开，岂不自相违背吗？这样复杂的思想，《说文》只用寥寥数语就说清楚了。

除了《说文》本身对于古汉语词义的研究具有重大价值以外，前人研究和注释《说文》的著作，或阐发许氏之微旨，或纠正论述之谬误，可以看成《说文》的补充和发展，都是研究古汉语词汇的重要参考资料。研究和注释《说文》的著作很多，以清代段玉裁的《说文解字注》、桂馥的《说文义证》、王筠的《说文释例》及《说文句读》、朱骏声的《说文通训定声》四家最有名，影响也最大。

《说文》有不少优点，但也有一些不足之处。因此，我们分析字形虽然以《说文》为主要根据，但却不能迷信《说文》。许慎依据的材料主要是小篆，从甲骨文、金文到小篆，汉字的形体发生了重大的变化，不少字的形体结构变得面目全非。由于这种原因，许慎的解释难免会发生一些差错。例如“小”字，《说文》解释为“物之微也，从八丨，见而分之”（见卷二上），许慎认为，由“八”“丨”组成“小”字，“八”是“分”的意思，将“丨”永远分下去（“见而分之”），这就变成最小的微粒了。这种解释看起来有道理，其实是错误的。甲骨文、金文的“小”都作八，像沙粒形，是借沙粒之微来象征“小”，并不是什么“见而分之”。还有一个很典型的例子，就是“为（爲）”字。许慎解释说：“母猴也，其为禽好爪。爪，母猴象也，下腹为母猴形也。”（见卷三下）许慎根据小篆作出的这种解释是完全错误的，因为我们今天看到的甲骨文完全不是什么“母猴象”，而是一只手牵着大象在从事劳动，所以“为”才有作为的意思。上古时代，人们驯象以从事各种劳动，如耕田、拉车等，就如同后世役使牛马一样。甲骨文的字形，就反映了这种实际情况。

有些字形的讹变，虽然不至面目全非，但笔画和形状的差异，也使得许慎在当时条件下难识其庐山真面目。古代的典籍，前人的注疏以及各家对《说文》的注释，常常能帮助我们发现和纠正《说文》的错误。例如“元”字，《说文》说它的本义是“始”，从“一”“兀”会意（见卷一上）。《左传·僖公三十三年》：“狄人归其元，面如生。”《孟子·滕文公下》：“勇士不忘丧其元。”杜预和赵岐的注，都把“元”释为“首”。朱骏声在《说文通训定声》中说：“当训首，从古文‘人’古文‘上’。首于人体最上，故从‘人’‘上’会意。”接着他引证了《左传》《孟子》《礼记》等古籍的四条材料来加以证明。朱骏声虽然将“元”的本义说对了，但对字形的分析也有问题。因为他和许慎一样，都以“元”的小篆为依据。朱骏声说从“人”“上”会意，把“元”的上半部误认为“上”（“上”的古文作二）。朱骏声在论证字义时有个很重要的特点，就是很重视历代古籍和前人注释所提供的材料。正因为他引用的四条材料里的“元”都当“首”讲，与他分析字形所得出的结论一致，所以才敢大胆推翻许慎的结论。今天我们考之于金文，问题就十分清楚了，金文“元”像人形而突出头部，“元”的本义是“首”就确凿无疑了。又如“行”，《说文》认为它的本义是“人之步趋”，从“彳”“亍”会意（见卷二下），这是根据“行”的小篆分析得来的。其实这只是“行”的引申义。“行”的甲骨文作𠓷，像交叉的十字路口，本义是道路。《尔雅·释宫》：“路、猷、行，道也。”这个意思古籍中用得很多。《诗经·周南·卷耳》：“寘彼周行。”又《豳风·七月》：“遵彼微行。”《周易·复》：“中行独复。”这些例子中的“行”，都是道路的意思。“周行”是大道，“微行”是小路，“中行”等于说半路。从“行”的字多与道路有关。如“術（术），本义为邑中道，也泛指道路。”《汉书·刑法志》：“园囿術路。”左思《咏史八首》之四：“冠盖荫四術，朱轮竞长衢。”谢灵运《登石门最高顶》：“来人忘新術，去子惑故蹊。”又如“衝”（冲），本义是交叉路口。《左传·昭公元年》：“及衝，击之以戈。”

一些《说文》解释对了的字，也可以从古书中的某些材料得到印证。这些材料可以补《说文》之不足，使我们对这些字的含义了解得更清楚。例如“盜”（盗），《说文》的解释是“私利物也，从次，次欲皿者。”“次”是古“涎”字，看见了器皿里的东西就流涎（口水），并且窃为己有，不就是偷吗？可见“盗”的本义是偷窃及进行偷窃的人。《说文》揭示的这个本义，也是“盗”在上古的常用义。《墨子·兼爱上》：“盗爱其室，不爱其异室，故窃异室以利其室；贼爱其身，不爱人身，故贼人身以利其身。”《庄子·胠箧》：“将为胠箧探囊发匮之盗而为守备。”（胠：音 qū，从旁边打开。箧：音 qiè，箱子一类的东西。匮：柜的本字。）《荀子·不苟》：“盗名不如盗货。”这些例子里的“盗”或为名词，意为小偷；或为动词，意为偷窃。都是“盗”的本义。又如“贼”，《说文》的解释是：“败也，从戈则声。”实际上，“则”除了表示声音外，还兼表意义。用武力（戈）干犯法律（则）就是“贼”。可见“贼”是指公开抢劫或犯上作乱及干这些坏事的人。《左传·宣公二年》：“亡不越竟，反不讨贼。”这里的“贼”是指犯了弑君大罪的赵穿。这些材料说明，“盗”和“贼”在古代的含义与现在不同。有些古书还对“盗”“贼”两字作了十分精辟的解释。《荀子·儒效》：“故人无师无法，而知（智）则必为盗，勇则必为贼。”明确地说明了两字的不同含义。《国语·鲁语上》：“毁则者为贼，掩贼者为藏。”《左传·文公十八年》：“毁则为贼，掩贼为藏，窃贿为盗，盗器为奸。”不仅从字义上作了区分，而且有的还从字形上作了说明。

13.3 古书的注疏

13.3.1 古书的注疏是指汉以来训诂学家对古书所作的注解。汉唐人作的注疏一般称为古注。汉代注释家以毛亨、郑玄为代表。毛亨为《诗经》作注，叫《毛传》（“传”也是注解的意思）。由于《毛传》是最早的一种古书注解，因此，它的影响非常之大，几乎所有研究训诂学的人都必须研究《毛传》。郑玄是汉代一位经学大师，他给《诗经》《周礼》《仪礼》《礼记》等古代重要典籍都作过注解。晋代的注释家以杜预为代表，他给《春秋左传》作的注影响也很大。唐代最著名的注释家是孔颖达，他不仅注解古书正文，进行文字的疏通工作，而且还给前人的注解作注解，对正确的意见加以阐发，对错误的意见进行驳正。这种注解叫"疏"或"正义"。由孔颖达作疏的古籍有《周易》《尚书》《诗经》《礼记》《春秋左传》共五部。唐代还有给《汉书》作注的颜师古，给《文选》作注的李善，在训诂学领域里都有一定的影响。由于古注的作者离先秦较近，且有师承关系，在作注中又以诠释字词为主，串讲文义为辅，持论较为稳当，因此在帮助后人阅读古书方面起了很大的作用，为传统训诂学的发展打下了坚实的基础，同时也为古汉语词汇研究提供了很多有用的材料。但古注中也有很多迂腐的见解、错误的论断，是我们今天不能采纳的。

到了宋代，著名的理学家朱熹也做了不少注解古书的工作，他的著作有《诗集传》《周易本义》《论语集注》《孟子集注》《大学章句》《中庸章句》《楚辞集注》等。朱熹的注解虽然有不少是阐发他的理学思想的，但在诠释词义方面却有他的特点。朱熹能摆脱汉儒的影响，屏弃迂腐之见，另辟蹊径，别树一帜，因此很多结论反而合情合理，平易可通。在他作的注解中，常常纠正汉唐古注的错误，弥补其疏漏，其功劳是不小的。朱熹对训诂学的贡献是值得一书的。当然，他也有疏漏和错误。

13.3.2　阅读古书的注疏，除了选取其中有用的东西外，还要注意各家对同一问题的不同看法，较其优劣，定其是非，以求得正确的结论。下面,我们以《诗经》的毛亨、郑玄、孔颖达、朱熹四家的注疏为例,作一些分析比较,以此可见古书注疏之一斑。

《周南·关雎》:“窈窕淑女,君子好逑。”毛传:“窈窕,幽闲也。淑,善。逑,匹也。言后妃有关雎之德,是幽闲贞专之善女宜为君子之好匹。”郑笺:“怨耦曰仇。言后妃之和谐,则幽闲处深宫贞专之善女能为君子和好众妾之怨者。”孔疏:“窈窕者,谓淑女所居之宫,形状窈窕然,故笺言幽闲深宫是也。传知然者,以其淑女已为善称,则窈窕宜为居处,故云幽闲,言其幽深而闲静也。扬雄云‘善心为窈,善容为窕’者,非也。逑,匹,《释诂》文。孙炎云:相求之匹,《诗》本作逑,《尔雅》多作仇字,异音义同也。”这里有三个问题:第一是全诗的主旨。毛、郑、孔在这一点上的意见是一致的,都认为这首诗的主题在于歌颂“后妃之德”,这种迂腐之见是不可取的。我们认为《关雎》表现的是男女爱情,是一首情歌,不能因为诗中有“君子”,就断言“淑女”是后妃。第二,关于“窈窕”的解释。毛、郑解为“幽闲”是没有错的。孔颖达断章取义,完全曲解了郑意,认为“窈窕”不是形容“淑女”,而是指“淑女所居之宫”。他的根据是,既然有“淑”字修饰“女”,则不应当再用“窈窕”修饰“女”。这种分析显然是站不住脚的。当然,孔颖达也有正确的地方,他驳斥了扬雄的错误。扬雄在他的《方言》一书中,把“窈窕”这个联绵字拆开来讲,当然是不对的。第三,关于“逑”的解释,毛释为“匹”本来是对的。但郑玄认为“逑”通“仇”,又认为“怨耦为仇”,所以有“能为君子和好众妾之怨者”这些话。他的根据就是《左传·桓公二年》“嘉耦曰妃,怨耦曰仇。”这样一来,“好逑”本为偏正结构,意为好的配偶,结果被郑玄解释为动宾结构,意为和好有怨恨的众妾,真是大错特错了。"逑"通"仇"是对的,但认为"逑"必定指"怨耦"未必正确。《说文》:"仇,雠也。"段玉裁注:"雠犹应也。……仇为怨匹,亦为嘉偶。"这就是说,"仇"是存在着相反意义的反训词,既可以指怨耦,又可以指嘉耦。孔颖达维护毛亨的解释,指出毛释"逑"为"匹"是根据《尔雅·释诂》,这就意味着批驳了郑玄的见解。

《周南·卷耳》:"嗟我怀人,寘彼周行。"毛传:"怀,思。寘,置。行,列。思君子官贤人,置周之列位。"郑笺:"周之列位,谓朝廷臣也。"孔疏:"此后妃之忧为何事,言后妃嗟呼而叹,我思君子官贤人,欲令君子置此贤人于彼周之列位,以为朝廷臣也。"朱注:"周行,大道也。……托言方采卷耳,未满顷筐,而心适念其君子,故不能复采,而寘之大道之旁也。"这首诗的前两句是:"采采卷耳,不盈顷筐。"整首诗表现了一个采摘卷耳的年轻女子对情人的思念。意思是:一个采摘卷耳的年轻女子,由于思绪烦乱,采了又采,总装不满她的顷筐,便把筐放在大道上,思念起她远行在外的情人来。毛、郑、孔三家的解释相同,他们为附会"后妃之志"的说教,认为"彼"指贤人,"周行"是周朝百官的列位,说后妃日夜想的是让君主提拔贤人做官,使之置于周之列位。这种解释完全歪曲了全诗的主旨。朱熹大胆推翻三家之说,把"周行"解释为大道,还其诗以本来面目,这种不迷信古人的精神是很可贵的。

《周南·桃夭》:"之子于归,宜其室家。"又:"之子于归,宜其家室。"又:"之子于归,宜其家人。"有这样几个问题:第一,关于"之子"的解释。毛传:"之子,嫁子也。"这种解释是欠妥当的。显然,"之"是指示代词,没有嫁的意思。毛亨可能认为"之子"是"出嫁之子"的意思,但直接以"嫁子"释之,容易引起误解。孔疏:"然是行嫁之子往归嫁于夫。”将“之子”释为“是行嫁之子”，弥补了毛传的缺失。朱注：“之子，是子也。此指嫁者而言也。”朱熹以“是”释“之”，既简明又准确。“之”“是”都是近指代词，有“这个”的意思。“之子于归”的意思是：这个女子要出嫁了。第二，关于“宜”的解释。毛传：“宜以有室家无逾时者。”郑笺：“宜者，谓男女年时俱当。”孔疏：“毛以为，……然是行嫁之子归嫁于夫，正得善时，宜其为室家矣。郑唯据年月不同又宜者，谓年时俱善为异。”孔颖达采取了骑墙的态度，来了个两说并存。从文义分析，毛亨认为“宜”是应该的意思，诗意为：女子该有室家了，不应错过好时光。但他在“宜其家人”下注曰：“一家之人尽以为宜。”“宜”又是合适的意思，这就自相矛盾了。当然，郑玄把“宜”释为“男女年时俱当”，也同样是不对的。朱熹提出了第三种解释，他说：“宜，和顺也。”我们认为朱说是可取的。所谓“宜其室家”，就是结为和和顺顺的夫妇的意思。第三，关于“室家”“家室”“家人”的解释。毛传：“家室，犹室家。”又说：“家人，一家之人。”郑笺：“家人，犹室家。”朱注：“室，夫妇所居；家，一门之内。”又：“家人，一家之人。”毛亨认为“室家”与“家室”的意思一样，但“家人”与“室家”“家室”的意思不一样。朱熹基本上同意毛传，但又对“室家”作了一番发挥。郑玄认为“家人”就是“室家”，似乎不同意毛亨之说，但又语焉不详。孔颖达取郑说，并且作了较详尽的发挥：“桓十八年《左传》曰：‘女有家，男有室。’室家谓夫妇也。此云家人，家犹夫也，人犹妇也，以异章而变文耳。故云家人犹室家也。”孔颖达的论断是非常正确的。《诗经》为了达到反复咏唱的目的，常常采用异章变文的手法。在这首诗里，“宜其室家”“宜其家室”“宜其家人”意思完全一样，用字不同，一方面是为了使文句多变，避免重复单调，同时也是为了叶韵。

《邶风·静女》："静女其姝，俟我于城隅，爱而不见，搔首踟蹰。"毛传关于前两句的解释是："静，贞静也。女德贞静而有法度乃可说也。姝，美色也。俟，待也。城隅以言高而不可逾。"毛传关于后两句的解释是："言志往而行正。"意思是，心里虽然爱慕向往，但却止而不往。正，止也。郑笺关于前两句的解释是："女德贞静然后可畜美色，然后可安，又能服从待礼而动，自防如城隅，故可爱之。"郑笺关于后两句的解释是："志往而行正，谓爱之而不往见。"孔疏："言有贞静之女，其美色姝然，又能服从君子待礼而后动，自防如城隅然，高而不可逾。有德如是，故我爱之，欲为人君之配。心既爱而不得见，故搔其首而踟蹰然。"朱注："静，闲雅之意。姝，美色也。城隅，幽僻之处。不见者，期而不至也。踟蹰，犹踯躅也。此淫奔期会之诗也。"毛、郑、孔三家之说皆迂腐不可从。毛亨的说法虽然有些含混，但基本上为全诗的主旨定了调子。如"女德贞静而有法度乃可说也"，"说"是"悦"的古字。这是说女子贞节娴静而又遵循礼法，所以让人觉得可爱。"城隅以言高而不可逾"，是说诗以"城隅"为喻，说明女子防范很严，使人无法逾越这个障碍而接近她。郑笺、孔疏基本上遵从毛亨所定基调，只不过稍加发挥而已。本来明白易懂的诗句，被弄得迂曲艰深，难以捉摸；本来是一个偷偷约会情人的可爱少女，却变成了恪守礼法、贞节自守的卫道士，诗意全无，令人读之味同嚼蜡。朱熹虽然从维护封建礼教的立场出发，斥之为"淫奔期会"之诗，但他直接从字词诠释入手，将全诗的主旨讲得非常明白。

《卫风·氓》："氓之蚩蚩，抱布贸丝。"又："将子无怒，秋以为期。”有两个问题：第一，关于“蚩蚩”的解释。毛传：“敦厚之貌也。”孔疏：“以蚩蚩言民之状，故云敦厚貌。谓颜色敦厚，己所以悦之。”朱注：“无知之貌，盖怨而鄙之也。”当以毛、孔之说为优。这里是弃妇回顾最初“氓”向她求婚时的情景，“氓”装出一副忠厚老实的样子，骗取了女方的爱情，所以孔颖达说“颜色敦厚己所以悦之”。第二，关于“将”的解释。毛传：“将，愿也。”郑笺：“将，请也。民欲为近期，故语之曰：请子无怒，秋以与子为期。”孔疏：“郑唯以‘将’为‘请’为异，其以对面与之言，宜为请。”朱注：“将，愿也，请也。”按毛亨把《郑风·将仲子》“将仲子兮”中的“将”释为“请”，此处又释为“愿”。郑、孔认为应释为“请”，与毛亨意见不一致。然而，“请”与“愿”都是表达自己的愿望与要求，意义上是相通的，所以朱熹合两说而为一。

上面共举了五例。可以看到，古注古疏在古书字句的疏通上做了大量的工作，大多数说法是可信的，是我们研究古代典籍的重要依据。但由于汉唐及宋代注释家多崇尚儒学，不仅思想上囿于周公、孔子之道，而且在研究方法上也受到儒家“博而寡要”的影响，搞了不少烦琐考证，这是值得注意的。对古注应该重视，但不应该盲从，要采取分析的态度，运用比较的方法，以达到取其精华、去其糟粕的目的。

13.3.3 清代学者对于汉唐古注及其以后各家的注疏作了很多考证工作。他们根据具体材料来判断前人的是非，纠正了不少错误，解决了很多疑难问题。同时，他们还打破字形的局限，运用因声求义的方法去探索新义，说明了很多前人没有说明的问题，取得了很大成绩。这些研究成果，是训诂学的宝贵财富，对于阅读古书和研究古汉语词汇都很有帮助。例如，阮元为《十三经注疏》写了《校勘记》，除校正正文的错误之外，还纠正了不少注疏中的错误。清代学者几乎为每一种重要的古籍都作了新的注解。《诗经》就有陈奂的《诗毛氏传疏》和马瑞辰的《毛诗传笺通释》；刘宝楠有《论语正义》，焦循有《孟子正义》，王先谦有《庄子集解》《荀子集解》，郭庆藩有《庄子集释》，等等。王念孙写了有重要价值的《广雅疏证》《读书杂志》等专著，其子王引之写了《经义述闻》《经传释词》等专著，分门别类考订古书正文的脱漏、错简、讹误以及古书注解的缺失，为传统训诂学的发展做出了很大的贡献。但清代学者因注重考证，力求详尽，因而往往失之繁滥。另外，清代学者也未能将所有疑难问题全部解决，即使在解决了的问题中，也不能说全部都准确无误。对待他们的研究成果，也要采取分析的态度。

13.4 训诂学研究成果的运用

13.4.1 历代训诂学家的研究成果，对古汉语词汇的研究有着重要意义。但是，怎样正确地运用这些材料，则是一个比较复杂的问题。因为，训诂学研究成果虽然丰富，但却缺乏科学的系统，再加上精华与糟粕、正确与错误混杂在一起，造成了查阅和使用的困难。因此，要把训诂学的研究成果运用于古汉语词汇的研究，还需要费一番摸索的功夫。我们认为，将训诂学研究成果运用于古汉语词汇研究，必须做好三件事，那就是：辨正误、定取舍、寻规律。这三件事是最普通的，也是最重要的。

13.4.2 辨正误是运用古人的训诂材料首先要进行的工作。古人的训释有正确有错误，一般说来，辨别什么是正确的东西比较容易，因为，正确的东西一般都有定论；而辨别什么是错误的东西就很困难。致错的原因是各不相同的：有主观臆测、望文生义、以偏赅全、不通语法，等等。这就需要我们认真加以分析，分清错误的性质，找到致错的原因。下面略举数例加以说明。

主观臆测：《汉书·高帝纪上》："沛公、项羽追北。"颜师古注："北，阴幽之处，故谓退败者为北。《老子》曰'万物向阳而背阴'，许慎《说文解字》云'北，乖也'。《史记·乐记》曰'纣为朝歌北鄙之音'，'朝歌者不时，北者败也，鄙者陋也'，是知北即训乖训败，无劳借音，韦昭之徒，并为妄矣。"韦昭对"北"的解释是："古背字也，背去而走也。"这个解释本来没有什么错误。"北"字像两人相背之形，是"背"的古字。战败逃跑时背向敌人，所以引申出败北之义，由此可知"沛公、项羽追北"用的是引申义，不是本义。颜师古根据《说文》"北者乖也"、《史记·乐书》"北者败也"的训释就主观认定"北"本身就有败义，"不劳借音"，而不引《说文》"从二人相背"这样的话。这样做，当然就不能得出正确的结论。

望文生义：《庄子·至乐》："俄而柳生其左肘，其意蹶蹶然恶之。"成玄英疏："柳生者，易生之木。木者棺椁之象，此是将死之征也。"成玄英囿于"柳"的本字，作了不近情理的解释，纯属望文生义。其实"柳"乃"瘤"的通假字。"柳生其左肘"，意思是"左肘上长了一个瘤子"。郭庆藩在《庄子集释》中说："家世父曰：《说文》'瘤，肿也'，《玉篇》'瘤，瘜肉'……瘤柳字一声之转。"王先谦在《庄子集解》中也说："瘤作柳，声转借字。"郭、王之说，是非常有道理的。《荀子·劝学》："强自取柱，柔自取束。"杨倞注："凡物强则以为柱而任劳。"将"柱"解释为柱子，拘泥于字形，迂曲难通。王念孙在

《读书杂志·十·荀子第一》中引用了王引之的意见，指出了杨注的错误，王引之认为“柱”与“束”相对为文，“柱”不是屋柱之“柱”，当与“祝”通，有断的意思。《公羊传·哀公十四年》：“天祝予。”《穀梁传·哀公十三年》：“祝发文身。”“祝”都是断的意思。“强自取柱”意思是物强则自取折断，即所谓“太刚则折”之义，《大戴礼》作“强自取折”是其证。古籍中也有“柱”与“祝”通用的例子。《山海经·南山经》：“招摇之山有草焉，其名曰祝馀。”“祝馀”或作“柱茶”。

不通语法：《史记·鲁仲连邹阳列传》：“今欲使天下寥廓之士，笼于威重之权，胁于位势之贵，回面污行以事谄谀之人，而求亲近于左右。”《索隐》引杜预曰：“回，邪也。”司马贞引用杜预的训释，“回”是邪恶的意思，那么“回面”则是邪恶的面目。但仔细推敲这段文字，这样讲是不对的。按照古汉语的语法规则，“以”一般是连接动词性结构的，“回面”与“污行”应该是动宾结构。“回面”是回转面孔，这里指改变态度，“污行”是使行为污秽。古籍中常有“回面”的说法，多为转变态度、改变初衷之意。例如，扬雄《剧秦美新》：“海外遐方，信延颈企踵，回面内向，喁喁如也。”指归顺。《北史·裴叔业传》：“若不尔，回面向北，不失河南公。”指反叛。“归顺”或“反叛”都意味着改变原来的态度，故曰“回面”。司马贞虽然有杜预的注解为依据，但因不通语法，以致讲解错误。

以偏赅全：《论语·宪问》：“晋文公谲而不正，齐桓公正而不谲。”何晏《集解》引郑玄曰：“谲者，诈也。”即以欺骗手段行事。那么“正”则指正派，即不搞阴谋诡计。按照这种讲法，孔子是在谴责晋文公而表扬齐桓公。齐桓、晋文都是春秋五霸之一，都想凭借武力而不是依靠仁政统一天下，一向不被儒家所称道。孟子甚至说出了“仲尼之徒无道桓文之事者”(《孟子·梁惠王上》)这样的话，表示了对“桓文“业绩的鄙弃。《论语》虽然赞扬了齐桓公“九合诸侯，一匡天下“(《论语·宪问》)之事，却把功劳记在了管仲的账上，并未对齐桓公表现出特别的好感。因此，将“谲”解释为诈，与孔子的原意不符。清人刘宝楠提出了完全不同的解释，他在《论语正义》里说：“《说文》：谲，权诈也。训诈则为恶德，训权则可以为美德。……《论语》‘晋文公谲而不正，齐桓公正而不谲’，谲，权也；正，经也。言晋文公能行权而不能守经，齐桓公能守经而不能行权，各有所长，亦各有所短也。”所谓“权”，就是灵活性；所谓“经”，就是原则性。用通俗的话来说，“谲而不正”指灵活性有余而原则性不足；“正而不谲”指原则性有余而灵活性不足。我们认为这种说法是有道理的。《说文》以“权诈”释“谲”，就是一种灵活的训释方式。“谲”既可以解释为“权”，又可以解释为“诈”，到底释为“权”还是释为“诈”，要根据具体情况而定。孔子在这里显然对晋文齐桓各有褒贬，认为他们各有所长各有所短，“谲”是晋文之所长，“不正”是其所短；“正”是齐桓之所长，“不谲”是其所短。如果说孔子贬晋文而褒齐桓，只须说“晋文公谲，齐桓公正”，其义已明，何以还要加“不正”“不谲”呢？由此看来，把“晋文公谲而不正”的“谲”释为“诈”具有片面性，因而也是不准确的。

13.4.3　定取舍就是对各家之说进行筛选。有时候，各家之说并不一定是正确与错误的问题，而是好与不好、合理与不合理的问题，这就需要通过分析决定取舍。下面举几个例子加以说明：

《论语·微子》：“四体不勤，五谷不分。”关于“分”字，主要有三种解释。何晏《集解》引包曰:“丈人云不勤劳四体,不分植五谷,谁为夫子而索之耶?”将“分”释为“分植”。朱熹《论语集注》:“五谷不分,犹言不辨菽麦,责其不事农业而从师远游也。”将“分”释为“分辨”。皇侃《论语集解义疏》曰:“汝不勤四体以播五谷。”将“分”释为“播种”。比较三说,我们认为朱熹的说法比较合理。首先,“分辨”为“分”字的常训,用以释“五谷不分”较为直接,而且平易可通。再者,这是丈人斥责子路的话,责备他不事农业,讲成“分辨”似乎更合情合理。第三,朱熹说“五谷不分”犹“不辨菽麦”,可见宋代有以“不辨菽麦”讥笑不从事农业劳动的情况,那么,“四体不勤,五谷不分”很可能是孔子那个时代用以讥讽不从事农业劳动、游手好闲的人的习用语。

《孟子·梁惠王上》:“挟太山以超北海,语人曰:‘我不能。’是诚不能也。为长者折枝,语人曰:‘我不能。’是不为,非不能也。”关于“折枝”,主要有三种解释。赵岐注:“折枝,案摩折手节解罢枝也。少者耻见役,故不为耳,非不能也。”将“折枝”解释为“按摩”。焦循《孟子正义》:“赵氏佑《温故录》云:《文献通考》载陆筠解为罄折腰枝,盖犹今拜揖也。元人《四书辨疑》以枝与肢通,谓敛折肢体,为长者作礼。”将“折枝”解释为“行礼”。朱熹《孟子集注》曰:“为长者折枝,以长者之命,折草木之枝,言不难也。”将“折枝”解释为“折草木之枝”。比较三说,我们认为朱熹之说较优。首先,将“折枝”解为“折草木之枝”,以本字为解,不烦借音,无须通假。第二,孟子是以最难的事与最易的事相比较。“挟太山以超北海”最难,根本不可能做到;而“折草木之枝”最易,只不过举手之劳而已。第三,有人认为“折草木之枝”虽然是最容易做的事,但却是最无意义的事，不如“按摩”和“行礼”。其实不然，“折草木之枝”也可以理解为看见长者步履艰难，便折根树枝给他当拐杖。可见，“折草木之枝”并非是最无意义的事。

《战国策·齐策四》：“狗马实外厩，美人充下陈。”关于“下陈”，有两种解释。鲍彪注：“陈犹列也。”据此，“下陈”应是“后列”。《尔雅·释宫》：“堂途谓之陈。”郭璞注：“堂下至门径也。”据此，“下陈”应是“堂下”。现代的注释读物，或释为“后列”，或释为“堂下”，就是以上面的不同古训为依据。比较两说，我们认为将“下陈”解释为“后列”更为合理。首先，古代宫室的主要建筑分为堂、室、房。前面是堂，通常是举行吉凶大礼的地方，不住人。堂前有阶，进入堂必须拾阶而上，所以有“堂下”之说。后面是室，住人。室的东西两侧是东房和西房，就宫殿来说，就是后宫。搞清了古人宫室的结构，就会明白“堂下”与“后宫”是不能混为一谈的。那么，既然堂是举行吉凶大礼的地方，当然就不是美人居住的地方，这样看来，鲍彪的训释是比较合理的，是可取的。第二，与“美人充下陈”相同的情况，古籍中有时说成“充后宫”“充后庭”“充后房”等，说明“下陈”不一定是“堂下”。例如，《战国策·楚策一》：“大王诚能听臣之愚计，则韩、魏、齐、燕、赵、卫之妙音美人必充后宫矣。”又《秦策五》：“君之骏马盈外厩，美女充后庭。”张衡《同声歌》：“邂逅承际会，得充君后房。”第三，《汉书·外戚传下》载班倢伃赋曰：“登薄躯于宫阙兮，充下陈于后庭。”“后庭”就是“后宫”。这里把“下陈”与“后庭”联系在一起，更能说明问题。

13.4.4 寻规律是指通过对古人训释正误的分析来探寻词义演变的规律。词义具有一定的时代性，这种时代性是由各个时期的不同典籍决定的。因为古书的材料是不同时代的语言的记录，表现了词义的历史发展。古人的某些训释恰巧就是忽略了这一点。例如，司马相如《喻巴蜀檄》："悼不肖愚民之如此，故遣信使，晓喻百姓以发卒之事。"《文选》李善注："诚信之使。"李善的训释显然是错误的。这不是说"信"没有诚信的意义，"信"的本义就是诚信，但"故遣信使"的"信"不是诚信的意思，而是"诚信"的引申义"使者"。"信使"为同义词连用，就是使者的意思。"信"的"使者"义大约产生于汉以后，可以单说"信"。《古诗为焦仲卿妻作》："自可断来信，徐徐更谓之。"《资治通鉴·晋成帝咸和三年》："宜急追信改书。"由"使者"这个意义构成的复音词有"信人"(《东观汉记·鲍永传》"遣信人驰至长安")、"信臣"(《史记·韩世家》"命战车满道路，发信臣，多其车，重其币")还有"信使"等。李善不了解或者说忽略了"信"的这种演变，仍以本义去解释它，以致造成了错误。

又如，"考"和"妣"一般都讲成死去的父亲和死去的母亲，等于说"先父""先母"。《礼记·曲礼下》："生曰父曰母曰妻，死曰考曰妣曰嫔。"《说文》于"考"字无释，却认为"妣"是指"殁母"，可见许慎也是这样认为的。实际上这只是汉以后的用法。《说文》不用说它，《礼记》所载虽为战国秦汉间儒家的言论，但多为汉儒所记，很多礼节制度反映了汉人的观点。因此，《礼记》对"考""妣"所下的定义，很难说是先秦的含义。《尔雅·释亲》的解释是："父为考，母为妣。"《尔雅》成书于战国晚期或秦汉之间，是集录汉以前古训的最早训诂专著。从《尔雅》的解释来看，"考""妣"在先秦当是"父""母"的通称。郭璞在《尔雅》注中也说"考""妣""非死生之异称"，并引用了很多先秦古籍材料作为依据，其中最富有启发性的是《公羊传》的例证。《公羊传·隐公元年》:“惠公者何?隐之考也。仲子者何?桓之母也。”惠公、仲子都死在《春秋》纪事之前,为什么一个称“考”,一个却称“母”而不称“妣”?这说明“考妣非生死异称”的论断是正确的。可是唐人徐彦为了附会“考”“妣”为“生死异称”的说法,在《疏》里解释说:“礼家本意,母死曰妣者,比于父之义也,……但仲子是妾,桓未为君,其母不得为夫人,卑不得比于父,故还以母言之。”企图从礼法上证明《公羊传》“隐之考”中的“考”仍然是“生死之异称”,因而失之牵强。《尚书·尧典》:“帝乃殂落,百姓如丧考妣。”孔安国的注和《经典释文》都说“父曰考,母曰妣。”《史记·五帝本纪》引此文作“百姓悲伤,如丧父母。”这既符合“考”“妣”词义发展的实际情况,于文义也是贴切的。比较可信的结论应该是:“考”“妣”的词义在汉以前和汉以后有一个发展过程,即由父母的通称变为已死父母的特称。

14. 古汉语词汇研究与字词典的编纂

14.1 传统训诂学与字词典的关系

14.1.1 传统训诂学与古代词书的关系是十分密切的。传统训诂学专著《尔雅》和《说文》，也就是最早的词书，在我国词书发展史上占据着重要地位。

《尔雅》以义分类，兼收语词和百科，可以说是我国最早的语义分类词典和小百科词典。《尔雅》在释义方面运用了义训、声训等方法，对后代字书的编纂，有着深远的影响。所谓义训就是直接解释词义，不借助于音和形。《尔雅》所用的义训有“同义为训”、“反义为训”、“义界”等三种。“同义为训”就是以同义词相训，如：“黎、庶、烝、多、醜、师、旅，众也”、“绩、勋，功也”、“希、寡、鲜，罕也”、“秉、拱，执也”(以上《释诂》)；“探，试也”、“明，朗也”、“舫，舟也”、“孔，甚也”(以上《释言》)。“反义为训”是以反义词相训，如：“落，始也”、“故，今也”、“徂，存也”(以上《释诂》。当然，《尔雅》反义为训的词是不是反义，是有分歧的)。“义界”就是用下定义的方式来解释词义，如：“母之考为外王父，母之妣为外王母”(《释亲》)；“东西墙谓之序，西南隅谓之奥”(《释宫》)；“邑外谓之郊，郊外谓之牧，牧外谓之野，野外谓之林，林外谓之坰”(《释地》)。“声训”就是用同音或音近字来解释词义的方法，如："叙，绪也"、"绩，继也"、"晋，进也"、"赦，舍也"（以上《释诂》）；"履，礼也"、"流，求也"、"般，还也"、"幕，暮也"（以上《释言》）；"鬼之为言归也"（《释训》。《尔雅》成书以后，仿照其体例及内容编纂的词书很多，比较重要的有：汉刘熙《释名》，三国魏张揖《广雅》，宋陆佃《埤雅》、罗愿《尔雅翼》，明朱谋玮《骈雅》、张萱《汇雅》、方以智《通雅》、清吴玉搢《别雅》等。《尔雅》及"《尔雅》系"群书，既是训诂学专著，又是可供查找的词书，直到现在，仍有翻阅的价值。

《说文》收单字九千多，是我国最早的字典。《说文》根据字形推求本义，将义训、声训和形训结合起来而以形训为主，创造了新的释义方式。所谓"形训"就是根据对字形结构的分析来解释字的本义与字形结构的关系。《说文》依据"六书"（实际上只有象形、指事、会意、形声）来分析字形。例如："自，鼻也，象鼻形"（卷四上）、"旦，明也，从日见一上。一，地也"（卷七上）、"伐，击也，从人持戈。一曰败也"（卷八上）、"府，文书藏也，从广付声"（卷九下）、"息，喘也，从自从心，自亦声"（卷十下）等。可以看出，《说文》先是以义训解释字的本义，再以形训说明字形与本义的关系。《说文》里也有不少声训。例如："士，事也。数始于一，终于十，从一从十。孔子曰：推十合一为士"（卷一上）、"羊，祥也"（卷四上）、"木，冒也，冒地而生，东方之行"、"山，宣也，宣气散，生万物，有石而高，象形"（卷九下）等。《说文》以字为目，每个字下注明字义，有时还以"读若""读如"法注音，这就与《尔雅》大不相同，为后世字词典的编纂体例打下了基础。《说文》首创部首编排法，把字的偏旁分为五百四十个部首，将全书九千多字按偏旁归类，同一部首的字又将意义相近的放在一起，成为一个有机的整体。不仅方便了查找，而且也为后世字词典所使用的编排方法和检字方法打下了基础。历代仿照《说文》的内容及体例编纂的字书很多，重要的有南朝梁顾野王的《玉篇》，旧题宋司马光的《类篇》，明梅膺祚的《字汇》、张自烈的《正字通》，至清，《康熙字典》总其成。

《尔雅》及"《尔雅》系"词书，《说文》及"《说文》系"字书，既是训诂学研究的重大成果，又代表了我国字典词典发展的几个重要阶段。由此可以说明，我国的字词典是在训诂学研究的基础上发展起来的，也是训诂学研究成果的集中反映。

14.1.2 训诂学的另一个组成部分是古书的注疏。古书注疏的内容相当广泛，有字词的诠释、文义的串讲、名物的考证以及典章制度的介绍等等。对于字词典影响最大的是字词的释义。可以说，古书的注疏是后世字词典释义的一个重要依据。以《康熙字典》为例，除了直接摘取《尔雅》《说文》《玉篇》《字汇》《正字通》关于字义的解释外，还大量地引用了古书的注疏。如《尔雅》郭璞注、邢昺疏，《周易》王弼注，《诗经》毛亨传、郑玄笺、孔颖达疏，《周礼》《仪礼》《礼记》郑玄注，《左传》杜预注、孔颖达疏，《国语》韦昭注，《战国策》鲍彪注，《论语》何晏集解，《孟子》赵岐注，《庄子》郭象注，《荀子》杨倞注，《楚辞》王逸注，《史记》裴骃集解、司马贞索隐、张守节正义，《汉书》颜师古注，《后汉书》李贤注，等等。这些古书注疏的引用，有助于读者的理解，增加释义的权威性，同时也是把古代的训诂学成果直接运用于字词的解释。这几乎成了所有古代字、词典释义的固定程式。

14.1.3 现代字词典的训释方式是古代传统训释方式的继承

和发展。传统的训释方式主要有声训、义训、形训三种。声训又包括右文说、音近义通等训释方法;义训又包括同义相训、反义相训、义界等;还有声训和义训相结合的推原法。现代字词典的释义方式可分为下面几种。

(一)翻译式,即以意义相同的现代词语翻译古词语,这是古代义训的继承。例如:"了:①了结;②完全;③明白。""事:①事情;②职务;③从事;④侍奉;⑤变故。""交:①接触,贯通;②结交,往来。"(例子选自《辞源》(修订本)。下同。)

(二)反证式,亦即用反义词相证。这是古代义训的发展。例如:"来:由彼至此,由远及近,与去、往相反。""俯:屈身,低头,与仰相对。""分:分开,与合相对。""吉:善,利,与凶相对。""大:与小相对。""多:数量大,与少、寡相对。"

(三)解释式,即对字词下定义,这是古代义界的继承。例如:"唁:对遭遇非常变故者的慰问。""哽:食物塞于喉部不下。""土:地面上的泥沙混合物。""坐:古人席地而坐,双膝跪地,把臀部靠在脚后跟上。""外子:旧时妻称夫为外子,夫称妻为内子。"

(四)通假式,即以通假字释义,这可以说是古代音近义通训释方法的继承与发展。例如:"仄:旁边,通侧。""剥:击,打,通扑。""劳:广阔,通辽。""区:屈曲而生,通句(勾)。""又:宽恕,通宥。"

传统的训释有很多不足之处。例如义训,很多是以单音同义词训释,往往产生歧义,不容易掌握。《说文》:"周,密也。"但"密"有稠密、周到、完备、缜密、静寂、安定等意思,到底哪一个意义与被释词"周"对应,就很费考虑。为了克服这种弊病,现代字词典大都对单音词的"同义相训"进行了改良,采用复音词训释,因为复音词的含义要精确得多。另外，早期声训的推求语源，由于多主观臆测，弊病很多，现代字词典已基本上不再采用；作为声训发展的音近义通法，一般也不单独使用，而是与“翻译式”结合在一起使用。这都体现了现代字词典虽然继承了传统训诂学的释义方式，但又进行了改良与提高，使之更加完善与科学。

14.2 古汉语字词典的释义原则

14.2.1 古汉语字词典的释义与现代汉语字词典有别，也不同于古代的字书。释义方式虽然是传统训释方式的继承与发展，但释义本身却应该有崭新的内容。古汉语字词典的释义要以现代词汇学的理论为指导，并且还要充分反映古汉语词汇的研究成果，而不应该是古代字书的生硬照搬和古书注疏的简单罗列。只有这样，才能提高字词典的科学性与实用性。

14.2.2 要注意词义的历史发展，即纵向联系，也就是要注意区别词在不同时代的含义和用法。词义的演变发展一方面受语言内部规律的制约，一方面也受社会发展和历史演进的影响。因而，一个词在不同的历史时期往往会有不同的含义和用法。有些字词典在释义方面注意了这个问题，对某些词处理得较好，但对有些词的处理则有问题。例如“再”，新《辞海》的释义为：“①重复，又一次。如：一再；再三。《书·大禹谟》：‘朕言不再。’《左传·僖公五年》：‘一之谓甚，其可再乎？’”“再”在上古指两次或第二次，如果超过两次或不明确指几次的动作的重复，说“复”不说“再”。上古说“再会”不是又一次相会，而是第二次相会或会见两次，与现代汉语的意思不一样。新《辞海》所举的两个例子正好说明了这一点。

《尚书》的"朕言不再",是指不说第二次。《左传》的"一之谓甚,其可再乎","一"与"再"对举,更说明"再"是第二次的意思。又如"购",《辞源》(修订本)的释义为:"①悬赏,收买。《战国策·韩策一》:'韩取聂政尸暴于市县购之千金。'《史记·淮阴侯列传》:'乃令军中毋杀广武君,有生得者,购千金。'引申为悬赏。今指买物为购物。"这里的解释很混乱。说"购"为悬赏是对的,因为"购"在先秦是悬赏征求的意思。但《辞源》(修订本)又将"悬赏"与"收买"并列,"收买"接近"购"的现代意义(如"收买旧衣""收买旧家具","收买"又说成"收购",意思一样)。"悬赏"是"购"的先秦义,"收买"是"购"的现代义,把两者混杂在一起,就混淆了"购"的古义与今义。这一条后面又说"引申为悬赏",这就更让人弄不明白了。这个字头下面"购求"一条的解释是:"②买物。《汉书·张禹传附张安世》:'后购求得书,以相校无所遗失。'"这里的"购"虽与"悬赏征求"有所不同,但也和今天"买物"的含义不完全一样,不是一般的"买",而是"重金收购"。因而,用"买物"释之,仍然是欠妥当的。

14.2.3 要注意词的不同含义与不同用法的相互关系,即横向联系。也就是说,要注意意义相同或相近的词在同一时代的差异。这些词往往因为应用于不同的语言环境或表达不同的思想而产生含义、色彩及使用条件的不同。特别要注意区分同义词之间的细微差别。例如"能"和"得",本书第四章第三节已经论及,两字在古汉语中虽然都有"能够"的意思,但"能"表示能力所及;"得"表示客观条件容许。《古汉语常用字字典》"能②"的释义是:"有能力做到,能够。《论语·先进》:'非曰能之,愿学焉。'《史记·孙子吴起列传》:'寡人已知将能用兵矣。'""得②"的释义是:"表示情况允许，有‘能够’‘可以’的意思。晁错《论贵粟疏》：‘春不得避风尘，夏不得避暑热。’”释义准确，并注意到了两个词的差别。又如“见”和“视”，虽然都表示看，但两者又有差别，“见”是指看见了；“视”是指一般的看，看见了没有可不一定。《辞源》(修订本)“见①”释为“看见”，“视①”释为“看”，是比较恰当的。“看见”与“看”虽然只一字之差，却揭示了“见”与“视”的差别。《辞源》(修订本)“病①”的释义为“疾病，生病。轻者曰疾，重者曰病”，“疾①”的释义为“病。分言疾病，轻者为疾，重者为病”，注意到了“疾”与“病”的差别；“饥”的释义为“饿”，“饿”的释义“饥饿，饥之甚”，注意了“饥”与“饿”的不同。这样释义，都较好地从横的方面表现了词义的差异。但《辞源》(修订本)也有不够妥当的地方。例如，“完①”的解释为：“完全，完整。《荀子·大略》：‘食则饘粥不足，衣则竖褐不完。’”“备①”的解释为：“具备，完全。《诗·周颂·有瞽》：‘既备乃奏，箫管备举。’”“完”与“备”在上古作为形容词来说是同义词，都含有“全”的意思，但着重点不同，“完”着重在“完整不缺”，“备”着重在“什么都有”(参阅本书第六章第五节)。《辞源》(修订本)用“完整”释“完”是对的，因为《荀子·大略》“竖褐不完”正是这个意思。但又加了“完全”，这不仅多余，而且含义不确。《现代汉语词典》为“完全”立了两个义项：“①齐全；不缺什么。……②全部。……”第一义项实际上是上古“备”的意思；第二义是现代义，上古没有。因此，《辞源》(修订本)在揭示“完”的古义时实际上把“完”与“备”混在一起了。用“完全”释“备”基本上是对的，但也不够准确。因为“完全”除了含有上古“备”的意义外，还有一个上古“备”所没有的意义。

14.2.4 要注意词义的灵活性，也就是词义在使用中的变化。词虽然有固定含义，但在具体的语言环境中词的外延常常发生变化。主要有泛指、特指；通用，专用。例如，“响”特指时是回声，泛指时是声音；“禾”泛指时是谷类总称，特指时是粟。另外，“江”“河”指江水河水是通用，指长江、黄河则是专用。词在使用过程中还产生了一些用法义。《左传·僖公四年》：“不虞君之涉吾地，何故？”“涉”本来是趟水过河，这里指进入。又《宣公二年》：“谏而不入。”“入“本指进入，这里指接受。上述情况，反映了词义的灵活性。《古汉语常用字字典》注意了这个问题。例如“车①”：“车子。《史记·秦始皇本纪》：‘车同轨，书同文字。’㊕兵车，即战车。屈原《九歌·国殇》：‘车错毂兮短兵接。’……”“辰①”：“地支的第五位。……㊋十二时辰之一，等于现在的上午七时至九时。㊎日子，时辰。贾思勰《齐民要术·耕田》：‘振元辰。’……”“敕①”：“告诫，嘱咐。《三国志·魏书·武帝纪》：‘公敕诸将：关西兵精悍，坚壁勿与战。’㊕皇帝的命令或诏书。《汉书·平帝纪》：‘诏曰：其明敕百僚。’……《宋书·谢弘微传》：‘书皆是太子手敕。’……”都比较好地反映词的某些灵活用法。《辞源》(修订本)“出⑦”：“遗弃，弃逐。见‘出妻’‘出妇’。”“毁③”：“旧指居丧过于哀伤。《礼·檀弓下》：‘毁不危身。’参见‘毁瘠’‘毁灭’。”“会①”：“聚合，汇合。《易·乾》：‘亨者，嘉之会也。’《书·禹贡》：‘会于渭汭。’人、物会集之地称会。唐王勃《王子安集十二·九成宫颂·序》：‘名都广会，闾阎万室。’”或把词的特殊义与用法义单列义项，或在释义中加以说明。当然，词的用法义与词的引申义之间的界限有时不好划分，这就要进行分析。词的引申义是词在演变发展中产生的新义，它具有稳固性和典型性，是多义词的词义中不可缺少的部分。而词的用法义是指词在特殊的场合或语言环境中临时产生的含义，它是特殊的，不稳定的，如果离开了这个特殊场合和语言环境，这个意义就不存在了。既然用法义是不稳定的，为什么古汉语字词典还要有所反映呢？这是因为：第一，很多用法意义常常是阅读古代典籍的难点，在字词典中适当收录，对读者是有利的；第二，古代注疏及现代注释的古汉语读物往往把它作为一个重要问题来处理。因此，用法义已经成了古代注疏及现代注释的重要组成部分，古汉语字词典不能完全置之不理；第三，有些用法义虽然是不稳定的，但在古书中却带有一定的普遍性。例如"事"指军事，在古籍中就比较多。《左传·僖公三十二年》"君命大事"，又《成公二年》"若之何其以病败君之大事也"，又《成公三年》"次及于事"，《论语·季氏》"季氏将有事于颛臾"，这些"事"都指军事。既然用法义带有一定的普遍性，在古汉语字词典中有所反映也是应该的。当然，如何反映是值得研究的。像《古汉语常用字字典》那样加一些特殊标志，既醒目，又简单，是一种比较理想的办法。在释义中加以说明是大多数字词典采用的办法。给用法义单列义项就得慎重，重要的用法义单列出来也未尝不可，如果凡是用法义、特指、泛指都不加区别地另立义项，恐怕就过滥了。

14.3 古汉语字词典义项的确立和分合

14.3.1 所谓义项，顾名思义应该是指多义词存在的各个意义。然而，古汉语字词典的义项却与多义词的各个意义不完全相同。因为字词典的字头或词目，往往并不等于一个词。以"子"字为例,《辞源》(修订本)共列了十四个义项:①子嗣,②嗣君,③封爵,④古代对男子的尊称,⑤老师,⑥指先秦百家著作,⑦动词,抚爱,⑧利息,⑨草木的果实,动物的卵,⑩地支第一位,⑪助词,⑫词尾,⑬姓,⑭通“慈”。按意义有无联系的原则把这些义项加以归纳,情况如下:①②⑦⑧⑨为一类,意义都与“子”的本义“子嗣”有关;③为一类;④⑤⑥为一类,都与对男子的尊称有关;⑩⑪⑫⑬⑭各自为类,因为它们在意义上没有什么联系。这样,在“子”这个字头下共有八个词,其中七个同音词,一个同形词。由此看来,一个字头或词目下,有时不仅包括多义词,还包括同音词、同形词。

如果按性质来划分,义项的类别大致有:本义(包括原始义)、引申义、用法义、通假义、其他义(包括人名、地名)等。义项排列顺序各有不同。基本有两种方式:一是按本义、引申义、用法义、通假义、其他义的顺序排列;一种是以使用频率的高低为序,常用的放在前面,不常用的放在后面。我们认为,作为语文性字词典,应该尽可能反映词义的历史演变,揭示词义发展的内部规律,义项排列最好采用第一种方式。这就给字词典的编纂提出了更高的要求:不仅要搜集资料、确定义项、斟酌释义,还必须研究词义的演变和发展,用现代词汇学的理论去指导义项的确定和安排,这就比以常用不常用为序要困难得多。《辞源》(修订本)是一部“重在溯源”的古汉语词典,在按词义发展演变的顺序安排义项方面是做得不错的,但也有不足之处。例如:

[伐]①砍斫。《诗·召南·甘棠》:“蔽芾甘棠,勿翦勿伐。”②敲击。见“伐鼓”。③击刺,攻杀。《书·牧誓》:“不愆

于四伐五伐六伐七伐。"④征讨。《左传·庄二九年》:"凡师有钟鼓曰伐。"⑤功劳。《左传·庄二八年》:"且旌君伐。"夸耀自己的功劳、才能也叫伐。《论语·雍也》:"孟之反不伐。"……

按《说文》的解释,"伐"的本义应该是"击"。段玉裁注:"郑笺云:伐击刺之。按此伐之本义也,引申之乃为征伐。"如果采用《说文》和段玉裁的说法,③义应列首位,其次是④,再次是①。现在把"砍斫"列为第一义项,似有本末倒置之嫌。又如:

[**愈**]①更加。《诗·小雅·小明》:"曷云其还,政事愈感。"《左传·昭六年》:"国人愈恐。"②胜过。《论语·公冶长》:"子谓子贡曰:'女与回也孰愈?'"……③病好转,痊癒。通"癒""瘉"。《孟子·公孙丑下》:"昔日疾,今日愈。"④愉快,通"愉"。《荀子·君子》:"天子也者,执至重,形至佚,心至愈,志无所诎,形无所劳,尊无上矣。"

《说文》未收"愈"字。按"愈"当是"癒"的本字。《玉篇》:"愈,差也。""差"为"瘥"的古字,意为病好了。先秦古籍中病癒都作"愈"。因此,③义应排在第一,其次②义。①义是副词,作为第一义项排在首位是很不恰当的。显然,《辞源》(修订本)在这一条的处理上是以频率的高低为顺序。在同一本词典中把两种排列方式杂糅在一起是不太好的,因为这样做会造成混乱,使读者无所适从。

14.3.2 古汉语字词典确定义项不能仅仅依据资料卡片机械地加以归类,还必须进行分析和综合。这种分析与综合要在正确的理论指导下进行。最重要的是应该有确立义项的原则,没有明

确的原则,这项工作是做不好的。义项确立的原则主要有两个:

第一,必须注意义项的概括性。词典义与训诂义是不相同的。训诂义主要是说明某个具体的字词在一定的语言环境中的含义,其目的在于通过对字词的训释来疏通文句。因此,训诂义往往是零星的,不系统的。字词典则不然,它必须考虑字词意义的整体和全局。对用法相同的字词的解释,用于甲句可能讲通了,用于乙句则可能讲不通。这在训诂中是常见的,但字词典的释义却不能这样。例如,《经籍籑诂》"兵"字条下列有"兵器也""器仗之名""五兵""凶器""不祥之器""戟也""弓矢之属""谓弓矢干戈之属"等多种古书训释,这些训释都是根据古书原文作出的,只适用于某一具体语言环境。《辞源》(修订本)将这些故训归纳为"兵器"一个义项,就是概括的结果。因此,字词典必须在大量的语言材料的基础上,经过分析和比较,概括出意义的共同点和不同点,然后再在这种共同点和不同点的基础上归纳出义项。可以说,没有概括就没有义项。下面以旧《辞源》与《辞源》(修订本)对"因袭"的不同解释来对这个问题作进一步说明:

[因袭]因其旧而袭用之也。《后汉书》"后主所宜因袭"。《刘歆书》"法度无所因袭"。(旧《辞源》)

[因袭]前后相承。《史记一二八·龟策传》:"孝文、孝景,因袭掌故,未遑讲试。"《文选·陆士衡(机)·拟东城一何高》诗:"寒暑相因袭,时逝忽如颓。"(《辞源》(修订本))

旧《辞源》的释义是在《后汉书》及《刘歆书》这两条材料的基础上归

纳出来的。就这两个例句看，似乎讲得通。因为“法度”有新有旧，所以曰“旧”；“法度”也有使用、推行的问题，所以曰“用”。但《辞源》(修订本)又举出了“寒暑相因袭”这一例证。“寒”与“暑”无所谓新与旧的问题，也不存在用与不用的问题，那么，“因其旧而袭用之”这个释义对于“寒暑相因袭”就讲不通了。《辞源》(修订本)根据已掌握的材料进行概括，将释义改为“前后相承”，这就无懈可击了。

第二，必须注意义项的客观性。字词的意义是人们在社会生活的实践中确定下来的含义，是经过约定俗成而为人们所共同了解和接受的。至于运用词语来表达某种主观看法，则属于使用者个人的主观认识，与词义不能混为一谈。词典的义项要反映的是人们在社会实践中所公认的客观的词的意义，而不是某些人个人的主观认识。训诂义常常掺杂着作者对某种制度、观念、道德以及某些行为的主观认识和评价，这些认识和评价通过训释词义的方式表达出来，从而使训释带上了主观的色彩。这是我们在编纂字词典时不应该采取的。后世的字词典由于受训诂学这方面的影响，在义项的确立方面存在不少问题。试以《中华大字典》的“人”字条为例：

> [人]①天地之性，最贵者也，象臂胫之形。见《说文》……②仁也。仁生物也，故《易》曰立人之道，曰仁与义也。见《释名·释形体》。③众辞。《穀梁·隐四年传》其称人以立之，何也，得众也。④谓朋友九族也。《论语·宪问》修己以安人。⑤谓人君，百里诸侯也。《老子》人多技巧。⑥谓道人也。《老子》人之所谓。⑦谓凡人小人也。《列子·仲尼》人之游也。

⑧犹言性质也。《苏轼文》其为人刚愎不逊。⑨法律家谓主体曰人。有自然人、法人之分……⑩古官属之微者多称人。如周官庖人浆人之类是……

在这十个义项中,①指人类,⑦指众人,可算"人"的基本义项;④⑥和⑩勉强可算"人"的用法义。此外,都是编者对"人"的主观认识,不能列为词典的义项。义项②"人"当仁讲,是《释名》根据《周易》得出来的结论。《释名》以声训释义,推求字词的音与义的关系,认为"人"含有"仁"的意义,所以才读"人",并且以《周易》的话来证实,这只是反映了刘熙的主观认识。义项③"人"当"众"讲,是根据《穀梁传》的话得出来的,非常牵强附会。其他如义项⑧说"人"犹"性质",纯属主观臆测,而且是根本错误的。义项⑨是法律家对"人"的看法,不能算"人"的基本义项。

14.3.3 字词典义项分合的主要依据是概念。概念是自然和社会的万事万物在人们头脑里的反映,是人们赖以思维的基本形式。没有概念,人们无法进行思维,而概念是通过词语来体现的。词是形、音、义的结合体,那么,通过什么来表达概念呢?通过词义。正是词汇意义,把一个事物与另一事物区别开来。所谓义项,实际上是一个词的词汇意义的分类,一个词有多少个词汇意义,就可以分成多少个义项。因此,从这一点上说,一个概念只能建立一个义项。概念不是一成不变的,它随着社会生活的变化以及人们对客观事物认识的变化而向相关的方面转化。概念的转化必然促使词汇意义的演变和发展,这就是多义项产生的主要原因。有些字词典由于对概念的转化与义项分合之间的关系处理不得当,因而义项的“分”与“合”就不完全合理，这主要表现在两个方面。一种情况是把分别表示两个概念的义项捏合成一个。例如，新《辞海》“博②”：“广；通。如博学多闻；博古通今。《荀子·劝学》：‘吾尝跂而望矣，不如登高之博见也。’《后汉书·章帝纪》：‘博贯六艺。’”“广”是广博，是形容词，“通”是“通晓”，是动词，完全是两个概念，把它们放在一个义项内显然是不对的。另一种情况是把表达同一概念的义项分割成二。例如，新《辞海》“之”：“①前往，去到。《孟子·滕文公上》：‘滕文公为世子，将之楚，过宋而见孟子。’又《告子下》：‘先生将何之？’②至，直到。《诗·鄘风·柏舟》：‘之死矢靡它。’……”在古代汉语中，“之”有很多用法，但作为动词“往”“到”讲，是一个概念。虽然“将之楚”、“先生将何之”的“之”意义较实，“之死矢靡它”的“之”意义较虚，但这只不过表现了动词“之”在用法上的灵活性，并不表示概念的转化。概念的变化必然导致词汇意义的变化，字词典就要用不同的义项反映这种变化。如果不是这种情况，硬要把一个义项分成两个或者几个，那就等于把一个概念肢解成几部分了。

后　记

《古代汉语词汇学》终于完稿了，如果从准备材料、阅读有关论著算起，差不多整整花了三年时间。本书的某些内容，取自 1987 年出版的《古汉语词汇概要》，但都作了较大的补充和修改；大部分内容是新加的。与《古汉语词汇概要》相比，无论在理论的阐述、内容的安排、材料的运用等方面，都有根本的不同。本书力图较全面地吸收古今学者的研究成果，深入探讨一些重要的学术问题，初步建立切合实际的学科体系，充分地反映当前古汉语词汇研究的状况和水平。当然，这只是主观设想，其结果是否尽如人意，那就另当别论了。由于笔者学识浅陋，不敢期望这是一部成功之作，如能为繁荣古汉语学术研究略尽绵薄，于愿足矣。

在写作过程中，得到了学术界同仁曹先擢、李思敬、赵诚、张万起等先生的支持和帮助，曹先擢先生还在百忙之中提供了有关材料。责任编辑许振生同志通读了全稿，提出了很多宝贵意见。在此一并致谢。书中的错误、疏漏一定不少，恳请专家学者及广大读者批评指正。

赵 克 勤

一九九三年元月于北京

重印后记

《古代汉语词汇学》问世以来，受到了读者的欢迎和学术界的肯定。不少教授将本书介绍给自己的研究生，指定为必读参考书；有的则将其作为教材或辅助教材。近几年来，不少人向我反映，他们很想得到此书，但书店早已脱销，苦于无处购买。一位四川的大学教授告诉我，他以此书作为教材，因买不到书，只好复印发给自己的研究生。我还经常收到读者来信，有探讨问题的，有指正缺失的，更多的则是向我索书。但我已无书可送，只好一一复函表示歉意。

2004年，《古代汉语词汇学》出版已十年，合同期也已届满。商务印书馆编辑部从发行部门得到反馈信息，认为该书尚有重印的价值，便向我提了出来，我立刻表示同意。应该说，重印该书是我多年的愿望。现在当我跨入古稀之年时，这个愿望终于得以实现，感到特别高兴。同时，我也为希望得到此书的读者高兴。因为，用不了多久，他们就可以在书店里买到了。

我当初写这本书的时候，是下了功夫的，终因水平所限，仍然留下了不少的遗憾。本想借这次重排之机，好好修改一番，使之臻于完美。但是，我现在重任在肩，“身不由己”，只好放弃了“大动干戈”的想法。这次重印，只改正了一些错误，补充了一些例证，其他内容均未动,基本上保持了原样。

商务印书馆编辑部和出版部门为本书的重印付出了很多辛劳,汉语编辑室领导及责任编辑许振生先生给予了很大的帮助和支持,在此一并致谢。

赵 克 勤

二○○五年元月于北京